동행 365

동행 365
쉬지 않는 기도로 이어가는 말씀 묵상

© 김석년

초판 1쇄 인쇄 | 2021년 11월 29일
초판 1쇄 발행 | 2021년 12월 06일

지은이 | 김석년
발행인 | 강영란
편집 | 박관용, 권지연
디자인 | 트리니티
마케팅 및 경영지원 | 이진호

펴낸곳 | 샘솟는기쁨
주소 | 서울시 충무로 3가 59-9 예림빌딩 402호
전화 | 대표 (02)517-2045
팩스 | (02)517-5125(주문)

이메일 | atfeel@hanmail.net
홈페이지 | https//blog.naver.com/feelwithcom
페이스북 | https//www.facebook.com/publisherjoy
출판등록 | 2006년 7월 8일

ISBN 979-11-89303-65-5(03230)

※책값은 뒤표지에 있습니다.
※잘못 만들어진 책은 바꿔 드립니다.

동행 365

쉬지 않는 기도로 이어가는 말씀 묵상

김석년 지음

샘솟는기쁨

무모하게, 미련하게
안 해도 되는 일을 굳이 하고자 나선
'한섬공동체' 자매 형제들에게

천천히
꾸준히
즐기면서
주님과 함께
동행하기를 소망하면서

이 책을 바칩니다.

추천사

날마다 기쁘게 주님과 함께

'하나님과의 동행', 진실한 크리스천이라면 누구나 갖는 소원이요 갈망이다. 나도 에녹처럼 평생 하나님과 동행하고 싶다. 그리스도 주님과 날마다 함께하고 싶다. 그러나 하나님과의 동행은 신비요, 비밀이다. 소원하고 바라지만 그 방법을 알기가 쉽지 않고, 그 실행은 더더욱 어렵다. 그런데 여기, 평생을 신실하게 하나님을 섬겨온 이가 그 신비를 밝혀내고, 우리를 하나님과의 동행으로 인도한다.

그의 가이드는 쉽고 단순하고 신선하고 구체적이다. "이제 많이 기도하려는 욕심을 내려놓고 짧게 기도하라. 자주 기도하라. 지금 기도하라. 할 수 없는 만큼이 아니라 할 수 있는 만큼 기도하라." 그의 안내를 따라 말씀을 묵상하고, 순종하다 보면 어느덧 하나님과 동행하고 있는 자신을 발견하고 기뻐하며 놀라게 될 것이다. 어려운 시절을 지나는 독자들에게 『동행 365』는 인생의 '가장 좋은 것'을 선물해 줄 것이다. **김운용 | 장로회신학대학교 총장**

창세기를 읽다 보면 신비로운 장면이 많다. 그중 하나는 에녹의 삶이다. 성경은 그가 300년을 하나님과 동행했다고 한다. 왜 그에게만 '동행'이라는 평가가 붙었을까? 도대체 에녹은 어떻게 하나님과 동행했기에 죽음을 경험하지 않고 하나님께로 갔을까? 성경을 읽을 때마다 그 동행의 실체가 궁금했다. 히브리서 11장은 그 비결이 믿음이라고 말한다. 하지만 이 역시 구체적이지 않다.

김석년 목사님의 이번 책은 하나님과 동행하는 삶, 하나님을 기쁘시게 하는 믿음의 내용이 무엇인지를 손에 잡히게 보여주고 있다는 점에서 최고의 길잡이라고 생각한다. 김 목사님이야말로 하나님과 동행하는 삶, 기도와 말씀 묵상의 삶, 생각하는 삶을 몸소 살아오셨기 때문이다. 이 책이 주님과 함께 걷는 인생길에 알찬 가이드북이 될 것이라고 확신한다. **신상목 | 국민일보 종교부장**

보통 사람들은 '달리는 인생'을 산다. 더 나은 인생, 나아가 성공을 위해 앞만 보고 달린다. 그러다 보니 소중한 것들을 잃을 때가 많다. 때로는 건강이나 가정을 잃기도 하고 심지어는 신앙과 참된 행복까지 잃고 배회하기도 한다. 김석년 목사님의 『동행 365』는 달리기만 하던 우리가 한순간 번뜩 정신을 차리게 하고, 인생에서 정말 소중한 것이 무엇인지를 깊이 생각하게 하고, 깨달아 돌이키게 한다.

목사님의 말씀은 단순하면서도 신선하고 힘이 있어 감동을 주고 사람을 살려내는 힘이 있다. 매일 이 말씀을 읽는 독자들은 새 힘을 얻게 될 것을 믿어 의심치 않는다. 나부터 즐겨 읽고 묵상할 것이다. **정홍원 | 전 국무총리**

나는 오늘, 지금까지 내 인생에서 가장 큰 수술을 했다. 30년 교수 생활 중 차일피일하다 은퇴하고 치른 가장 큰 일이었다. 은퇴가 준 선물이라 여겨 그분께 감사를 올려드렸다. 그리고 친구가 초대한 정성스러운 365일 묵상과 기도의 식탁에 앉았다. 언제 어디서 구해왔는지 산해진미가 넘쳤고, 매일 한 가지씩 코스 요리로 서빙되었다.

오늘은 특별히 "불가능 전문가"란 요리를 음미했다. "감기나 암이나 하나님께는 똑같다. 주의 뜻을 구하며 믿음으로 하나님께 의탁하면 도저히 불가능할 것 같은 일도 손바닥 뒤집듯 한순간에 해결될 것이다." (30쪽) 나는 요리를 넘어 만병통치약으로 먹었다. 우리의 요리사는 일상의 식재료로 풍성한 주의 식탁을 준비해 놓고, 나와 같은 게으른 제자가 주님을 만나도록 초대하고 있다. **최인식 | 서울신학대학교 교수**

말한 그대로 사는 사람의 언어가 가장 힘이 있다. 김석년 목사님의 메시지는 간결하고 평범한 듯 보이지만, 본인 자신의 순수하고 넉넉한 인품, 진실하고 겸손한 삶에서 흘러나오기에 힘이 있다. 이 책은 실제로 날마다 하나님과 동행이 가능하도록 말씀 묵상을 기초로 하여 쉬지 않는 기도로 나아가게 한다. 그뿐 아니라 성경, 고전, 일상, 명화 네 가지 주제의 순환을 통해 지루하지 않으면서 전인적 성숙과 동행으로 인도한다. 이 말씀 묵상집이 바쁜 하루하루를 살아가는 우리 모두의 가슴에 잔잔한 울림을 주는 감동이 되고, 날마다 기쁘게 주님과 동행하는데 거룩한 동반자가 되리라 믿어 의심치 않는다. **한홍 | 새로운교회 담임목사**

프롤로그

가장 좋은 것으로의 초대

"세상에서 가장 좋은 것은 하나님께서 우리와 함께하신다는 사실이다."(존 웨슬리)

인생을 70년 가까이 살아오며, 또 목회를 50년 가까이 해오면서 가슴 깊이 깨달은 진리가 있다. 그것은 바로 하나님과의 동행이 세상 그 무엇보다 귀하고 값지다는 사실이다. 세상에서 아무리 성공하고 부유해도, 하나님과 함께 하지 않으면 아무것도 아니다. 다 허무한 것이다. 하나님과 동행할 때에만 우리는 세상이 주지 못하는 평안, 기쁨, 자유, 만족, 감사, 충만, 영생, 승리를 누릴 수 있다. 하나님의 함께 하심, 이보다 더 큰 복은 없다.

부끄럽게도 오랫동안 나는 하나님의 현존을 느끼면서도, 어떻게 하면 하나님과 동행할 수 있는지 구체적으로 설명하지 못했다. 그러던 어느 날 하나님께서 문득 깨닫게 하셨다. 하나님과의 동행은 먼저 '쉬지 않고 기도'할 때 가능하다는 사실을 알게 된 것이다(눅 21:36, 살전 5:17). 쉬지 않는 기도는 내 마음의 생각과 시선을 하나님께 고정하고, 마음으로 끊임없이 하나님과 대화하는 것이다. 곧 하나님과의 친밀한 사귐이요, 행복한 동행이다.

쉬지 않고 기도하게 되면서 나는 일평생 짓눌리던 기도에 대한 부담에서 벗어났다. 도리어 언제 어디서나 기도하게 되었다. 심지어 실수와 죄 가운데서도 바로 그 자리에서 기도하여 더 깊은 어둠으로 떨어지지 않게 되었다. 말을 많이 안 해도 더 깊은 기도, 더 오랜 기도, 더 풍성한 기도를 하게 되었다. 날마다 일상에서 일어나는 임마누엘 구원의 역사를 보며 놀라게 되었다. 그렇다. 쉬지 않는 기도가 나를 살렸다!

하나님과의 동행에는 또 하나의 축이 있다. 바로 '말씀 묵상'이다. 쉬지 않는 기도가 동행의 방법이라면, 말씀 묵상은 동행의 기초다. 기초가 부실하거나 흔들리면 당연히 방법도 부실해지고 흔들리기 마련이다. 말씀 묵상이 기초가 되어 쉬지 않는 기도로 이어질 때 더욱 굳건한 임마누엘 동행을 누릴 수 있다. 그래서 하나님께서 내 마음에 소원을 두고 행하게 하신 것이 이 책, 『동행 365』 묵상집이다. 이 책은 몇 가지 특징이 있다.

하나, 전인적 성숙을 추구한다. 하나님과의 동행이 영 혼 몸의 전인적인 동행인 것처럼 묵상도 성경, 고전, 일상, 명화 등으로 조화로움을 꾀하였다. 둘, 구체적 적용을 제시한다. 매일의 묵상 끝에 오늘 내가 할 수 있는 일을 실천하게 하여 산 믿음의 크리스천이 되게 한다(약 2:26). 셋, 쉬지 않는 기도로 인도한다. 쉬지 않는 기도를 체득하고 말씀을 묵상하여 신앙생활이 더 이상 부담이나 짐이 아니라 주 안에서 누리는 기쁨의 잔치가 되게 한다.

하나님과의 동행은 무엇보다 '생각'에 달려있다. 이미 성령님은 내 안에 계신다. 그 사실을 믿고 마음으로 성령을 느껴라. 쉬지 말고 기도하라. 매일 말씀을 묵상하라. 그 말씀의 감화에 순종하라. 오래, 많이, 힘들여서 억지로 하지 마라. 짧게, 자주, 할 수 있는 만큼 하라. 규칙에 메이지 말고 하나님을 사랑하는 마음으로 하라. 부디 이 작은 묵상집이 하나님과의 동행에 좋은 동반자가 되기를 간절히 기도하는 바이다.

이 책이 세상에 나오기까지 수고한 고마운 이들이 있다. 먼저 온 정성을 기울여 원고를 다듬어준 사랑하는 제자요 도반인 박관용 목사이다. 무슨 말을 하지 않아도 내 뜻을 알아주고 함께 하는 벗 같은 제자가 있다는 것이 얼마나 큰 감사요 행복인지 모른다. 또 출판사 〈샘솟는 기쁨〉의 강영란 대표와 이진호 작가이다. 어느덧 이들은 나와 함께 믿음의 길을 가는 좋은 동지가 되었다. 위드 코로나 시대에 모든 크리스천이 하나님과 동행하는 데에 이 책이 쓰임 받기를 소망하며, 이윤을 생각하지 않고 출판해 준 것에 감사와 존경을 표한다. 이들은 동행의 길에 주님께서 내게 주신 '귀한 선물'이라 여기며 우리 주 그리스도 하나님께 찬양과 영광을 돌린다.

"하나님께 가까이 함이 내게 복이라"(시 73:28)

2021년 11월 23일
그리스도 오심을 기다리는 대강절 앞에서
일순(日殉) 김석년

차 례

6 추천사
9 프롤로그

{1월} 감추인 보화　　　　　　　18

20 새날 새 마음으로 | 21 쉬지 않는 기도 | 22 하나님과의 사귐 | 23 인생의 실존적 질문 | 24 온전한 신앙으로 자라감 | 25 생각에 달렸다 | 26 먼저 예배자가 되라 | 27 주를 알아 나를 알고 | 28 정시에 기도하라 | 29 보시기에 심히 좋았더라 | 30 죽음에 이르는 일곱 가지 죄 | 31 정시기도 ① 아침의 기도 | 32 불가능 전문가 | 33 값진 은혜 | 34 정시기도 ② 정오의 기도 | 35 믿음과 복 | 36 날마다 부활을 살다 | 37 정시기도 ③ 밤의 기도 | 38 선악과의 의미 | 39 크리스천의 정도(正道) | 40 항시기도 | 41 결혼의 신비 | 42 주님의 방법으로 | 43 기도의 조화 | 44 놀라운 권세 | 45 날마다 믿음의 고백을 | 46 식사 기도 | 47 거짓을 버려라 | 48 겸손하기 위하여 | 49 주일이 나를 지킨다

{2월} 오병이어　　　　　　　50

52 통째로 드리자 | 53 중보기도 | 54 구원의 완성을 위하여 | 55 생수의 강 | 56 회개 기도 | 57 돈과 크리스천 | 58 듣는 귀를 주소서 | 59 일과 기도 | 60 최초의 질문 | 61 뜻을 정한 사람 | 62 동기부터 살펴라 | 63 하나님의 구원 역사 | 64 나는 기도가 좋은가 | 65 말실수가 없는 자로 | 66 제물보다 사람이다 | 67 믿음에 이끌려 | 68 후회 없는 인생 | 69 가장 좋은 것 | 70 믿음의 자가진단 | 71 날마다 다시 | 72 나는 예배자인가 | 73 하루의 첫 생각 | 74 좋은 날 보기를 원하거든 | 75 여호와의 이름을 부르는 은혜 | 76 참된 회개 | 77 내면에서 들려오는 소리 | 78 하나님과 동행하는 은혜 | 79 승리자로 살리라

{3월} 단비   80

82 악한, 그러나 아름다운 세상 ㅣ 83 평화로 가는 네 개의 길 ㅣ 84 누군가를 섬긴다는 것 ㅣ 85 주의 뜻을 이루는 삶 ㅣ 86 기쁨의 사람 ㅣ 87 그대로 순종하라 ㅣ 88 하나님의 근심, 넘치는 은혜 ㅣ 89 하나님을 소망으로 삼은 자의 복 ㅣ 90 주님과 동행하는 하루 ㅣ 91 거룩한 백성이 가장 안전하다 ㅣ 92 잔치는 시작되었다 ㅣ 93 성경적 원리로 살아가기 ㅣ 94 매일매일은 행복으로 가는 길 ㅣ 95 묵상의 산에 오르라 ㅣ 96 보석 같은 존재 ㅣ 97 자기에게 명하신 대로 ㅣ 98 고난과 함께 행복을 ㅣ 99 날마다 동행하기 ㅣ 100 세상을 구하는 방주 ㅣ 101 실수보다 중요한 것 ㅣ 102 한순간 하나님 붙잡기 ㅣ 103 그 날은 반드시 온다 ㅣ 104 기회를 놓치지 마라 ㅣ 105 배움의 기쁨 ㅣ 106 나를 기억하시는 은혜 ㅣ 107 주님을 사랑하기에 ㅣ 108 크리스천의 자의식 ㅣ 109 기다리는 신앙 ㅣ 110 지금 행동하라 ㅣ 111 아름다운 무지개

{4월} 우연한 만남   112

114 주일 아침에도 ㅣ 115 내 삶의 핵심가치 ㅣ 116 십자가 아래서 생각하라 ㅣ 117 참된 회심 ㅣ 118 기독교에 빠져들다 ㅣ 119 행복한 인생의 비밀 ㅣ 120 어둔 밤 ㅣ 121 최고의 행복 ㅣ 122 다시 사랑의 시선으로 ㅣ 123 쫓겨 다니는 삶 ㅣ 124 믿음으로 산다는 것 ㅣ 125 동일 선상의 소명 ㅣ 126 십자가에서 오는 행복 ㅣ 127 동행으로의 초대 ㅣ 128 오늘 부활을 산다는 것 ㅣ 129 우리가 그리스도인이다 ㅣ 130 긍휼의 마음으로 ㅣ 131 하나님 없는 인간 문명 ㅣ 132 사랑하면 이긴다 ㅣ 133 돌아갈 집이 있는가 ㅣ 134 은혜로 이어지는 인간 역사 ㅣ 135 왕업을 행하는 사람들 ㅣ 136 3중의 부활 ㅣ 137 하나님 나라로의 부르심 ㅣ 138 주님 같은 것 ㅣ 139 행복이란 ㅣ 140 고난으로 찾아오는 축복 ㅣ 141 영성에도 색깔이 있다 ㅣ 142 아침마다 자녀의 권세를

{5월} 구역 식구　　　　　　　　　144

146 오늘도 살아 역사하신다 ǀ 147 선한 영향력의 사람들 ǀ 148 안전지대는 있다 ǀ 149 기다려라 ǀ 150 사람이 그립다 ǀ 151 가정이라는 정원 ǀ 152 아버지 묘소 앞에서 ǀ 153 하나님을 하나님으로 ǀ 154 어느 길로 갈 것인가 ǀ 155 부활 신앙이 삶으로 ǀ 156 거룩한 전쟁 ǀ 157 좋은 성도 되게 하소서 ǀ 158 그리스도인의 선택 ǀ 159 시대의 참 스승을 바라며 ǀ 160 영적 감정을 분별하라 ǀ 161 패배냐 승리냐 ǀ 162 민족 복음화의 꿈 ǀ 163 매일이 고생의 축제일 수 있다면 ǀ 164 하나님의 부요를 누리는 은혜 ǀ 165 사랑은 억압하지 않는다 ǀ 166 하나님이 하시네 ǀ 167 교회 밖에는 없다 ǀ 168 스스로를 내어 맡기는 기도 ǀ 169 미련한 십자가의 도전 ǀ 170 은혜로 주어지는 믿음 ǀ 171 제자 아닌 이들의 엄청난 손해 ǀ 172 우리만의 길을 가자 ǀ 173 그때가 되기까지 ǀ 174 위대한 일 위대한 사람 ǀ 175 일이 잘 안 풀릴 때에

{6월} 좋은 땅 좋은 씨앗　　　　　176

178 하나님의 도성 ǀ 179 완전히 사랑하라 ǀ 180 구원의 은혜 안에 ǀ 181 시련이 문제 되지 않는 사람 ǀ 182 힘이 되는 친구 ǀ 183 나를 돌보시는 하나님 ǀ 184 참된 경건 ǀ 185 더욱 힘써라 ǀ 186 온전한 존재로 ǀ 187 하나님이 찾으시는 사람 ǀ 188 불안이 덮칠 때 ǀ 189 선택과 성령 충만 ǀ 190 참 목자를 위한 기도 ǀ 191 주여 듣겠나이다 ǀ 192 내 입에 파수꾼을 세우소서 ǀ 193 거룩하게 살라 ǀ 194 무효가 되지 않는 봉사 ǀ 195 인내하는 믿음으로 ǀ 196 기도를 위한 마음 자세 ǀ 197 오직 예수 더욱 믿음 ǀ 198 누구를 만나든 ǀ 199 일이 아니라 관계를 ǀ 200 어느 평온한 하루 ǀ 201 그리스도로 그것을 행하였는가 ǀ 202 영적 훈련과 성장의 길 ǀ 203 내 인생 가장 잘한 일 ǀ 204 거룩함을 위해 선택받은 자 ǀ 205 순전한 헌신 ǀ 206 오늘 내가 있기까지

{7월} 성도   208

210 찬양의 기도 I 211 농담처럼 여겨지는 믿음 I 212 거룩한 열정의 회복 I 213 아버지 시선 안에서 I 214 부끄러운 구원 I 215 문제는 우리다 I 216 날마다 표준음에 맞추어 I 217 마음을 하나님께 I 218 묵상의 기본 I 219 주님이 계시는 식탁 I 220 하나님의 방법으로 I 221 존재의 용기 I 222 무슨 낙으로 사는가 I 223 웃게 하시는 하나님 I 224 생명에 이르는 고민 I 225 행복, 잘 사는 이에게 주어지는 선물 I 226 진정한 복의 사람 I 227 사랑의 단계 I 228 마음의 노래 I 229 사랑 때문에 일어난 일 I 230 영적 도움을 위하여 I 231 오늘 행복하라 I 232 지혜부터 구하라 I 233 그리스도를 본받아 I 234 곤고한 날에는 돌아보라 I 235 미리 준비하시는 하나님 I 236 주의 음성을 듣는 법 I 237 사역이 힘들고 지칠 때 I 238 사랑하면 순종한다 I 239 일상이 은혜요 기적이다

{8월} 날마다 새롭게   240

242 더 나은 본향을 향하여 I 243 오늘 주의 음성 듣기 I 244 빼앗기지 않는 영원한 누림 I 245 갈수록 더 큰 은혜 I 246 기도의 최고 형태 I 247 주 안에 거하라 I 248 결단을 해야 할 때 I 249 세상을 능히 이기는 사람 I 250 서로의 존재만으로 I 251 종의 마음으로 I 252 헛되지 않은 인생 I 253 초점은 예수다 I 254 주가 나를 인도하셨다 I 255 애국과 그리스도인 I 256 계획에 관하여 I 257 어머니 같은 교회 I 258 절망이 변하여 기쁨으로 I 259 행복을 넘어 승리자로 I 260 믿음의 조상 I 261 주의 영이 임하셨다 I 262 작은 일에도 신앙고백을 I 263 굳게 붙잡으라 I 264 부름 받은 삶 I 265 흐름을 타는 지혜 I 266 인생을 결정하는 것 I 267 거듭난 크리스천 I 268 할 수 있는 만큼 기도하라 I 269 복이신 하나님 I 270 가장 두려운 전염병 I 271 주의 뜻을 분별하라

{9월} 거룩한 눈물　　272

274 내 안에 계신 그리스도 ㅣ 275 사람의 일인가, 하나님의 일인가 ㅣ 276 구원을 이루라 ㅣ 277 아멘으로 살기 ㅣ 278 평온한 귀가 ㅣ 279 은혜로 인하여 ㅣ 280 행복의 조건 ㅣ 281 나만의 행복한 시간 ㅣ 282 은혜냐, 율법이냐? ㅣ 283 전체적인 헌신 ㅣ 284 좁은 길을 걷는 자 ㅣ 285 하나님 현존 신앙 ㅣ 286 사랑의 방법 ㅣ 287 이런 사람을 아십니까? ㅣ 288 우물의 은혜 ㅣ 289 성숙에서 오는 행복 ㅣ 290 할 말과 하지 말아야 할 말 ㅣ 291 더 높은 차원의 복 ㅣ 292 평안에서 오는 행복 ㅣ 293 그래서 나는 행복하다 ㅣ 294 길이 없는 곳에 ㅣ 295 축복의 사람 ㅣ 296 산책 기도 ㅣ 297 풍족의 비결 ㅣ 298 어렵지만 쉬운 길 ㅣ 299 믿음으로 말하라 ㅣ 300 기쁨이 마르지 않는 인생 ㅣ 301 완전한 복종에 이르는 은혜 ㅣ 302 빛의 자녀로

{10월} 예배드림_피 꽃　　304

306 흘러넘치는 인생 ㅣ 307 시간을 내라 ㅣ 308 기도의 욕망을 버려라 ㅣ 309 거룩한 삶을 향한 결단 ㅣ 310 순례자를 위한 선물 ㅣ 311 인생은 심판적이다 ㅣ 312 더 잘 되는 은혜 ㅣ 313 나의 눈을 밝히소서 ㅣ 314 뜬금없는 신앙고백 ㅣ 315 전인적 구원의 은혜 ㅣ 316 나 자신을 드리라 ㅣ 317 자산 같은 무명천으로 ㅣ 318 성숙에 이르는 길 ㅣ 319 기도에 대한 애착 ㅣ 320 죽을 때까지 이 걸음으로 ㅣ 321 세월을 아끼라 ㅣ 322 예수의 기도 ㅣ 323 세상을 향하여 ㅣ 324 자기중심에서 벗어나 ㅣ 325 고아한 품격의 크리스천 ㅣ 326 이것만이 길이다 ㅣ 327 오늘 드리십시오 ㅣ 328 기도의 계절 ㅣ 329 넉넉히 이기는 은혜 ㅣ 330 모든 선한 일의 시작 ㅣ 331 가장 좋은 건강법 ㅣ 332 가을에 떠나는 여행 ㅣ 333 사랑받지 못해도 ㅣ 334 말씀에 따른 결단 ㅣ 335 자신을 돌아보라

{11월} 세 가지 소망   336

338 고독의 훈련 ǀ 339 주님을 목말라했던 사람 ǀ 340 창조성의 원리 ǀ 341 한 권 책의 사람 ǀ 342 길을 가는 그대에게 ǀ 343 깨달음이 복이다 ǀ 344 그리스도의 십자가 ǀ 345 버려야 할 것 ǀ 346 신령한 복 ǀ 347 사랑의 경이로운 힘 ǀ 348 내 백성을 위로하라 ǀ 349 부르심의 목적 ǀ 350 회개하는 용기 ǀ 351 사랑의 항심으로 ǀ 352 사명에서 오는 행복 ǀ 353 경건에 대한 두 가지 오해 ǀ 354 야경을 보다가 ǀ 355 회개가 먼저다 ǀ 356 감사의 분량이 행복의 분량이다 ǀ 357 더 사랑하게 하소서 ǀ 358 눈과 귀가 열리는 은혜 ǀ 359 오늘의 구원 ǀ 360 모든 것이 괜찮을 것이다 ǀ 361 용서하라 ǀ 362 인생을 걸만한 일 ǀ 363 영적 침체 극복하기 ǀ 364 하나님의 참된 일꾼 ǀ 365 믿음의 변화 ǀ 366 모든 식탁에 계신 주님

{12월} Halleluja   368

370 최선을 다하였는가 ǀ 371 사랑으로 기다려라 ǀ 372 임마누엘 아멘 ǀ 373 이 시대 크리스천의 태도 ǀ 374 역설의 행복 ǀ 375 나이 든다는 것 ǀ 376 저는 죄인입니다 ǀ 377 기억의 은혜 ǀ 378 더욱 신뢰하라 ǀ 379 방향이 중요하다 ǀ 380 화평을 이루라 ǀ 381 건강한 영성 ǀ 382 행복해서 달린다 ǀ 383 절대 소망 ǀ 384 제자도 ǀ 385 세상 가장 아름다운 풍경 ǀ 386 망각의 은혜 ǀ 387 이 시대가 찾는 사람 ǀ 388 언제 어디서나 크리스천 ǀ 389 단순한 믿음 단순한 생활 ǀ 390 일상의 성례 ǀ 391 하루에도 몇 번씩 ǀ 392 오늘이란 선물 ǀ 393 가장 좋은 선물 ǀ 394 세상이 어찌할 수 없는 사람 ǀ 395 하나님이 다스리신다 ǀ 396 아직 기회 있을 때에 ǀ 397 성숙한 인간으로 ǀ 398 혼인 잔치의 기쁨으로 ǀ 399 선한 힘에 고요히 감싸여

400 에필로그
402 참고도서

January

감추인 보화 60.6×72.7cm | mixed media | 2019 | 정두옥

1월

Day
01

감추인 보화

"보화는 모든 사람이 다 볼 수 있게 널려있거나 아무데서나 쉽게 발견할 수 있는 것이 아니다. 지도에 없는 하나님 나라를 설명하기 위해 예수님은 밭에 감추인 보화로 비유하셨다. 이 작품은 땅 위와 땅 아래를 이분화시켜 보이는 세계와 보이지 않는 세계를 한 화면에 대치시키고, 그리스도인은 보이지 않는 하나님 나라를 믿음으로 바라보며 그 밭을 소유하는 성경 말씀을 형상화 시켜보려고 의도하였다. 금빛 수직선은 보이지 않지만 거룩한 하나님의 영역이고, 화면 중앙에 규칙적인 비즈들은 숨겨진 보화이고, 녹색 숲은 결국 그 밭을 소유했을 때 그리스도의 푸른 계절이 올 것을 믿음으로 표현했다."(정두옥)

감추인 보화, 곧 예수님과 그분의 말씀을 발견한 사람은 이전과는 다르게 살아간다. 매일매일 마음에는 기쁨과 감사를, 생활에는 거룩과 충실을, 관계에는 사랑과 섬김을, 세상에는 하나님 나라를 일구어가는 것이다(마 13:44). 그야말로 푸르고 푸른 그리스도의 계절이 우리에게 오고 있다.

────── 가장 귀한 보화, 그리스도를 가진 자로서 새해 어떻게 주님과 동행할 것인지 생각하고 글로 기록하라.

Day 02

새날 새 마음으로

"이전 것은 지나갔으니 보라 새 것이 되었도다"(고후 5:17)

신정이 지나고 이제 새해의 일상이 시작된다. 아무 자격 없는 내게 다시 새로운 기회를 주신 하나님께 감사드린다. 새날, 새 마음으로 엎드려 주님께 간구한다.

"새날을 허락하신 하나님께 감사와 찬양을 드립니다. 올 한 해 언제 어디서나 예배하며 살겠습니다. 거짓을 버리고 진실하게 살겠습니다. 탐심을 비우고 자족하며 살겠습니다. 나만 생각하지 않고 배려하며 살겠습니다. 내 힘만 의지하지 않고 기도하며 살겠습니다. 구원받은 성도답게 전도하며 살겠습니다. 분쟁하지 않고 화평하게 살겠습니다. 스스로 낮추며 겸손하게 살겠습니다. 불의에 맞서고 정의롭게 살겠습니다. 그리고 무엇보다 사랑하며 살겠습니다. 이 모든 기도가 허공에 흩어지지 않고 매일의 삶 속에서 열매로 나타날 수 있도록 항상 저와 동행하시며 믿음과 능력을 더해주소서. 예수님의 이름으로 기도합니다. 아멘."

주께서 주신 모든 것이 선하고 귀한 것이니 허투루 한 해를 보내지 말자. 이제부터 다시 시작이다.

♦

위의 기도를 나에게 적용하여 나만의 새해 다짐을 구체적으로 정해 글로 쓰고, 기도하며 마음에 새겨보라.

Day 03

쉬지 않는 기도

"약 15분마다, 혹은 30분마다 나의 행동을 하나님의 뜻에 맞추려고 애를 쓰고 있었습니다. 다른 사람들에게 나의 그런 의도를 밝혔더니 그들은 그것이 거의 불가능한 일이라고 했습니다. 말을 하고 보니, 사실 그렇게 하는 사람이 거의 없었습니다. 하지만 올해에도 저는 깨어 있는 순간순간을 모두 하나님께서 들려주시는 마음의 음성에 의식적으로 귀 기울이며 살아가려고 이미 그 일을 시작했습니다. 그리고 끊임없이 하나님께 이렇게 구할 것입니다. '하나님 아버지, 제가 무슨 말과 행동을 하기 원하십니까?'"(프랑크 라우바흐)

무슨 일이 그리 많은지 우리는 참 바쁘다. 분주하다. 정신없이 산다. 그러나 하나님께서 함께하지 않는 모든 일은 사람의 일로 그치거나, 사탄의 일로 전락하기 쉽다. 무엇보다 '하나님과의 동행'이 우선이다. 선교사 프랑크 라우바흐는 15분마다 그의 행동을 하나님의 뜻에 맞추고자 했다. 이것이 바쁜 일상에서 어떻게 가능할까? 바로 쉬지 않고 기도하는 것이다(살전 5:17). 이제 많이 기도하려는 욕심을 내려놓고 짧게 기도하라. 자주 기도하라. 지금 기도하라.

♦
기도에 대한 부담을 내려놓고 일상에서 짧게, 자주, 지금 기도하기를 시도하라.

Day 04

하나님과의 사귐

"사랑을 잘하는 사람이 기도도 잘한다."(사무엘 코울리지)

언젠가 영성작가 리처드 포스터가 내한하여 특강을 한 적이 있다. 강의를 마치고 질의 문답 시간에 누군가가 그에게 물었다. "기도란 무엇인지 한마디로 정의해주세요." 그러자 그는 곰곰이 생각하다 이렇게 답했다. "기도는 하나님과의 사귐입니다."

사귐은 누군가를 만나 친밀함을 쌓아가는 과정이다. 상대를 더 많이 알아가고, 친밀함이 깊어져서 서로를 즐거워하는 것이다. 거듭난 하나님 자녀는 하나님과 사귐을 쌓아가야 한다. 하나님과의 사귐에 기도보다 더 좋은 통로는 없다. 기도로 하나님과의 사귐이 쌓일수록 친밀감이 깊어지는 것이다(요일 1:3).

♦

그동안 내가 알고 있던 기도를 재정의하고 하나님과 더 친밀해지기 위해 기도하라.

Day 05 인생의 실존적 질문

"태초에 하나님이 천지를 창조하시니라"(창 1:1)

사람이 사람답게 살아가기 위해 가져야 할 실존적 물음이 있다. "나는 어디서 왔는가?" 존재의 기원을 묻는 것이다. "나는 어디로 가는가?" 존재의 결말을 묻는 것이다. "나는 누구인가?" 존재의 실체를 묻는 것이다. "나는 왜 살아야 하는가?" 존재의 목적을 묻는 것이다. "나는 어떻게 살아야 하는가?" 존재의 의미를 묻는 것이다. 만일 이런 물음을 가져본 적 없거나 질문에 답할 수 없다면 소유, 능력, 성공 여부에 상관없이 그는 불만과 불안, 허무 속에 인생을 마감하게 될 것이다.

창세기 1장 1절은 짧지만 깊다. 여기에 우주의 기원이 있고, 인생의 모든 해답이 있다. "하나님께서 세상을 창조하셨다!" 그러므로 나는 하나님에게서 왔다(요 1:13). 나는 하나님께로 간다(히 11:16). 나는 하나님 자녀이다(요일 4:4). 나는 하나님 나라를 이루기 위해 산다(마 6:33). 나는 하나님의 의로 살아야 한다(롬 13:10). 이 짧은 말씀에 성경 전체가 담겨 있고, 오늘 내가 어떻게 살아야 하는지에 대한 해답이 나와 있다.

♦
인생의 실존적 질문과 해답을 마음에 품고, 내 삶에서도 실현되도록 기도하라.

Day 06

온전한 신앙으로 자라감

"1. 하나님의 십계명 2. 우리 신앙의 주요 항목, 신조 3. 그리스도께서 가르쳐주신 기도, 주기도 4. 세례 5. 거룩한 제단의 성례, 성만찬. 이 다섯 항목이 기독교 전체의 가르침입니다. 이것들을 끊임없이 익히고 한 구절 한 구절 공부하여 지식을 넓혀 나가야 합니다. '젊은 사람들은 설교만 들어도 충분히 다 배울 수 있다'는 말을 신뢰하지 마십시오. 이것을 통달하게 되면, 그 다음 시편과 찬송을 배워야 합니다. (중략) 이것을 통해 우리 아이들은 매일 성장하게 될 것입니다."(마틴 루터)

무엇을 하든 먼저 원리부터 배워야 한다. 원리를 알면 쉽고 재미있다. 성장하고 성숙하게 된다. 기독교 신앙도 그렇다. 신앙은 생명과 인생을 좌우하는 것이기에 더 잘 배워야 한다. 루터는 우리가 어떻게 배우고 성장해야 하는지 알려준다. 무엇보다 먼저 십계명, 사도신경, 주기도를 배워라. 배울 뿐만 아니라 매일 그것으로 기도하라. 온전한 신앙으로 자라게 될 것이다(벧후 3:18).

♦

신앙의 원리를 학습하는 일에 최선을 다하고, 그것을 바탕으로 기도하고 생활하라.

Day 07

생각에 달렸다

"쉬지 말고 기도하라"(살전 5:17)

성경은 우리를 향해 쉬지 말고 기도하라고 말씀한다(삼상 12:23, 엡 6:18). 대부분의 크리스천은 이 말씀에 혀를 내두를 것이다. 쉬지 않고 기도하는 것이 도무지 가능할 것 같지 않기 때문이다.

우리가 쉬지 않고 기도할 수 있는 비결은 하나뿐이다. 하나님을 사랑하는 것이다. 하나님을 사랑하는 사람은 그분과 함께 시간을 보내기 원한다. 자연스레 기도하게 된다. 더욱이 하나님은 자녀에게 불가능한 일을 시키지 않으신다. 우리의 생각부터 바꿔야 한다. 쉬지 않는 기도는 생각에 달려있다. 우리가 음악을 듣기 위해 플레이어를 틀어놓으면 내가 무슨 일을 하더라도 나의 공간에 그 음악이 배경으로 흐르게 된다.

이와 같이 우리의 생각이 하나님께 고정되어 있으면 일상 전반에 걸쳐 성령의 온전한 지배가 이루어져 무엇에든지 순간순간 하나님과 대화가 이루어진다. 이것이 바로 쉬지 않는 기도이다.

♦

하나님께 마음의 시선을 고정하고 자주 대화하는 연습을 하라.

Day 08

먼저 예배자가 되라

"아버지께 참되게 예배하는 자들은 영과 진리로 예배할 때가 오나니 곧 이 때라 아버지께서는 자기에게 이렇게 예배하는 자들을 찾으시느니라"(요 4:23)

무척이나 파란만장한 삶을 살았던 사마리아 여인은 예수님을 만나 비로소 구원의 도를 깨닫게 된다. 주님과 그녀의 대화 주제는 '예배'였다. 이는 구원받은 크리스천에게 예배가 얼마나 중요한지를 보여준다.

예배란 무엇인가? 하나, 예배는 우리를 구원하신 목적이다. 하나님께서 인간을 창조하고 구원한 것은 예배받으시기 위해서이다(사 43:21). 둘, 예배는 교회의 핵심 사명이다. 교회의 모든 사역은 하나님을 예배하는 것으로 귀결되어야 한다(롬 11:36). 셋, 예배는 나를 드리는 헌신이다. 내 시간과 장소와 물질을 구별하여 가장 귀한 것으로 하나님께 드려야 한다(시 118:24). 넷, 예배는 영과 진리로 드려야 한다. 모든 예배는 성령의 임재 안에서 예수 그리스도께 초점이 맞춰져야 한다. 다섯, 예배는 일상의 삶으로 이어진다. 매일의 일상이 거룩한 산 예배가 되어야 한다(롬 12:1~2). 먼저 예배자가 되라. 하나님은 오늘도 예배하는 자를 찾으시고 그를 통해 주의 나라를 이루어 가신다.

◆

나의 예배를 점검하고 참된 예배자가 되기를 다짐하라.

Day 09 주를 알아 나를 알고

"하나님에 관한 지식과 우리 자신에 관한 지식은 서로 연관되어 있다. 이 두 질문은 어떻게 연관되어 있는가? 1. 자기 자신에 관한 지식이 없으면 하나님에 관한 지식도 없다. 2. 하나님을 알지 못하면 자기 자신도 알지 못한다."(장 칼뱅)

인간은 한계성을 가졌다. 의의 한계, 능력의 한계, 생명의 한계로 두려움에 떠는 죽음의 존재다. 이런 자신의 한계성을 인정하는 자만이 하나님을 찾게 된다. 하나님 앞에 서면 자신의 무지, 허무, 빈곤, 부패를 적나라하게 보게 된다. 오직 그리스도 안에서만 지혜의 빛, 견고한 능력, 풍성한 선, 순수한 정의가 하나님께 있다는 사실을 인식하게 된다.

나를 알아야 하나님을 찾을 수 있고, 하나님을 알아야 나를 보게 된다. 나를 모르면 하나님을 찾을 수 없고, 하나님을 모르면 나를 보지 못한다. 내 자신을 바로 볼 수 있는 청결한 양심이 하나님을 알 수 있는 유일한 길이다(마 5:8).

♦

하나님께 청결한 양심을 구하고 하나님을 더 깊이 알아가라.

Day 10

정시에 기도하라

"하루 세 번씩 무릎을 꿇고 기도하며 그의 하나님께 감사하였더라"
(단 6:10)

언젠가 한 성도로부터 이런 질문을 받았다. "사람이 어떻게 쉬지 않고 기도할 수 있나요? 구체적인 방법을 알려주세요." 그의 짐작대로 사람은 누구나 연약하다. 오늘 기도하기로 마음 먹어도 내일이면 흐지부지되고 만다. 그렇다면 어떻게 쉬지 않고 기도할 수 있는가?

우리는 쉬지 않는 기도의 근간(根幹)부터 세워야 한다. 옛 성현들이 삼성오신(三省吾身)했듯이, 초대교인들이 하루 세 번 성전에서 기도했듯이(행 3:1), 우리도 매일 아침과 정오와 밤에 시간을 구별하여 '정시(定時)기도'를 하는 것이다. 정시기도는 쉬지 않는 기도를 위한 첫걸음이다. 만약 정시기도를 하지 않는다면 쉬지 않는 기도도 불가하다. 아니, 한다 해도 꾸준할 수 없다.

오늘부터 정시기도를 하기로 마음먹어라. 정시기도 시간을 정하고 알람을 맞춰라. 정시기도를 어디서 어떻게 할 것인지 정하라. 지금 결단하고 바로 시도하라.

♦
정시기도를 위해 계획을 짜고 그대로 실천할 수 있도록 주님께 은혜를 구하라.

Day 11 보시기에 심히 좋았더라

"하나님이 지으신 그 모든 것을 보시니 보시기에 심히 좋았더라"(창 1:31)

하나님께서 닷새 동안 빛, 궁창, 바다, 땅, 식물, 해, 달, 별, 새, 물고기를 만드신 뒤 그것을 보며 "좋다"고 하셨다. 마지막 여섯째 날에는 짐승과 사람을 만드셨는데 마침내 완성된 온 세상을 바라보며 최고의 탄성을 터뜨리셨다. "심히 좋았더라!" 무엇이 이토록 하나님을 흡족하게 했을까? 그것은 천지 만물이 그 목적대로, 의도하신 대로 질서 있게 존재했기 때문이다.

그렇다면 우리의 존재 목적은 무엇일까? 다섯 가지 문답으로 확인할 수 있다. 하나, 내 삶의 중심은 무엇인가? 예배이다(사 43:21). 둘, 나는 누구를 닮아갈 것인가? 그리스도이다(엡 4:13). 셋, 나는 재능을 어떻게 사용할 것인가? 봉사이다(막 10:45). 넷, 나는 하나님 나라를 어떻게 이룰 것인가? 선교이다(행 1:8). 다섯, 나는 영적 능력을 어디서 공급받을 것인가? 교회이다(마 16:18).

이처럼 창조 목적대로 살아가는 것이 하나님께 기쁨이고, 우리에게 행복이며, 세상에 아름답고 복된 하나님 나라가 세워지는 길이다.

♦

나는 하나님이 정하신 창조 목적에 맞게 살아가고 있는지 다섯 가지 문답으로 돌아보라.

Day 12

죽음에 이르는 일곱 가지 죄

"기독교 전통이 우리에게 전해준 '7가지 대죄'는 교만, 시기, 탐욕, 탐식, 분노, 정욕, 나태다. 한국 천주교회는 칠죄종(七罪宗)이라고 부르는데, 죄의 시원(始原)이 되는 죄를 뜻한다. 인간으로 가장 벗어나기 힘든 죄악들이다. 7가지 대죄에 각각 별칭을 붙여본다. 교만-뭇별 위의 보좌, 시기-녹색 눈의 괴수, 탐욕-볼록 나온 올챙이 배, 탐식-꽉 찬 배와 텅 빈 영혼, 분노-사탄의 화로, 정욕-타는 갈증에 마시는 바닷물, 나태-정오의 마귀이다."(신원하)

성경은 인간이 전적으로 타락한 존재라고 말씀한다. 이는 거듭난 성도라 할지라도 마찬가지다. 그 안에는 여전히 연약함이 있기에 때마다 갈등하고 넘어진다. 나는 주로 어떤 죄에 넘어지는가? 그 죄를 범할 수 있는 환경에서 벗어나라. 그리고 빛이신 그리스도께 나오라. 자신이 십자가에 죽었음을 고백하라. 내 안에 그리스도가 사심을 믿어라. 성령으로 충만하라. 끊임없이 하나님과 대화하며 더 친밀하라. 무엇에든지 하나님과 동행하라. 이것이 그리스도로 옷 입은 성도의 삶이며 죄를 이기는 능력의 비밀이다(롬 13:12~14).

♦
자주 걸려 넘어지는 죄가 무엇인지 자백하고, 그리스도로 옷 입은 빛의 자녀로 살라.

Day 13

정시기도 ① 아침의 기도

나는 매일 아침 하루를 시작하며 사도신경으로 기도한다. "아, 행복한 새 날입니다. 감사합니다. 오늘도 하나님의 사랑받은 자로서 자녀답게 살겠습니다. 이 아침, 주님을 향한 나의 신앙을 다시 새롭게 고백합니다. 나는 전능하신 아버지 하나님, 천지의 창조주를 믿습니다…."

이렇게 하루의 첫 시간에 사도신경을 고백하면 내 정체성을 확인하고 하나님 자녀답게 살게 된다. 매사에 신앙 고백적 삶을 살게 된다. 믿음의 고백에 뒤따르는 임마누엘 구원을 경험하게 된다. 하나님과 동행하며 무엇에든지 주의 나라 주의 뜻을 구하게 된다. 그리고 무엇보다 하루의 처음 것을 통해 하나님을 경배하게 된다.

아침에 눈 뜨는 자리에서, 또는 새벽예배 자리에서 사도신경으로 주님께 꾸준히 기도를 드려보라. 거기에 찬양의 고백을 더하면 금상첨화, 주님의 품에 거하는 하루를 누리게 될 것이다(시 143:8).

◆
아침에 눈뜨며, 또는 새벽예배에 나아가 아침의 기도를 드리는 습관을 가지라.

Day 14

불가능 전문가

"네 길을 여호와께 맡기라 그를 의지하면 그가 이루시고 네 의를 빛 같이 나타내시며 네 공의를 정오의 빛 같이 하시리로다"(시 37:5~6)

살다가 내 힘으로 어찌할 수 없는 일을 만날 때 우리는 낙심한다. 끝났다, 망했다, 죽었다고 생각한다. 이는 전적으로 내 생각일 뿐이다. 내 힘, 내 경험, 내 능력으로 안 되는 것이지 천지를 지으시고 스스로 존재하시는 전능의 하나님께는 전혀 문제 될 일이 아니다. 감기나 암이나 하나님께는 똑같다. 주의 뜻을 구하며 믿음으로 하나님께 의탁하면 도저히 불가능할 것 같은 일도 손바닥 뒤집듯 한순간에 해결될 것이다.

♦

오늘의 고민과 문제를 하나님께 내어놓고 그분께 의탁하라.

Day 15

값진 은혜

구원은 오직 은혜로 얻는다. 그렇다고 해서 구원이 값싼 것은 아니다. 하나님께서 독생자를 내주어주실 만큼, 예수님께서 십자가에 돌아가실 만큼, 선조들이 순교의 피를 흘릴 만큼 은혜는 값진 것이다. 그런데 이런 은혜가 오늘 우리에게는 하찮게 취급되고 있지 않은가?

"값싼 은혜는 우리 교회의 철천지원수다. (중략) 값싼 은혜란, 회개가 없는 사죄요, 교회권징이 없는 세례요, 죄의 고백이 없는 성만찬이요, 개인의 참회가 없는 용서다. 값싼 은혜란 뒤따름이 없는 은혜요, 십자가가 없는 은혜요, 인간이 되고 살아 있는 예수 그리스도가 없는 은혜다." (디트리히 본회퍼)

값진 은혜로 구원받았으니 이제 값진 인생을 살아야 한다(고전 6:20). 값진 인생이란, 밭에 감춰진 보물을 발견한 농부처럼 기뻐하며 주님께 투신하는 것이다. 옛 생활을 철저하게 청산한 삭개오처럼 주님을 내 안에 모시는 것이다. 배와 그물을 버렸던 제자들처럼 주님을 따르는 것이다. 향유 옥합을 깨뜨린 한 여인처럼 내 것을 주님께 드리는 것이다.

♦
은혜를 값싸게 여겼던 지난날을 회개하고 값진 은혜의 삶을 살기로 다짐하라.

Day 16

정시기도 ② 정오의 기도

안타깝게도 상당수 크리스천이 십계명을 구시대의 유물이라 여기는 것 같다. 그러나 십계명은 하나님께서 우리에게 주신 선물이다. 십계명을 통해 우리는 세상의 멍에들(시간, 물질, 관계, 미신 등)로부터 자유롭게 되며, 하나님과 이웃을 더 사랑하고 배려하게 된다. 그래서 나는 매일 정오에 십계명으로 기도한다.

"하나님 아버지, 오전에도 은혜로 살았습니다. 감사합니다. 이제 오후 시간도 하나님 자녀로 합당하게 살기 원합니다. 나를 도우소서. 하나님 외에 다른 신을 섬기지 않겠습니다…."

나른해지기 쉬운 오후를 앞두고 십계명으로 기도하면 마치 메마른 광야에서 샘물을 만나듯 하나님의 생수를 공급받을 수 있다. 또 자신을 성찰하고 회개하여 언제나 하나님 자녀답게 살 것을 새롭게 결단할 수 있다. 그리하여 어떤 상황에서든 우리의 마음을 하나님께로 비끄러매고 매순간 주님과 동행할 수 있게 된다.

"하나님을 사랑하는 것은 이것이니 우리가 그의 계명들을 지키는 것이라 그의 계명들은 무거운 것이 아니로다"(요일 5:3)

♦
점심시간 전후로 적절한 시간을 정해 알람을 맞춰 놓고 정오의 기도를 시도하라.

Day 17 믿음과 복

"하나님이 그들에게 복을 주시며"(창 1:28)

최근 기복신앙과 관련해 이런 저런 말들이 많지만, 사실 믿음은 복과 떼려야 뗄 수 없는 관계이다. 하나님은 복의 근원이시다. 복 주기를 무척 좋아하신다. 성경은 복의 책이다. 성경의 첫 책, 창세기를 열면 하나님께서 인간을 만드시고 가장 먼저 하신 일이 복을 주시는 것이었다. 예수님께서 제자들에게 설교하실 때도 그 첫 주제가 복이었다(마 5:3). 제자들을 떠나 하늘로 올라가며 하신 말씀도 복이었다(마 28:20). 성경의 마지막 책 요한계시록의 맨 끝에 나와 있는 말씀도 복이다(계 22:21).

이 복은 단순히 나 혼자 잘 먹고 잘 살라고 주시는 것이 아니다. 이 세상을 창조 목적대로 아름답게 가꿔가기 위해(문화명령), 또 땅끝까지 복음을 전하여 세상에 하나님 나라를 이루기 위해(선교대명령) 주시는 것이다. 그러므로 복 자체에 연연하지 말고 하나님의 목적대로 살기를 구하라. 우리가 먼저 그의 나라와 의를 구하며 살면 복은 자연스레 따라오게 되어있다(엡 3:20).

♦
하나님의 자녀로서 넘치는 복을 누리며 살고 있는지 자신을 점검하고 회개하라.

Day 18

날마다 부활을 살다

"부활은 우리가 묻히거나 화장된 이후의 일 하고만 상관있는 것이 아니다. 물론 그것과 상관이 있지만, 무엇보다도 부활은 우리가 지금 사는 방식과 상관이 있다. 칼 바르트가 간결한 말로 상기시켜주는 것처럼, '무덤이 있어야 부활이 있다.' 우리는 자기 마음대로 살려는 의지를 포기함으로써 죽음을 연습한다. 그러한 포기를 통해서만 우리는 부활을 살 수 있다."(유진 피터슨)

예수 그리스도의 부활은 단지 역사적 사건이 아니다. 그분을 믿는 모든 자들에게도 동일하게 일어나는 경험적 사건이다. 오늘 부활을 경험하며 산다는 것은 어떤 의미인가? 그것은 내가 십자가에 죽어야 한다는 뜻이다(빌 3:10). 무덤이 있어야 부활이 있다. 속상함, 분노, 두려움, 거짓, 욕망이 일어날 때마다 나는 그리스도와 함께 죽었음을 믿어야 한다. 그러면 이제 내 안에 사시는 주님과 함께 무엇에든 기도로 감사로 사랑으로 부활의 삶을 살게 된다.

♦

내 안에 옛사람이 솟구칠 때마다 십자가를 생각하고 나의 죽음을 고백하라.

Day 19

정시기도 ③ 밤의 기도

"성경의 모든 거룩한 기도들이 주기도문에 포함되어 있다"(성 어거스틴)

밤은 분주했던 일과를 마치고 하루를 갈무리하는 시간이다. 무엇이든 마침이 중요하다. 이 중요한 시간에 우리는 무엇을 하며 지내고 있는가? 이제 하루의 끝자락을 하나님께 드리자. 하루 동안 베푸신 은혜에 감사하고, 새 아침을 소망하며 주기도로 하나님께 나아가는 것이다.

"오늘도 은혜로 살았습니다. 감사합니다. 주께서 행하신 모든 일에 영광을 돌립니다. 주님 뜻대로 살고자 했으나 나의 연약함으로 실수한 것 많사오니, 주여 저를 긍휼히 여기소서. 하늘에 계신 우리 아버지…."

무엇보다 주기도는 하늘에 계신 "아버지"를 향해 드리는 자녀의 기도이다(마 6:9~13). 전능하신 창조주 하나님을 나의 아버지로 고백하며 필요와 요청을 아뢰는 것이다. 더구나 이 밤 내가 잠든 사이에도 사랑하는 이들과 온 세상에 주의 나라가 임하도록 기도할 수 있다니 이 얼마나 위대한 시간인가. 밤마다 주기도로 기도하는 것은 세상 가장 아름답고 복되게 하루를 마감하는 것이다.

♦
오늘부터 매일 밤 주기도로 기도하며 하나님께 나아가기로 결단하라.

Day 20

선악과의 의미

"선악을 알게 하는 나무의 열매는 먹지 말라 네가 먹는 날에는 반드시 죽으리라"(창 2:17)

종종 이 구절에 의문을 갖는 이들이 있다. "먹을 줄 알면서 왜 선악과를 만들었느냐"는 것이다. 성경이 그 이유를 자세히 설명하지 않기에 우리는 다만 몇 가지 진리를 깨우칠 뿐이다.

첫째로 하나님과 사람의 위치를 분명히 알 수 있다. 선악과는 창조주 하나님과 피조물 인간의 차이를 확인시켜 준다. 선악과로 인해 하나님은 창조주로, 사람은 피조물로 인지되는 것이다(전 12:13). 둘째로 사람과 인격적인 관계를 맺고자 하셨다. 하나님께서는 사람과 약속을 맺으셨다. 신뢰 속에 온전히 교제하기 원하신 것이다(살전 5:23). 셋째로 사람의 특별함은 자유의지에 있다. 인간은 로봇이 아니라 의지를 가진 존재로 창조되었다. 인간의 가치는 얼마나 자유를 누리고 있는가에 비례하는 것이다(요 8:32).

분명하게도 사람이 하나님의 창조 섭리와 구원 계획을 다 알 수는 없다. 그저 성경이 말하고 성령이 가르쳐주시는 만큼 알고, 깨달은 말씀부터 순종하는 것이 복된 삶이다(빌 4:9).

♦

> 알 수 없는 하나님의 뜻을 찾기 전에 이미 알고 있는 하나님의 뜻부터 실천하라.

Day 21

크리스천의 정도(正道)

"현실 지향에서 기도하는 삶으로 인기 관리에서 섬기는 목양으로 인도하는 자리에서 인도받는 자리로."(헨리 나우웬)

하나님의 은혜로 20년 넘도록 신학도들에게 목회를 가르치고 있다. 첫 시간에는 항상 목회자의 소명과 크리스천 리더십에 대해 다루는데 강의 끝에 헨리 나우웬의 이야기를 자주 한다. 그는 믿음의 사람이 빠지기 쉬운 유혹과 정도를 대비시켜 설명한다.

현실 지향에서 기도하는 삶이란, 보이는 현실에 매이지 않고 기도로 주님과 친밀함을 누리는 것이다. 인간 관리에서 섬기는 목양이란, 사람들의 평가에 연연하지 않고 진심으로 한 영혼을 사랑하고 살려내는 것이다. 인도하는 자리에서 인도받는 자리란, 내가 누군가를 인도하기보다 먼저 주님의 뜻을 분별하고 그 뜻에 순복하는 것이다. 그러니 착각하지 말자. 우리의 목표는 성공이 아니다. 우리가 가는 길은 주의 길, 십자가의 길이다(요 12:26).

♦
그동안 어떤 길을 걸어왔는지 생각해보고, 믿음의 정도를 따라 걷도록 기도하라.

Day 22 항시기도

정시기도는 쉬지 않는 기도의 근간이다. 나는 매일 아침, 정오, 밤에 시간을 정해 놓고 기도하며 주님과 깊은 친밀감을 누린다. 그러나 우리는 모두 연약한 죄인이기에 하루 세 번의 정시기도만으로 쉬지 않고 기도할 수는 없다. 정시기도의 틈을 메우는 '항시기도'가 있어야 한다.

항시기도란 순간적으로 하나님을 찾는 것이다. 여러 말을 길게 하지 않고 그저 한 호흡으로 그분을 부르는 것이다. 평소 나는 항시기도를 위해 네 개의 성호(聖號)를 사용한다.

"오 하나님 아버지!"(마 6:9), "오 키리에 엘레이손!"(눅 18:38, 주여 불쌍히 여기소서), "오 파라클레토스!"(요 14:16, 보혜사 성령이시여), "오, 예수 그리스도!"(마 1:18)

이는 성경 속 믿음의 사람들이 고백했고, 또 교회사의 수많은 선진들이 애용해 온 기도이다. 이것을 매순간 끊임없이 되뇌며 고백하는 것이 항시기도인 것이다. 분명 삶에는 말로 다 표현할 수 없는 사건과 상황들이 산재해 있다. 그때마다 하나님을 부르면 일순간 내 일상의 자리에 하나님의 시선이 비춰며 평안과 위로를 얻고 더 풍성한 기도로 나아가게 될 것이다(롬 8:26).

♦

오늘 하루 종일 네 개의 성호로 하나님을 자주 불러보라.

Day 23

결혼의 신비

"이러므로 남자가 부모를 떠나 그의 아내와 합하여 둘이 한 몸을 이룰지로다"(창 2:24)

두 사람이 결혼하여 함께 산다는 건 크나큰 신비(神祕)이다. 그 신비를 깨닫지 못해 함께 살면서도 불행 속에 지내는 이들이 많다. 혹 그런 이들이 있다면 이 사실을 잊지 말자.

첫째, 결혼은 단순한 양자의 연합이 아니라 삼자의(三者) 언약이다. 한 남자와 여자가 하나님 앞에서 일평생 한 몸처럼 살기로 약속하는 불변의 신적 사건이다(마 19:6). 둘째, 결혼은 부모를 떠나는 것이다. 이전에는 부모가 가장 가까운 사람이었으나 이제는 배우자가 최우선이다. 당연히 정신적, 경제적으로 부모에게서 독립하여 부부만의 가정을 이루어야 한다. 그 과정에서 부모 역시 자녀를 마음으로 축복하며 떠나보내야 자신의 가정도 든든히 서게 된다. 셋째, 결혼은 부부가 한 몸을 이루는 것이다. 한 몸은 영과 혼이 하나 될 때, 곧 남편과 아내가 그리스도 안에서 내 사랑이 아닌 그리스도의 사랑으로 서로 복종하고 섬길 때 비로소 이루어진다(고전 13:4~7).

♦
결혼한 자로서, 또 결혼을 준비하는 자로서 하나 됨의 신비를 깊이 묵상하라.

Day 24 주님의 방법으로

교회 봉사나 사역을 할 때 우리는 그것을 '하나님 일'이라고 생각한다. 정말 하나님 일을 하는 것일까? 혹시 착각하고 있는 것은 아닐까? 주님을 위한다고 생각했던 베드로에게 예수님은 이렇게 말씀하셨다. "네가 하나님의 일을 생각하지 아니하고 도리어 사람의 일을 생각하는도다"(마 16:23) 이것이 오늘 나를 향한 책망은 아닌가? 하나님 일을 한다면서 지금껏 내 일, 내 성공을 위해 일하지 않았던가? 이에 대한 엄중한 가르침이 있다.

"주님의 일은 주님의 방식으로!"(프란시스 쉐퍼)

주님의 일은 당연히 주님의 방식으로 이뤄지기 마련이다. 즉 내 뜻이 아니라 주님의 뜻으로, 내 힘이 아니라 주님의 능력으로, 내 성격이 아니라 주님의 성품으로, 내 자랑이 아니라 주님께 영광을 돌리며 일하는 것이다(롬 14:8). 이것이 주님의 일이요, 주님의 방법이다.

♦
내 봉사와 사역을 돌아보고 그것을 어떻게 주님의 방법으로 할 것인지 묵상하라.

Day 25

기도의 조화

연약한 우리가 어떻게 쉬지 않고 기도하며 매순간 하나님을 의식할 수 있을까? 먼저 정시기도를 해야 한다. 정시기도는 하루 세 번 시간과 장소를 정해 하나님께 나아가는 것을 말한다. 아침에는 사도신경, 정오에는 십계명, 밤에는 주기도로 기도하는 것이다.

그러나 분주한 일상을 살다보면 나도 모르는 새 하나님의 시선을 놓치게 된다. 그래서 우리는 정시기도에 항시기도를 더해야 한다. 언제든 있는 자리에서 하나님의 이름을 부르는 것이다.

중요한 것은 정시기도와 항시기도의 조화에 있다. 정시기도만으로는 바쁘고 분주한 일상 중에 하나님께 시선을 고정하기 힘들다. 또 항시기도만으로는 하나님과 깊고 진중한 교제를 나누기 어렵다. 정시기도와 항시기도가 조화를 이룰 때 우리는 온전히 쉬지 않고 기도하게 된다. 이제 쉬지 않는 기도로 하나님께 나아가자. 일상의 모든 것으로 하나님과 대화하자. 그리할 때 세상이 알지 못하는 지고한 평안과 기쁨이 가득하게 될 것이다.

"하나님께 가까이 함이 내게 복이라"(시 73:28)

♦
정시기도와 항시기도를 연습하고, 쉬지 않는 기도로 매일매일 하나님과 동행하라.

Day 26

놀라운 권세

"내가 너희에게 뱀과 전갈을 밟으며 원수의 모든 능력을 제어할 권능을 주었으니 너희를 해칠 자가 결코 없으리라"(눅 10:19)

세상에는 두 가지 힘이 있다. 능력(power)과 권세(authority)이다. 능력은 자체적인 힘으로 체력, 실력, 재력 등을 가리킨다. 권세는 부여받은 힘으로 정부 또는 하나님에게서 오는 힘을 말한다.

하나님께서는 믿는 자에게 권세를 주신다. 죄악을 이기는 권세, 불안을 이기는 권세, 병고를 이기는 권세, 저주를 이기는 권세, 마귀를 이기는 권세, 죽음을 이기는 권세, 곧 예수 그리스도의 이름을 믿고 구하면 그대로 되는 권세이다. 내게 능력이 없다고 실망하지 말자. 나의 보잘것 없음에 좌절하지 말자. 내가 해야 할 일은 하나님을 생각하며 끊임없이 그분과 대화하고, 주신 권세를 누리며 그리스도로 풍성케 되는 것이다(빌 4:13).

♦

오늘 우리에게 주어진 하늘의 권세를 마음껏 누리며 살라.

Day 27

날마다 믿음의 고백을

"주기도문의 첫 문장은 '하늘에 계신 우리 아버지여'입니다. 무슨 뜻인지 아시겠습니까? 이것은 아주 정직하게 말해서, 여러분이 지금 하나님의 아들 행세를 한다는 뜻입니다. (중략) 여러분은 자기 중심적인 두려움과 소원, 욕심, 질투, 자만 등 망할 수밖에 없는 것들을 모아 놓은 꾸러미입니다. 이런 사람이 그리스도로 분장한다는 것은 어떤 점에서 대단히 파렴치한 짓이 아닐 수 없습니다. 그런데 이상한 사실은 그리스도 자신이 이렇게 하라고 명령하셨다는 것입니다."(C. S. 루이스)

정말 뜬금없는 일이다. 예수를 믿게 되면 하나님의 자녀가 된다니 말이다. 이것이 얼마나 황당한 일인지 한 신학자는 이를 파렴치한 행위라고 말한다. 그런데 더 웃긴 것은 하나님의 독생자 예수님께서 그렇게 하라고 가르쳐주셨다는 사실이다.

예수 그리스도의 십자가로 이미 모든 것은 해결되었다. 우리가 그렇게 알고, 그렇게 여기고, 그렇게 고백하면 하나님께서 진짜 우리 아버지가 되어 주신다(롬 10:10). 이것이 고백의 능력이요 행복이다.

♦

때마다 시마다 믿음으로 하나님을 아버지로 고백하고 그분을 의지하라.

Day 28 식사 기도

식사 시간에 식당을 유심히 둘러보면 종종 눈에 띄는 사람들이 있다. 눈을 감고 기도하는 사람, 곧 크리스천이다. 그들은 차려진 음식을 그냥 입에 가져가지 않는다. 먼저 눈을 감고 기도한다. 왜냐하면 그들의 식사에는 단순히 배를 채우는 것 이상의 의미가 있기 때문이다.

첫째로 식사는 하나님 은혜다. 하나님께서 이스라엘 백성을 먹이셨듯이 오늘 우리도 먹이고 돌보신다. 그분이 세상을 주관하시기에 오늘 내 식탁에 음식이 오르게 된 것이다. 둘째로 식사는 감사의 이유다. 우리의 영과 육은 하늘의 공급 없이는 하루도 살 수 없다. 하나님께서 일용할 양식을 주시고, 주님께서 친히 생명의 밥(요 6:35)이 되어 주시니 우리가 사는 것이다. 셋째로 식사는 임마누엘의 체험이다. 우리는 함께 성찬을 나누며 주님을 기념한다. 또 함께 애찬을 나누며 사랑으로 교제한다. 먹고 마심이 주 안에서 누리는 기쁨의 축제요 거룩한 성례인 것이다.

따라서 그리스도인이라면 하루 세 번의 식사 앞에 기도하지 않을 수 없다. 짧고도 진한 식사 기도는 '쉬지 않는 기도'의 좋은 도구로써 우리를 주님과 더욱 친밀하도록 이끌어준다.

♦

그동안 식사 기도를 형식적으로 해왔다면, 혹 하지 않았다면 의미를 되새기며 다시 시작하라.

Day 29

거짓을 버려라

"뱀이 여자에게 이르되 너희가 결코 죽지 아니하리라"(창 3:4)

뱀은 거짓말로 최초의 여인을 유혹했다. 하나님을 불신하게 만들었다. 나아가 세상에 불순종, 두려움, 수치, 분열, 저주, 죽음을 가져왔다. 이런 파괴적인 거짓말은 마귀로부터 유래한다. 마귀를 뜻하는 헬라어 '디아볼로스'는 거짓, 비방, 중상이라는 뜻이다. 즉 거짓말은 마귀의 일이다. 어떻게 우리는 거짓을 버리고 진실한 말을 할 수 있을까?

하나, 거짓말을 큰 죄악으로 여기라(행 6:4). 둘, 악한 말을 하는 이들과 교제를 피하라(시 1:1). 셋, 내 언행을 말씀과 성령의 인도 아래 두라(시 51:15).

물론 때때로 선의의 거짓말을 해야 할 때가 있다. 그럴 땐 하나님 앞에서 나의 연약함을 자백하고 그것이 습관이 되지 않도록 긍휼을 구해야 한다. 우리는 혀를 길들일 능력이 없다. 오직 말씀과 기도로 충만해질 때 성령께서 우리를 다스려 진실한 말을 하게 되는 것이다.

◆

그동안 거짓되었던 것들을 회개하고 진실한 말을 하는 사람이 되게 해달라고 기도하라.

Day 30

겸손하기 위하여

"주님은 사람이 다 멸시하는 걸인과 문둥이의 벗이 되셨나이다. 마침내 벌거벗은 몸으로 강도의 틈에서 저주의 십자가에 달리시고 음부에까지 내려가셨나이다. 오 주님이 이같이 낮아지신 것을 생각할 때 나는 어떻게 하오리까? 나는 나를 어디까지 낮추어야 당신 앞에서 합당하겠습니까? 주님이 제자의 발을 씻기셨으니 나는 문둥이의 발을 핥게 하여 주소서. 당신이 세리의 집에 들어가셨으니 나는 모든 사람의 발 앞에 짓밟히는 먼지와 티끌이 되게 하소서."(주기철)

아, 어떻게 이런 기도를 드릴 수 있었을까? 어떻게 우리는 더 낮아지고 겸손해질 수 있을까? 그러기 위해서는 내 안에 그리스도의 마음을 품어야 한다(빌 2:5). 나는 십자가에 죽고, 내 안에 사시는 그리스도를 사랑하는 것이다. 그리스도를 닮고자 열망하는 것이다. 그리스도처럼 비우고, 낮추고, 복종하는 것이다. 누군가가 나를 칭찬하거나 높일 때 이렇게 대답하는 것이다. "아닙니다. 다, 주의 은혜입니다. 저는 아무것도 아닙니다."

♦

내 안에 계시는 주님을 사랑하라. "아닙니다. 다, 주의 은혜입니다"를 계속 고백하라.

Day 31 주일이 나를 지킨다

"하나님이 그 일곱째 날을 복되게 하사 거룩하게 하셨으니 이는 하나님이 그 창조하시며 만드시던 모든 일을 마치시고 그 날에 안식하셨음이니라"(창 2:3)

엿새 동안 세상을 만드신 후 하나님께서는 안식하셨다. 창조의 마침이 안식인 것이다. 하나님께서 이 일곱째 날을 거룩하게 하셨다. 안식일로 구별하여 거룩히 지키라고 명하셨다.

본래 유대 달력의 안식일은 토요일이다. 그런데 예수님께서 안식 후 첫날에 부활하셨기에 우리 그리스도인들은 토요일 다음 날인 일요일을 안식일로 삼는다. 우리는 이 날을 '주의 날'(주일)이라 부른다. 이 날은 우리의 영, 혼, 몸이 쉼을 얻는 날이다. 우리가 영과 진리로 예배하는 날이다. 우리가 하늘의 신령한 복을 받는 날이다. 그러니 최선을 다해 주일을 준비하고 거룩하게 보내자. 내가 주일을 지키면 주일이 나를 지킨다(시 118:24~25).

♦
그동안 주일을 어떤 자세로 맞이했는지 돌아보고 거룩하게 지키기를 결단하라.

February

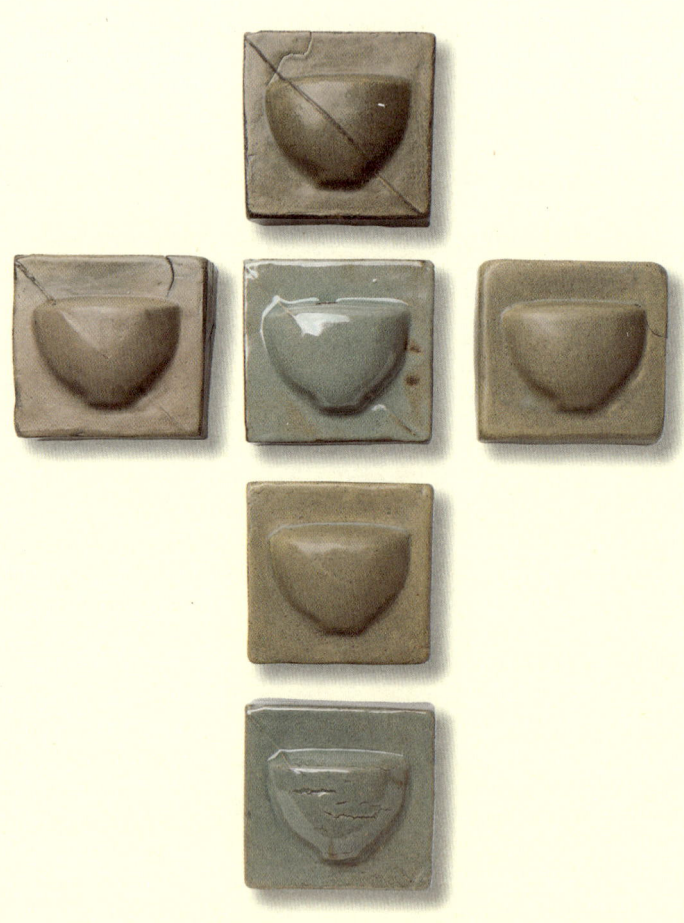

오병이어 48×40cm | 도예 | 2021 | 이혜영

2월 Day 01

오병이어

"각자 내가 먹을 밥 한 그릇을 나눌 때 그것은 한 그릇이 아니다. 더 풍성하게 되어 그리스도의 사랑으로 필요한 곳에 흘러갈 줄 믿으며, 밥 한 그릇을 나눔의 삶으로 표현한다. 내 힘으로는 내 욕심으로는 나눌 수 없다. 오직 비둘기 같은 성령님의 따스함이 임할 때, 우리는 사랑할 수 있고 용서할 수 있다. 주님이 주신 사랑만이 우리의 죄를 뛰어넘는 사랑과 용서로 나아감을 십자가로 형상화하며 주님의 임재를 구한다."(이혜영)

"너희가 먹을 것을 주어라." 예수님께서 제자들에게 하신 말씀이다. 가당치 않다. 날은 저물고 빈들이고 모인 이가 오천 명이 넘는데 무슨 수로 밥을 준단 말인가? 겨우 한 소년이 오병이어를 가지고 왔다. 그것으로 될 일이 아니다. 두 사람도 배불리 먹을 수 없다. 그런데 어떻게 그들 모두가 배부를 수 있었는가? 예수님이 하늘에서 내려온 '생명의 떡'이셨기 때문이다. 생명의 떡이신 주님께 나아가 나를 드리고, 나누라. 날마다 주님을 먹고 마시며 주님과 동행하라. 그러면 오늘도 삶 속에서 오병이어의 기적이 일어날 것이다(눅 9:16~17).

▬▬ 나를 먹이고 돌보시는 주님께 감사하고, 생명의 떡이신 그리스도께 나를 온전히 드려라.

Day 02

통째로 드리자

"제 모든 것을 주님 손에 맡깁니다. 주님의 인도에는 실수도 없고 위험도 없습니다. 언제나 주님을 사랑하겠습니다. 저는 주님께 속해 있습니다. 저는 아무것도 두려워하지 않을 것입니다. 언제나 주님 손안에 머물며 떠나지 않을 것이기 때문입니다."(토마스 머튼)

인생을 살다가 어렵고 복잡한 문제가 찾아왔을 때 전전긍긍하지 말자. 그저 내 자신을 통째로 하나님께 드리자. 우리를 자녀 삼아주신 아버지께 모든 것을 맡겨 버리자. 내가 자꾸 손을 대기보다 하나님의 손에 위탁하는 것이 최고의 방법이다(벧전 4:19).

♦
지금 버거운 문제나 고민이 있다면 그것을 포함한 내 자체를 하나님께 맡겨라.

Day 03 중보기도

오래전 군복무 중인 아들을 면회 간 적이 있다. 겨울 된바람을 맞으며 철책 부대로 가는 길이 얼마나 춥던지 지금도 그날의 추위를 잊을 수가 없다. 짧은 만남을 뒤로하고 나오려는데 차마 발걸음이 떨어지지 않았다. 남아서 혹독한 추위를 견뎌야 할 자식 생각에 가슴이 미어졌던 것이다. 부모라면서도 정작 해줄 수 있는 게 별로 없었다. 입에서 절로 기도가 나왔다. "주여, 아들을 지켜주소서. 제가 할 수 있는 것이 아무것도 없습니다."

이처럼 우리는 모두 연약한 인간이다. 사랑하는 사람을 위해 최선의 것을 줄 수 없고, 그 최선의 것이 무엇인지도 알지 못한다. 그래서 우리는 기도한다. 그를 위해 주님께 구한다. 사랑하는 이를 위해 우리가 할 수 있는 최선이 바로 중보기도인 것이다(출 17:8~13).

◆
내가 사랑하는 사람들의 믿음과 필요를 위하여 하나님께 중보기도하라.

Day 04

구원의 완성을 위하여

"이르되 내가 동산에서 하나님의 소리를 듣고 내가 벗었으므로 두려워하여 숨었나이다"(창 3:10)

하나님께서 천지 만물을 지으셨을 때 모든 것은 조화롭고 아름다웠다. 그런데 인간이 죄를 범하여 그것이 깨어지고 말았다.

'하나님과 인간의 관계'가 깨어졌다. 에덴동산을 함께 거닐던 친밀한 사이였으나 두려워하며 피하게 되었다. '인간과 인간의 관계'도 깨어졌다. 최초의 인간관계는 화평했으나 그 안에 거짓, 갈등, 불화 등이 찾아왔다. '자기 자신과의 관계'도 깨어졌다. 원래는 부족함 없는 존재였으나 수치, 불안, 절망, 허무 등 자기 결핍의 존재로 전락했다. '인간과 자연의 관계'도 깨어졌다. 죄로 인해 땅이 저주받고, 인간은 종신토록 땅을 파야 살 수 있게 되었다(창 3:17~18).

기독교의 구원은 이 깨어진 관계들의 회복이다. 처음에는 하나님과 인간의 관계회복으로 출발하지만 그것이 다가 아니다. 구원의 영적 파장이 흘러 자기 정체성을 회복하고, 다른 사람들과 화평하며, 자연을 아끼고 돌보는 청지기적 삶을 살 때 비로소 참 구원이 완성되는 것이다(사 11:6~9).

♦

이 땅에 온전한 구원이 이루어지기 위해 나는 어떻게 살 것인지 생각하라.

Day 05

생수의 강

"이 전통들은 묵상의 전통, 또는 기도로 충만한 생활; 성결의 전통, 또는 덕이 있는 생활; 카리스마의 전통, 또는 성령충만한 생활; 사회정의의 전통, 또는 사랑이 넘치는 생활; 복음의 전통, 또는 말씀 중심의 생활; 성육신의 전통, 또는 성례 중심의 생활이다. (중략) 하지만 영적인 삶의 여러 차원들의 완벽한 본은 예수님 밖에는 없다. 이 삶의 강의 완벽한 형태를 보기 원한다면 예수님께로 눈을 돌려야 한다."(리처드 포스터)

예수님을 믿으면 우리의 메마른 심령에 성령이 임하셔서 생수의 강이 샘솟게 된다(요 7:38). 그 생수는 지난 2천 년간 수많은 크리스천들로부터 흘러나와 다채로운 기독교 영성을 형성했다. 내 영성은 어디에 가까운가? 그것을 아는 것도 중요하지만, 보다 더 우선적인 것은 영성의 균형을 이루는 것이다. 다른 전통에 있는 이들을 존중하고 여섯 가지 영적 전통이 내 안에서 예수님처럼 조화를 이루도록 힘쓰는 것이다. 그리할 때 우리로부터 생수가 흘러 넘쳐 그 물길이 닿은 곳마다 소생과 생명의 역사가 일어난다(겔 47:9).

◆

나와 다른 영성의 전통에 있는 이들을 존중하고, 자주 성도의 교제를 나누라.

Day 06

회개 기도

"형통을 잃는 길이 죄를 숨기는 것이라면, 자비를 얻는 길은 죄를 드러내는 것이다."(존 스토트)

크리스천은 누구나 회개하며 산다. 회개는 우리의 심령을 정결하게 한다. 예배의 자리로 나아가게 한다. 주님과의 사귐을 더 진솔하게 한다. 주변 사람들을 사랑하고 화평하게 한다. 내 안에 계시는 주님께 반응하게 한다. 즉, 우리가 회개할 때 하나님과의 친밀한 관계가 회복되고 기쁨과 화평의 하나님 나라를 누리게 된다(시 34:18).

그러므로 항상 내면을 성찰하라. 생각나는 죄가 있다면 변명 없이 자백하라. 믿음으로 죄 사함을 받아라. 회개에 합당한 열매를 맺으라. 이를 통해서만 우리는 죄로부터 온전히 벗어나며, 순종의 기쁨을 누리게 되고, 그리스도와 동행하는 거룩한 삶을 살게 된다.

♦

내면을 성찰하여 하나님께 회개할 것을 진심으로 변명없이 온전하게 고백하라.

Day 07 돈과 크리스천

"돈을 사랑함이 일만 악의 뿌리가 되나니 이것을 탐내는 자들은 미혹을 받아 믿음에서 떠나 많은 근심으로써 자기를 찔렀도다"(딤전 6:10)

돈의 위력을 모르는 사람은 없다. 돈이 없으면 제대로 살아갈 수 없다. 일용할 양식과 필요가 모두 돈으로 해결된다. 쾌락과 권력도 돈으로 얻을 수 있다. 그리하여 돈을 구하고 돈을 사랑하게 되면 그때부터 삶은 기울어진다. 믿음에서 멀어지게 된다. 우상을 따르게 된다. 더 욕심하게 된다. 삶의 자유를 잃게 된다. 돈보다 중요한 것(건강, 정직, 우정, 가정, 신앙)을 놓치게 된다. 돈은 일만 악의 뿌리이다.

이 돈에 대해 크리스천은 어떤 태도를 보여야 하는가? 내 소유의 주권이 하나님께 있음을 인정해야 한다. 즉 십일조를 드리는 것이다. 흔히 말하듯 십일조는 더 큰 복을 받기 위한 것이 아니다. 온 세상이 돈에 휘둘릴 때 하나님만이 나의 주이심을 물질로 고백하는 것이다. 십일조를 드릴 때 우리는 돈으로부터 자유롭게 되고, 어떤 형편에서나 하나님의 풍성을 누리는 삶을 살 수 있다(고후 6:10, 빌 4:19).

◆
더 이상 돈에 매이지 말고 온전한 십일조를 드리기로 결단하고 시행하라.

Day 08

듣는 귀를 주소서

"형제의 말에 귀를 기울이지 않는 자는 조만간 하나님께도 귀를 기울이지 않게 될 것이다. 그는 하나님 앞에서도 자기 말만 재잘거릴 것이다. (중략) 이것은 영적 삶의 죽음을 알리는 신호다."(디트리히 본회퍼)

주변에서 종종 자기 말만 하기 좋아하는 사람을 본다. 그는 말해야 할 공적인 자리가 아닌 사적인 모임에서도 사람들을 주도하려고 한다. 연소한 이들에게는 필요 이상으로 교훈하려고 한다. 형제들 사이에도 듣기보다는 주로 이야기하려고 한다. 많은 이들이 듣는 귀를 찾고 있는데, 그에게는 듣는 귀가 없다. 참 어리석고 불행한 일이다. 사람은 나이가 들고 연륜이 쌓여가며 할 말이 많아진다. 그럴 때일수록 더 듣는 귀를 열어야 한다. 듣는 것이 지혜이고, 귀 기울이는 것이 행복이다.

"사무엘이 이르되 말씀하옵소서 주의 종이 듣겠나이다 하니"(삼상 3:10)

♦
오늘 하루 가능한 한 말을 적게 하고, 주변 사람들의 이야기에 귀 기울여보라.

Day 09 일과 기도

"기도를 제외한 준비는 준비가 아니다. 충분히 준비한다는 것은 곧 충분히 기도한다는 말이다."(피러스 12세)

소설가 엔도 슈사쿠는 "순간이 모여 일상을 이루고, 일상이 모여 인생이 된다"고 했다. 우리에게 주어지는 매일의 일과를 잘 감당하는 것이 우리 인생 전체를 결정짓는다는 뜻이다. 문제는 우리의 지혜와 능력만으로는 그 일과를 잘 감당할 수 없다는 것이다. 그래서 우리는 매일의 일과를 기도로 준비해야 한다.

오늘 내게 주어진 일들을 위해 이렇게 기도하자. 하나, 그날의 일과를 하나님 앞에 내려놓으라. 둘, 주님의 뜻에 근거한 일과의 우선순위를 구하라. 셋, 일과 가운데 주의 성품과 뜻이 드러나기를 구하라. 넷, 일과를 감당할 지혜와 능력을 구하라. 이렇게 일과를 위해 기도하고 주의 뜻대로 행하면 놀라운 열매가 맺어진다. 사람이 수고하면 사람이 수고할 뿐이지만 사람이 기도하면 하나님께서 일하신다(요 14:14).

♦ 오늘 내게 주어진 일과를 기도로 준비하고, 하나님의 뜻대로 그것을 행하라.

Day 10

최초의 질문

"여호와 하나님이 아담을 부르시며 그에게 이르시되 네가 어디 있느냐"(창 3:9)

지혜로운 사람은 질문을 가까이 한다. 질문해야 생각하고, 수정하고, 성숙하고, 온전해질 수 있기 때문이다. "아담아, 네가 어디 있느냐?" 이는 성경의 첫 질문이며, 인간을 향한 하나님의 첫 질문이다. 하나님께서는 아담이 어디에 숨었는지 몰라서 물으신 것이 아니다. 여기에는 의도가 있다. 즉 그의 '정체성'에 대해 물으신 것이다. 아담은 하나님의 걸작품이었다. 그런 그가 죄를 짓고 자기 정체성을 잃어버리자 하나님 낯을 피해 숨어버린다.

아담만 그런 것이 아니다. 우리 역시 죄 가운데 있을 때 자기 정체성을 잃어버리고 두려워하며 어둠의 나락으로 떨어진다. "네가 어디 있느냐? 너는 누구냐?" 우리는 언제 어디서나 이 하나님의 물음에 답할 수 있어야 한다(시 2:7, 딤전 6:11).

♦
내가 어디에 있든 크리스천으로서 분명한 정체성을 가지고 살아가기를 다짐하라.

Day 11

뜻을 정한 사람

"생각하는 백성이라야 산다! 모든 일에는 뜻이 있다. 모든 일은 뜻이다. 뜻에 나타난 것이 일이요 물건이다. 뜻 있으면 있다(存在), 뜻 없으면 없다(無). 뜻 품으면 사람, 뜻 없으면 사람 아니. 뜻 깨달으면 얼(靈), 못 깨달으면 흙. 전쟁을 치르고도 뜻도 모르면 개요 돼지다. 영원히 멍에를 메고 맷돌질을 하는 당나귀다."(함석헌)

그리스도인은 뜻을 정한 사람이다(단 1:8). 그리스도를 따라 소유보다 존재를, 성공보다 사명을, 사역보다 관계를, 지배보다 섬김을 먼저 구하기로 마음먹은 것이다. 이는 쉬운 일이 아니다. 그러나 뜻을 정했으면 좁은 문으로 들어서야 한다. 하루 이틀이 아니라 평생 그 좁은 길을 가야 한다. 순간순간 뜻을 확인하고, 다시 굳게 다짐해야 갈 수 있는 길이다. 나의 연약함을 알고 겸손히 기도하며 그 길로 나설 때 그리스도의 영 성령께서 이끄신다.

♦

그리스도인으로서 세웠던 뜻을 다시 확인하고, 성령을 의지하며 그 좁은 길로 떠나라.

Day 12 동기부터 살펴라

나는 왜 기도하는가? 왜 하나님 음성을 듣기 원하는가? 기도의 주된 목적은 소원을 이루는 것이 아니다. 문제의 해답을 얻는 것도 아니다. 하나님은 자판기가 아니다. 살아계신 인격이시다. 때때로 하나님께서는 그 뜻에 따라 침묵하거나 거절하기도 하신다.

그러니 이제 내 기도의 동기가 바뀌어야 한다. 단지 응답이 되어서는 안 된다. 기도의 핵심은 교제다. 하나님을 사모하여 그분께 나아가 친밀하게 내 마음을 아뢰고, 그분 안에서 한없는 평안과 만족을 누리며 나를 향한 그분의 뜻을 깨달아 순종하는 것이다(렘 29:13).

♦

나는 무엇을 위해서 기도하는가? 내 기도의 동기는 무엇인가?

Day 13 하나님의 구원 역사

"내가 너로 여자와 원수가 되게 하고 네 후손도 여자의 후손과 원수가 되게 하리니 여자의 후손은 네 머리를 상하게 할 것이요 너는 그의 발꿈치를 상하게 할 것이니라 하시고"(창 3:15)

성경은 구원의 책이다. 창세기부터 요한계시록까지 죄인을 살려내시는 하나님의 구원 역사가 가득 담겨있다. 그 위대한 첫걸음, 곧 하나님의 구원 계획을 가장 먼저 우리에게 계시하는 것이 이 말씀이다. 범죄한 인간과 뱀에게 형벌과 저주가 내려지는 절망의 상황 속에서 역설적으로 하나님의 구원 역사도 함께 출발한다.

여기서 여자의 후손은 누구인가? 성령으로 잉태되어 동정녀에게서 나신 여자의 후손, 예수 그리스도이시다. 뱀(사탄)은 그의 발꿈치를 상하게 했지만(십자가의 죽음), 여자의 후손 예수께서는 죽음에서 부활하셔서 사탄의 머리를 밟고 승리하셨다. 바로 이 말씀 안에 복음의 핵심이 들어있고, 구약과 신약이 흘러가며, 나를 향한 구원 역사도 시작된다(딤후 3:16~17).

♦
성경을 '나를 향한 하나님의 구원 역사'로 믿고 날마다 가까이하며 살겠다고 다짐하라.

Day 14

나는 기도가 좋은가

늦은 오후 서재를 살피다가 오래전에 읽었던 헨리 나우웬의 『안식의 여정』이 눈에 들어왔다. 반가운 마음에 꺼내서 몇 장을 넘기는데, 순간 눈에 띈 문장이 나의 마음을 울렸다.

"기도는 무의식의 삶과 의식의 삶을 이어주는 다리이다. 기도는 내 생각과 마음을, 의지와 열정을, 머리와 가슴을 이어준다. 기도야말로 생명을 주시는 하나님의 성령으로 하여금 내 존재의 구석구석에 파고들게 하는 길이다. 기도는 내 온전함과 조화와 내적 평화를 위한 하나님의 도구이다. 그렇다면 내 기도 생활은 어떤가? 나는 기도가 좋은가? 기도하고 싶은가? 기도 시간을 내고 있는가? 솔직히 세 질문 모두에 '아니오'이다. 63년을 살아왔고 그중 38년을 사제로 살아왔지만 지금 내 기도는 싸늘히 식어진 것 같다."

오늘 나는 기도가 좋은가? 기도하고 싶은가? 기도 시간을 내고 있는가? 질문이 비수처럼 섬뜩하게 내 심장을 겨눈다. 내가 지금 할 수 있는 말이라곤 이 한 마디뿐이다. "오 키리에 엘레이손, 주여 나를 불쌍히 여기소서."(시 104:34)

♦
오늘 나의 기도는 어떤지 생각해보고, 내 안에 기도의 불이 타오르도록 간구하라.

Day 15

말실수가 없는 자로

은퇴를 앞두고 아내에게 했던 말이 있다. "은퇴하면 아침 식사는 내가 준비할게요." 목사 남편 만나 일평생 가정과 교회를 묵묵히 섬겨온 아내에게 조금이나마 빚진 마음을 갚고자 몇 번이나 약속했다. 아내는 그저 말없이 미소 지었다. 하지만 은퇴 이후에도 일은 줄지 않았다. 당연히 아침 준비 약속도 공수표가 되고 말았다.

그런데 이게 웬일인가. 아내가 넘어지며 팔에 골절상을 입었다. 그 후 나는 아침 준비뿐 아니라 장보기, 청소하기, 쓰레기 버리기 등 그간 미뤄왔던 집안일을 모두 하게 되었다. 익숙하지 않은 일에 끙끙대는 나를 보며 아내는 은근히 즐거운 모습이다. 덕분에 말의 중요성을 다시 깨닫게 되었다. 앞으로 무슨 말이든 신중하게 지혜롭게 온유하게 하고, 말했으면 반드시 지키리라 다시 결심한다(잠 10:19).

♦

말을 신중하게 지혜롭게 온유하게 하는지 돌아보고 말실수가 없게 해달라고 간구하라.

Day 16

제물보다 사람이다

"아벨은 자기도 양의 첫 새끼와 그 기름으로 드렸더니 여호와께서 아벨과 그의 제물은 받으셨으나 가인과 그의 제물은 받지 아니하신지라 가인이 몹시 분하여 안색이 변하니"(창 4:4~5)

예배는 성도의 존재 목적이요 부르신 이유요 첫 번째 과업이다. 그래서 타락한 아담에게 하나님의 은혜가 임한 뒤 가장 먼저 나오는 것도 예배 이야기이다. 하나님은 아벨의 제사는 받으시고 가인의 제사는 받지 않으셨다. 왜 그러셨을까? 예배에는 제물보다 더 중요한 것이 있기 때문이다.

본문을 유심히 살펴보면 제물 앞에 사람이 나온다는 것을 알 수 있다. 하나님께서 받으신 것은 '아벨과 그의 제물'이며 받지 않으신 것은 '가인과 그의 제물'이다. 제물이 문제가 아니라 사람이 문제다. 먼저 자기 자신부터 하나님이 받으실만한 '거룩한 산 제물'로 준비하라(롬 12:1). 그래야 하나님께서 받으시는 예배를 드릴 수 있다.

◆
내 자신을 거룩한 산 제물로 온전히 드리는 예배자가 되기를 기도하라.

Day 17

믿음에 이끌려

"영적 삶은 점점 더 남에게 이끌려 험지로 가는 삶이다. 자신이 원하지 않더라도 남이 데려가는 자리로 가는 삶이다(요 21:18). 예수님께 그곳은 십자가였다. (중략) 이는 피학 성향이나 자신을 가혹하게 대하는 자학이 아니다. 오히려 사랑 안에 머무는 삶이다. 철두철미하게 사랑 안에 있다보니 원하지 않는 곳에도 얼마든지 갈 수 있다. 흥미로운 것은 우리가 사랑 안에 머물면 사랑 밖에 있는 사람들이 생각하는 방식으로 고통을 느끼지 못한다는 것이다."(헨리 나우웬)

믿음은 우리를 사람들에게로 이끈다. 외로운 사람, 슬픈 사람, 아픈 사람, 화난 사람, 헤매는 사람들에게로 우리를 떠민다. 그러나 억지로 가는 것은 아니다. 예수님께서 사랑 때문에 십자가로 향하셨던 것처럼, 우리도 예수님을 사랑하기에 기꺼이 그들에게로 간다. 그들을 품어주고, 위로하고, 치료하고, 달래주고, 사랑한다. 물론 쉬운 일이 아니다. 그래서 주님과 함께 가야 한다. 주님과 함께 해야 한다(요 20:21).

◆
예수님이라면 어떻게 하셨을지 생각하며 오늘 만나는 한 사람을 사랑으로 대하라.

Day 18

후회 없는 인생

최근에 한 지인이 갑자기 소천했다는 믿기지 않는 소식을 들었다. 가깝게 지내는 이였는데 참으로 황망했다. 인생에 대해 다시 생각해본다. 인생을 잘 산다는 것은 언제 죽어도 후회가 없는 것이다. 대개 죽음을 앞둔 이들을 보면 성취나 성공을 이루지 못해 아쉬워하지 않는다. 더 진실하지 못했던 것, 더 사랑하지 못했던 것, 더 행복하지 못했던 것, 더 하나님께 가까이 나아가지 못했던 것을 후회하며 고통스러워한다. 나중에 후회하지 말자. 더 늦기 전에 지금부터 진실하게, 사랑하며, 행복하게, 주님과 동행하며 살아가자(막 13:33).

♦

후회 없는 인생을 살 수 있도록 주님께 긍휼을 구하고 이를 실천하라.

Day 19

가장 좋은 것

"볼지어다 내가 세상 끝날까지 너희와 항상 함께 있으리라"(마 28:20)

예수님은 임마누엘 주님이시다. 약속하신 말씀대로 항상 우리와 함께 계신다. 문제는 나다. 내가 주님과 함께해야 한다. 예수님과 함께하는 사람은 쉬지 않고 기도한다. 마음의 시선을 세상에 빼앗기지 않고 주님께 고정한다. 언제 어디서나 무엇에든지 주님께 묻고, 주님께 듣고, 주님의 인도를 따라 사는 것이다. 이 세상 가장 좋은 것은 주님과의 동행이다.

"울기도 하고 웃기도 하고/ 투정도 부리고 응석도 부리고/ 숨바꼭질도 하고 술래잡기도 하고// 그래도 그 모든 것/ 당신의 품 안에서/ 당신의 웃음 앞에서"(한희철)

♦

쉬지 않는 기도로 임마누엘 예수님과 날마다 함께 하라.

Day 20

믿음의 자가진단

내가 참된 그리스도인지 아닌지를 알고 싶다면 이 글을 읽어보라.

"하나님의 사랑이 당신의 마음에 흘러넘칩니까? 당신은 하나님 이외에 아무것도 바라지 않습니까? 당신은 하나님으로 인해 행복합니까? 하나님이 당신의 영광, 환희, 기쁨의 면류관입니까? '하나님을 사랑하는 자는 형제를 사랑할지니라'고 한 계명이 당신의 마음에 새겨져 있습니까? 당신은 이웃을 내 몸처럼 사랑합니까? 그뿐 아니라 당신은 하나님의 어린 양이 당신의 죄를 거두어서 바다 깊숙이 돌처럼 던져 버리신 것을 믿습니까? 하나님의 어린양이 심판할 증서를 소멸하고 자신의 십자가에 달아 버리셨음을 믿습니까? 당신은 실제로 예수의 피에 의한 속량, 즉 당신의 죄의 사면권을 가지고 있습니까? 하나님의 영이 당신의 영에 대하여 당신이 하나님의 자녀임을 증거하고 있습니까?"(존 웨슬리)

나는 이 질문들에 자신있게 답할 수 있는가? 이는 사람의 노력으로 불가하다. 자신의 실상을 하나님께 솔직하게 고백하라. 그러면 성령께서 나를 통해 '아멘'하게 하실 것이다(요 16:13).

♦

위 질문으로 자신을 돌아보고 모든 것에 믿음으로 답할 수 있도록 성령을 구하라.

Day 21

날마다 다시

하루는 중요한 약속이 있어 아내와 집을 나섰다. 시간이 촉박해서 급하게 차를 몰았다. 이제 거의 약속장소에 도착했는데 아뿔싸, 그 앞이 심한 정체 구간이다. 할 수 없이(?) 차선을 위반하여 앞으로 끼어들었더니 뒤차에서 경고음을 울린다. 미안한 마음에 비상등을 깜빡였다. 그러자 옆에 있던 아내가 교통 규칙을 지키지 않는다고 쓴소리를 했다. 그 말에 나도 신경질적으로 반응했다. "잘못한 줄 알고 미안해하는데, 굳이 확인 사살을 해야겠어?" 그렇게 옥신각신하며 목적지에 도착했다. 이후 정신이 든 나는 "키리에 엘레이손"을 반복하며 겨우 일정을 마칠 수 있었다.

사람은 참 연약하다. 자주 실수하고, 분노하고, 넘어진다. 그러나 나는 오래 넘어져 있지 않고 금방 다시 일어난다. 백번 천번 넘어지지만 내 안에 계신 주님을 생각하며 다시 일어난다. '작심 하루'의 은혜로 매일 다시 새롭게 시작하는 것이다.

"여호와여 내가 매일 주를 부르며 주를 향하여 나의 두 손을 들었나이다"(시 88:9)

오늘 넘어졌을지라도 포기하지 말고 다시 주님과의 동행을 시작하라.

Day 22

나는 예배자인가

"가인과 그의 제물은 받지 아니하신지라 가인이 몹시 분하여 안색이 변하니"(창 4:5)

하나님께서 가인의 제사를 받지 않으셨다. 그가 참된 예배자가 아니었기 때문이다. 만일 그가 바르게 예배했다면 어찌 감히 하나님께 분을 내고 안색이 변할 수 있겠는가? 도리어 무엇이 잘못되었는지 돌아보고 회개했을 것이다. 안타깝게도 오늘 이 시대 가인과 같은 거짓 예배자가 많다. 나는 아니라고 자신할 수 있는가? 그렇다면 스스로 답해보라.

나는 주일 예배를 사모하고 기다리는가? 나는 토요일에 최선을 다해 주일을 준비하는가? 나는 마음과 뜻과 정성을 다해 하나님을 예배하는가? 나는 예배 때마다 영과 진리로 하나님을 경험하는가? 나는 예배 때 책망과 감화를 받으면 바로 순종하는가? 나는 홀로 있을 때 기도하고 예배하는가? 나는 하나님을 예배하듯 일상에서 사랑으로 행하는가? 가인의 실수를 보며 기억하자. 예배 성공이 신앙 성공이고, 신앙 성공이 인생 성공이다.

◆
위 질문에 비추어 자신을 돌아보고 최선의 예배를 드리기 위해 힘써라.

Day 23

하루의 첫 생각

"영원하신 아버지 하나님, 오늘 저의 첫 생각이 주님께 대한 것이 되게 하소서. 제 마음의 첫 충동이 주님을 경배하는 것이 되게 하시며, 첫 마디 말이 주님의 이름을 부르는 것이 되게 하시고, 첫 행동이 기도로 주님 앞에 무릎 꿇는 것이 되게 하소서. (중략) 저의 생각을 순결하게 하시고 저의 입술이 절제하여 진실하게 하소서. 맡은 바 일에 충성하고 근면하게 하시고, 겸손하게 처신하도록 도와주소서. 이웃을 대할 때 올바르고 너그럽게 해주시고, 과거의 거룩한 기억을 소중히 간직하게 하소서. 주님의 자녀라는 제 영원한 존재를 잊지 않게 하소서. 주 예수 그리스도의 이름으로 기도드립니다. 아멘."(존 베일리)

하나님을 사랑하는 사람은 생각부터 다르다. 생각을 훈련해야 한다. 생각을 가꾸어야 한다. 하루의 첫 생각부터 하나님께 붙잡히기를 구하라. 경건한 생각의 습관을 가져야 온종일 하나님과 친밀하게 동행할 수 있다. 무엇보다 생각이 중요하다(롬 8:6).

♦

아침에 눈을 뜨며 무엇부터 생각하는지 돌아보고 위의 기도를 반복해서 고백하라.

Day 24
좋은 날 보기를 원하거든

내 험담을 자주 하던 형제가 있었다. 나는 괜한 오해를 살까 싶어 가능한 한 그와 마주치지 않고 피해 다녔다. 그러던 어느 날 그가 곤궁한 처지가 되자 나에게도 도움을 요청했다. 난 속으로 욕하며 그의 부탁을 거절하기로 마음먹었다. 그런데 그날 밤 성경을 읽는 중에 하나님의 음성이 나를 흔들었다. "그러므로 생명을 사랑하고 좋은 날 보기를 원하는 자는 혀를 금하여 악한 말을 그치며 (중략) 악에서 떠나 선을 행하고 화평을 구하며 그것을 따르라"(벧전 3:10~11)

그 음성에 순종하여 나는 있는 힘껏 그를 도왔다. 악한 말을 삼키고 화평을 구했다. 그러자 그 형제와의 관계가 회복되었을 뿐 아니라 지금껏 사역의 동반자로서 우정을 쌓아가게 되었다. 하나님을 향한 의존, 그리고 순종하는 자만이 하나님을 누릴 수 있고 인생의 좋은 날을 맛볼 수 있다.

♦
하나님께서 오늘 나에게 어떤 말씀을 하고 계시는가? 그 말씀에 그대로 순종하라.

Day 25
여호와의 이름을 부르는 은혜

"셋도 아들을 낳고 그의 이름을 에노스라 하였으며 그 때에 사람들이 비로소 여호와의 이름을 불렀더라"(창 4:26)

창세기는 가인의 후손, 곧 하나님을 떠난 인간의 결말이 어떠한지 보여준다. 문명이 발전할수록 그들의 죄악도 깊어져 하나님을 무시하고, 생명을 유린하는 비인간화로 치닫는다. 그야말로 칠흑같이 어두운 세상이다.

그런데 감사하게도 한 줄기 희망의 빛이 비친다. 가인과는 다른 새로운 길, 셋의 계보가 시작된 것이다. 셋은 아들을 낳고 그 이름을 '에노스(연약한 사람)'라고 부른다. 잘나고 강인한 가인의 자손과는 반대로 에노스는 인간의 한계성을 인정하고 하나님을 부르고 의지했다. 하나님은 무슨 큰 일, 큰 업적을 이루는 자보다 겸손하게 하나님의 이름을 부르며 예배하는 자를 통해 위대한 일을 이루어 가신다(사 60:22).

♦
나는 누구의 자손인가? 자기 연약함을 인정하고 겸손히 하나님의 이름을 부르며 기도하라.

Day 26 참된 회개

예수님께서 공생애를 시작하며 하셨던 첫 번째 말씀은 회개였다. "회개하라 천국이 가까이 왔느니라"(마 3:2) 기독교는 회개로부터 시작한다. 회개 없이는 예수를 구주로 영접할 수 없고, 하나님 나라가 임할 수도 없다. 그렇다면 나는 진정으로 회개했는지 살펴보라.

"(1) 참 회개를 이룰 때에 죄에 대한 견해와 감정의 변화가 일어난다. 죄는 사라지고 모든 것이 새로워졌다는 것을 느낄 수 있어야 한다. (2) 참 회개를 이루면, 죄를 반복하는 경향이 사라진다. 죄를 미워하기 때문에 죄를 피하게 된다. 그 죄에 대한 사랑이 남아 있다면 아직 회개하지 않은 죄인이다. (3) 참 회개는 행동의 변화가 일어난다. 회개는 회개를 낳는다. 진정으로 변화되어 과거에 탐닉하던 죄 다 버렸는가? (4) 참 회개는 죄를 고백함과 동시에 범죄한 일에 대해 보상한다. 어떤 사람에게 해를 끼치고서 그것에 대해 보상하지 않는다면, 진정한 회개가 아니다. (5) 참 회개는 성격과 행동이 영원히 변화된다. 이전의 죄악으로 되돌아가지 않는 후회함이 없는 구원에 이른다."(찰스 G. 피니)

◆ 내 자신이 참된 회개에 이르도록 기도하고, 그 회개에 걸맞은 삶을 살라.

Day 27

내면에서 들려오는 소리

"당신이 인생에서 무엇을 이루고자 하기 전에, 인생이 당신을 통해 무엇을 이루고자 하는지에 귀 기울여라."(파커 J. 파머)

깨어있는 사람은 내면의 소리를 듣는다. 사건에서, 사물에서, 계절에서, 시대에서 세미하게 들려오는 소리를 분별한다. 20여 년 전 무라카미 하루키의 『먼 북소리』라는 책을 읽다가 나도 내 안에 어떤 북소리가 있다는 것을 깨달았다. 워낙 희미하게 들려오는지라 평소에는 잘 알아채지 못했었는데, 그 책을 읽은 뒤로 점점 더 그 소리가 생생하게 들려왔던 것이다.

당시 나는 사역의 한계를 마주하고 있었다. 더 이상 이대로 살아서는 안 된다는 절박함 속에, 결코 회피할 수 없는 북소리에 이끌려 나는 모든 것을 내려놓고 안식년이란 이름으로 길을 떠났다. 내면에서 들려오는 그 소리가 나를 새롭게 살렸다. 다시 새로운 길을 가게 했다. 그리고 오늘도 그 길을 걷게 한다. 무엇을 하고 싶다면, 어떤 것을 이루고 싶다면 먼저 들어야 한다. 진정으로 하나님께서 원하시는 것, 내 인생이 소원하는 것에 귀 기울여보라(잠 23:19).

♦

내 안에 계시는 성령님의 음성에 귀 기울이며 내 인생 전체를 조망하라.

Day 28

하나님과 동행하는 은혜

"에녹이 하나님과 동행하더니 하나님이 그를 데려가시므로 세상에 있지 아니하였더라"(창 5:24)

창세기 5장은 아담의 계보다. 여기에는 반복되는 표현이 있다. "낳고 죽었더라" 이는 죄 가운데 태어난 모든 사람의 결말을 보여준다. 즉 죽음의 족보인 것이다. 그런데 신기하게도 그 숙명을 깨는 한 사람이 있었으니 그가 바로 에녹이다. 그는 죽음을 경험하지 않고 하나님께로 옮겨갔다(히 11:5). 죽음을 이기고 영생을 살게 된 것이다. 이것은 그가 전적으로 하나님과 동행했기에 가능한 일이었다.

그렇다면 오늘 우리는 어떻게 하나님과 동행할 수 있을까? 예수를 나의 주 그리스도로 믿어야 한다(요 1:12). 내 안의 죄성을 날마다 십자가에 못 박아야 한다(고전 15:31). 이제 내 안에 그리스도가 사심을 믿고 일상에서 무엇에든지 주님을 의식해야 한다(갈 2:20). 이것이 죽음의 족보를 벗어나 죄와 사망을 이기고, 하나님과 동행하며 영생을 사는 비결이다(고전 15:57~58).

♦

위 성구들을 찾아서 묵상하고, 날마다 하나님과 동행하기 위해 기도하라.

Day 29 승리자로 살리라

　세상에 성공했다는 사람들이 참 많다. 그렇다고 그들 전부 인생에서 승리한 것은 아니다. 누가 인생의 진정한 승리자인가? 하나, 죽을 때까지 평안한 사람이다. 아무리 크게 성공하고, 높은 자리에 오른다 해도 속상해하고 부러워하고 두려워하면 그는 실패자이다. 둘, 죽을 때까지 사명이 있는 사람이다. 사명은 내 존재 목적이요, 최고 가치이다. 나를 불사를 사명 없이 허무하게 하루하루를 보낸다면 그는 실패자이다. 셋, 죽을 때까지 지혜로운 사람이다. 지혜는 사명을 실행하는 능력이기에 명철한 지혜가 없다면 그는 실패자이다.
　세상에서 성공하길 구하기보다 인생에서 승리하길 구하라. 능력의 주님께서 그 길을 함께 하실 것이다.

"다윗이 어디로 가든지 여호와께서 이기게 하시니라"(삼하 8:6)

♦
나에게 주님이 주시는 평안, 사명, 지혜가 있는지 돌아보고 인생 승리자로 살기를 기도하라.

단비

"목마른 사람에게는 물처럼 맛있는 것이 없다. 시대가 악하고 정의가 메말라 가는 이때, 주께서 내려주시는 성령의 은혜는 가뭄으로 고갈된 땅에 단비가 될 것이다. 가뭄으로 쩍쩍 갈라진 땅을 타락과 상처로 얼룩진 현시대로 표현하였고, 그와는 대조적으로 분홍빛 하늘은 순수한 어린아이 같은 심령을 투영하여 마치 딸기우유처럼 달콤하게 표현하였다. 생명수 같은 단비가 마침내 쏟아져 마른 땅을 적시기 시작한다. '주여, 이 땅을 고쳐주시고 예수 그리스도의 새 생명의 물결이 일어나게 하소서.'"(정두옥)

이른 비와 늦은 비는 마른 땅을 살리는 단비이다(신 11:14). 성령님은 메마른 세상의 단비가 되어 오늘도 내리고 계신다. 성령님이 임하시면 우주가 깨어나고, 하나님 나라가 약동한다. 성령님이 임하시면 부활하신 주님께서 지금 여기 계신다. 성령님이 임하시면 복음은 구원의 능력이 되고, 교회는 그리스도를 만나는 부활의 공동체가 되고, 선교는 죽은 자들이 살아나는 해방의 축제가 되고, 신자는 그리스도와 동행하는 기쁨으로 가득하게 된다.

──── 메마른 내 심령에도 주님의 생명이 가득할 수 있도록 성령의 단비를 간절히 구하라.

3월

Day
01

단비 45.5×53cm | mixed media | 2020 | 정두옥

Day 02

악한, 그러나 아름다운 세상

"여호와께서 사람의 죄악이 세상에 가득함과 그의 마음으로 생각하는 모든 계획이 항상 악할 뿐임을 보시고"(창 6:5)

    이 세상은 악하다. 욕심, 거짓, 폭력, 증오, 음란과 같은 것들로 가득하다. 사람은 어떤가? 그 속에 불의와 불신이 가득하다(롬 1:28~31). 모든 생각과 의도가 불순하다. 그래서 성경은 사람을 향해 "항상 악하다"고 말씀한다. 다른 사람 이야기가 아니다. 바로 나 자신의 이야기다. 다른 사람이 몰라도 나 스스로 안다. 이것이 나의 실체다.
    그런데 성경은 이런 세상의 악함과 추함을 단번에 씻어내는 사랑 또한 우리에게 전해준다. 하나님께서 독생자 예수 그리스도를 세상에 보내신 것이다(요 3:16). 자기 아들조차 아낌없이 내어 주신 하나님의 사랑 덕분에 악한 세상은 단번에 아름답게 되었다. 세상이 아름다워 아름다운 것이 아니다. 하나님의 사랑이 우리 안에 현존하기에 세상은 아름답다. 오늘 나의 말, 나의 생각, 나의 행동에서 그 사랑이 나타날 때 비로소 아름다운 세상이 되고, 살만한 인생이 되는 것이다.

♦

모든 것을 그리스도의 사랑의 시선으로 보고 행하라.

Day 03 평화로 가는 네 개의 길

"주여, 말씀하소서. 그런 가르침을 듣는 것은 내게 기쁘고 감사한 일입니다. 아들아, 1. 너는 네 뜻대로 행하려고 하지 말고, 다른 사람의 뜻대로 행하려고 애써라. 2. 늘 많이 갖기보다는 적게 갖는 것을 택하라. 3. 늘 가장 낮은 자리를 구하고, 모든 사람 아래에 있어라. 4. 네게서 하나님의 뜻이 이루어지기를 늘 바라고 기도하라. 보라 그런 사람은 평화와 안식의 땅으로 들어간다."(토마스 아 켐피스)

아, 감사하다. 이런 평화의 지혜를 얻다니! 물론 당장 이렇게 살지는 못한다. 그러나 바른 지식을 알고, 믿고, 성령을 의지하며 그렇게 살고자 하면 점차 변화되어 완전한 평화에 이르게 될 것이다(요 14:27).

♦ 오늘 내가 가야 할 평화의 길을 묵상하고, 그것을 실현하도록 성령님과 동행하라.

Day 04

누군가를 섬긴다는 것

지인의 다급한 부탁을 받고 그와 함께 반나절을 보냈다. 문득 섬김에 대해 생각해본다. 누군가를 섬긴다는 것은 나를 덜 생각하고 그를 더 생각하는 것이다. 그를 더 유익하게 하는 것이다. 그를 더 잘되게 하는 것이다. 그를 더 복되게 하는 것이다. 그의 필요를 알고 기꺼이 돕는 것이다. 그의 마음을 헤아리는 것이다. 긍휼의 마음으로 함께 하는 것이다. 하나님을 더 알게 하는 것이다. 하나님께 더 가까이 나아가게 하는 것이다. 하나님을 더 의지하며 살게 하는 것이다. 더 기도하게 하는 것이다.

"인자가 온 것은 섬김을 받으려 함이 아니라 도리어 섬기려 하고 자기 목숨을 많은 사람의 대속물로 주려 함이니라"(막 10:45)

♦

오늘 하루 누군가를 극진히 섬기되 하나님을 생각하며 그리하라.

Day 05

주의 뜻을 이루는 삶

"너희 안에서 행하시는 이는 하나님이시니 자기의 기쁘신 뜻을 위하여 너희에게 소원을 두고 행하게 하시나니"(빌 2:13)

하나님께서는 믿는 자에게 세상 사람들과는 다른 소원을 주신다. 하나님을 기쁘게, 세상을 이롭게 하는 소원이다. 우리는 이것을 비전이라고 한다(행 2:17). 물론 믿자마자 분명한 비전을 갖게 되는 사람은 드물다. 대체로 처음에는 허망, 야망, 비전이 그 속에 혼재되어 있다. 허망은 헛된 꿈, 돌이 떡이 되는 꿈이다(마 4:3). 야망은 욕망에서 비롯된 꿈, 무언가 탈취하는 꿈이다(창 25:31). 이와 달리 비전은 주님의 뜻, 하나님 나라를 이루는 사명적 꿈이다(빌 3:14). 내 믿음의 질에 따라 세 가지 꿈의 우선순위가 결정된다. 내 꿈의 내용이 바로 내 믿음인 것이다.

우리가 하나님을 경외하며 말씀과 기도로 살아가면 성령께서 비전을 분명하게 보여주신다. 그것을 이루어 갈 소망과 능력도 주신다. 그러므로 매사에 말씀과 기도로, 성령으로 살라. 그래야 내 꿈이 허망이나 야망으로 전락하지 않는다.

♦

내 꿈은 허망인가, 야망인가, 비전인가? 무엇보다 비전을 구하고 이루기를 소망하라.

Day 06

기쁨의 사람

　기독교 신앙의 특징은 기쁨이다. 그리스도인의 삶은 언제나 행복과 기쁨으로 가득하다. 그러나 여전히 상당수의 그리스도인은 신앙을 부담스럽고, 고생스러운 일로 여기는 것 같다. 지금 그리스도인으로 사는 것이 즐거운가?

　사실 마음의 소욕을 그대로 놔둔 채 돈, 쾌락, 성공을 좇아 살면서 그리스도를 따른다는 것은 어려울 뿐 아니라 불가능한 일이다. 잡초가 뿌려진 밭에서는 알곡을 거둘 수 없다. 밭을 완전히 갈아엎고 다시 좋은 씨를 뿌려야 한다. 그리고 매일 가꾸어야 한다. 마찬가지로 내 인생의 밭을 완전히 갈아엎어야 한다. 먼저 그리스도께 내 인생을 온전히 드려야 한다. 날마다 육신의 생각을 십자가에 못 박아야 한다. 내가 아니라 내 안에 계시는 그리스도와 함께 성령의 인도를 따라 살아야 한다. 그러면 비로소 그리스도인으로 사는 것이 행복이요 기쁨이 된다.

　"내가 이것을 너희에게 이름은 내 기쁨이 너희 안에 있어 너희 기쁨을 충만하게 하려 함이라"(요 15:11)

◆
내 인생의 밭을 가꾸어 기쁨이 충만한 그리스도인으로 살기를 다짐하라.

Day 07 그대로 순종하라

젊은 시절 독일에서 유학할 때의 일이다. 나는 한 도시에서 한인 교회를 개척했고, 교단 가입 문제로 목회자 형제와 갈등하게 되었다. 나는 하나님께 여쭈었다. 하나님께서는 아브라함이 조카 롯에게 했던 말을 생각나게 하셨다(창 13:9). 나는 형제에게 말했다. "우리 다투지 말자. 당신이 먼저 택하라. 만일 당신이 이곳에 있겠다면 내가 떠나고, 당신이 떠난다면 내가 남겠다." 결국 그 형제가 남기로 선택하여 나는 떠나야 했다. 그렇게 하나님을 의지하며 그대로 순종하자 그때부터 하나님께서 내 인생을 책임져 주셨다. 범사가 형통하게 하셨다.

세상의 방법은 지금 당장 잘 되어 보여도 사실 끝까지 그런 것은 아니다. 그러나 우리가 하나님을 인정하고 그 말씀대로 순종하면 끝내는 모든 것이 그분의 방법대로 이루어지게 된다.

"하나님의 어리석음이 사람보다 지혜롭고 하나님의 약하심이 사람보다 강하니라"(고전 1:25)

♦
나는 하나님의 말씀을 들었을 때 그대로 순종하며 살고 있는지 돌아보라.

Day 08
하나님의 근심, 넘치는 은혜

"땅 위에 사람 지으셨음을 한탄하사 마음에 근심하시고"(창 6:6)

본래 사람은 하나님의 형상으로 창조되었다. 그러나 아담의 불순종으로 죄가 들어왔고, 모든 인류는 본질상 악한 존재가 되었다. 하나님의 걸작품이었던 우리가 그만 하나님의 근심거리가 되고 만 것이다. 물론 하나님은 무엇을 실수하고 근심하는 분이 아니시다(민 23:19). 하나님은 전지전능하시기에 그분의 계획과 섭리는 완전하다. 성경이 "하나님께서 근심하셨다"라고 설명하는 것은 하나님을 인간에 비추어 표현한 것으로, 인간의 범죄가 하나님을 심히 슬프게 했다는 사실을 강조한 것이다. 이 하나님의 슬픔은 강력한 심판 예고로 이어진다.

그때 놀랍게도 다시 한번 한줄기 구원의 빛이 나타난다. "그러나 노아는 여호와께 은혜를 입었더라"(창 6:8) 이것이 바로 넘치는 은혜다. 하나님의 은혜는 못 사할 죄도 없고, 못 넘을 산도 없고, 못 건널 강도 없고, 못 지날 길도 없다. 그 넘치는 은혜로 오늘도 죄 많은 우리를 구원하시는 것이다(롬 5:20).

◆

넘치는 은혜로 나를 구원하신 하나님께 감사하고, 앞으로 어떻게 살 것인지 묵상하라.

Day 09

하나님을 소망으로 삼은 자의 복

살다가 어려운 일을 만나면 우리는 전문가를 찾아 그에게 도움을 구하곤 한다. 그는 이런저런 조언을 하겠지만 그것은 하나의 의견일 뿐 인생의 정답이 아니다. 그가 아무리 대단한 위인일지라도 절대 내 인생의 문제를 해결해 줄 수 없다.

독일의 시인 하인리히 하이네는 그리스 신들을 좋아했다고 한다. 그런데 말년에 그가 루브르박물관의 비너스 상을 보러 갔더니 그 석상에서 이런 말이 들려오는 것 같았다고 한다. "너는 나에게 매달리는데 나는 너를 구할 수가 없어. 나는 팔이 없어. 너를 안아주고 싶어도 팔이 없어. 같이 울어주고 슬퍼해 줘도 너를 끌어 안아줄 수는 없어." 그는 이것을 계기로 다시 믿음의 길로 돌아왔다고 한다. 그렇다면 나는 오늘 누구에게 도움을 구하고 있는가? 누가 나를 도울 수 있는가?

"귀인들을 의지하지 말며 도울 힘이 없는 인생도 의지하지 말지니 야곱의 하나님을 자기의 도움으로 삼으며 여호와 자기 하나님에게 자기의 소망을 두는 자는 복이 있도다"(시 146:3, 5)

♦
세상의 헛된 도움을 구하지 말고 인생의 모든 문제를 주관하시는 하나님께 소망을 두라.

Day 10

주님과 동행하는 하루

어느 평범한 하루, 주님과 동행했던 나의 일상 속 기도들을 스케치해 본다(골 4:2).

아침에: "아 행복한 새날입니다. 오늘도 하나님 자녀로 기쁘게 살겠습니다. 이 아침 나의 신앙을 고백하오니 받으소서." 세수하며: "맑은 물로 저를 닦습니다. 오늘도 주의 말씀으로 나를 씻기시고 정직한 영으로 새롭게 하소서." 출근하며: "오늘의 일과를 주님께 맡기오니 모든 일에서 주의 사랑이 나타나게 하소서." 사무실에서: "주여 구하고 행하는 모든 일이 사람을 살리고 한국 교회를 섬기는 일이 되게 하소서." 정오에: "오전을 은혜로 보냈습니다. 감사합니다. 십계명으로 드리는 나의 기도를 받으시고 오후에도 거룩한 삶으로 이끄소서." 사업가와 미팅 중에: "시대가 어려울수록 믿음으로 경영하게 하시고, 주의 나라와 교회를 위하여 헌신하며 살게 하소서." 저녁 식탁에서: "이 식탁을 베풀어 주신 하나님께 감사드리며 온 식구가 먹고 마실 때 가정 천국을 맛보게 하소서." 잠들기 전: "오늘도 은혜로 살았습니다. 감사합니다. 이 밤에 주기도로 기도하오니 받으소서. 아멘."

◆

오늘 나의 일과마다 하나님과 동행하며 기도하고 밤에 그 소감을 적어보라.

Day 11

거룩한 백성이 가장 안전하다

"노아는 의인이요 당대에 완전한 자라 그는 하나님과 동행하였으며" (창 6:9)

아담의 범죄 이후 세상은 점차 죄악으로 채워졌다. 하나님께서는 그 모습을 보며 한탄하셨고, 모든 것을 홍수로 멸하기로 작정하셨다. 하지만 아직 희망은 있다. "노아는 의인이요 당대에 완전한 자라" 하나님께서는 완전히 망해가는 세상에서 의로운 한 사람 노아를 발견하셨다.

물론 노아가 하나님처럼 완전했다는 것은 아니다. 그는 당대 사람들과 다른 기준, 높은 가치의 삶을 살았다. 곧 하나님을 알고, 하나님을 의식하고, 하나님과 동행하며 거룩하게 산 것이다. 이처럼 거룩함은 세상을 살아가는 하나님 백성의 필수 덕목이자 하나님께 쓰임 받는 사람의 전제 조건이다. 시대가 어두울수록 거룩하게 살자. 거룩함이 희망이다. 거룩한 백성이 가장 안전하다(레 11:45, 딤후 2:21).

♦
이 시대 거룩한 주님의 백성으로 살게 해달라고 은혜를 구하라.

Day 12

잔치는 시작되었다

"하나님 나라는 잔치입니다!"(토니 캠폴로)

요즘 주변을 둘러보니 연초록 봄기운으로 가득하다. 영단어 '봄(spring)'에는 샘물, 탄성, 생기 등의 뜻이 있다. 즉 봄은 겨우내 얼었던 샘물이 다시 흐르고, 잠자던 만물이 생명으로 솟아오르는 생명의 잔치인 것이다.

진정한 크리스천은 봄과 같이 날마다 기쁨의 잔치를 즐기는 사람들이다. 왜냐하면 이미 하나님 나라의 잔치에 초대되었기 때문이다(눅 13:29). 이 기쁨의 잔치를 누리기 위해서는 먼저 예수님을 내 삶의 주빈(主賓)으로 모셔야 한다. 그분이 우리의 잔치에 기쁨과 행복과 풍성을 가져다 주신다. 예수님을 초청하라. 예수님과 함께 하라. 그러면 매일매일 잔치하는 기쁨의 삶을 누리게 될 것이다.

"행복한 월요일, 복된 화요일, 즐거운 수요일, 유쾌한 목요일, 신나는 금요일, 기대하는 토요일, 하늘의 기쁨이 넘치는 주일!"

♦

하루하루 주님과 함께 하나님 나라의 잔치를 누리며 살라.

Day 13 성경적 원리로 살아가기

　세상은 모든 것이 **빠르게** 변한다. 가치도, 기준도, 방법도, 평가도 금세 바뀐다. 이런 때일수록 원리로 돌아가야 한다. 세상이 어떠하든 붙들어야 할 성경적 원리를 가지고 살아가는 것이다(벧전 1:25).
　하나, 우리의 구원은 그리스도 십자가이다. 십자가를 믿고, 십자가에 날마다 내가 죽고, 내 안에 사시는 그리스도와 함께 산다. 둘, 우리의 목적은 그리스도와의 동행이다. 항상 주님과 함께 하며 무엇에든지 주의 성품과 뜻을 이룬다. 셋, 우리의 기초는 그리스도의 말씀이다. 주의 말씀이 인생의 기초가 되니 어떤 어두움과 시련에도 방황하거나 흔들리지 않는다. 넷, 우리의 방법은 쉬지 않는 기도이다. 쉬지 않고 기도하며 주님과 친밀히 동행하고, 매순간 주께서 행하시는 구원을 보고 놀라게 된다. 다섯, 우리의 일상은 거룩한 생활이다. 받은 바 구원의 열매를 맺어 세상과 다른 높은 가치, 넓은 마음, 깊은 영성으로 살아간다. 이것이 우리가 날마다 확인하고 이루어야 할 성경적 삶의 원리이다.

◆
주어진 모든 일을 성경적 원리를 중심으로 생각하고 행동하기로 다짐하라.

Day 14
매일매일은 행복으로 가는 길

 인생에는 일곱 가지 행복이 있다. 자연의 맛을 담은 음식을 먹는 애찬의 행복이다. "아, 맛있다!" 땀을 흠뻑 흘리고 씻어내는 건강의 행복이다. "아, 시원하다!" 새로운 깨달음을 얻는 학습의 행복이다. "아, 그렇구나!" 말이 통하는 친구와 시간을 보내는 우정의 행복이다. "아, 고맙다!" 미지의 세상에서 아침을 맞이하는 여행의 행복이다. "아, 멋지다!" 내게 있는 것을 즐겁게 나누는 봉사의 행복이다. "아, 뿌듯하다!" 그리고 인생 최고의 행복, 하나님 자녀로 사는 '신앙의 행복'이다. "아, 감사하다!"
 이렇듯 매일매일은 행복으로 가는 길, 믿음과 여유만 있다면 누구나 언제든 누릴 수 있다(시 145:2).

♦
오늘 하루, 주 안에서 일곱 가지 행복을 누리며 온몸으로 표현해 보라.

Day 15

묵상의 산에 오르라

"묵상은 두 가지다. 하나는 즉흥적인 묵상이고, 다른 하나는 의도적인 묵상이다. (중략) 은혜로운 마음은 세상에서 일어나는 일에서 신령한 묵상의 주제를 생각한다. 솜씨 있는 연금술사가 여러 가지 금속을 혼합해 일반 금속에서 금과 은을 만들어내는 것처럼, 그리스도인은 신령한 연금술을 통해 세상의 다양한 대상들로부터 정금과도 같은 묵상을 이끌어 낸다. 신령한 마음은 모든 것을 신령하게 활용한다. 예를 들면 다음과 같다. 아침에 옷을 차려 입을 때도 '나는 지금 내 속사람을 단장하고 있는가? 말씀의 거울 앞에 내 마음을 비춰보았나, 나는 그리스도로 옷을 입고 있나'라고 묵상할 수 있다."(토마스 왓슨)

현대인의 바쁜 삶은 깊은 사고를 불가능하게 한다. 깊게 생각하지 않기에 자주 실수하고, 실패하게 된다. 묵상은 무엇을 보든 하나님의 마음으로 깊이 생각하는 것이다. 처음부터 즉흥적 묵상이 잘 되진 않을 것이다. 먼저 의도적인 묵상, 정시에 하는 꾸준한 묵상이 훈련되어야 비로소 어떤 것 앞에서도 즉흥적으로 묵상할 수 있게 된다(시 19:14).

♦
오늘 바라보는 모든 것으로 묵상하고, 할 수 있다면 규칙적으로 묵상하는 훈련을 하라.

Day 16

보석 같은 존재

오랜만에 옛 제자를 만났다. 반가운 마음에 이런저런 이야기를 나눴다. 그의 사정을 들으며 진심으로 위로하고 격려하고 조언했다. 헤어질 때가 되자 제자는 나에게 이렇게 말했다. "목사님은 보석 같은 분이세요." 아이고, 절대 그렇지 않다. 나를 잘 몰라서 하는 말이다. 나는 죄인이요 비천한 자일 뿐이다. 보석은 견고하다. 영구하다. 아름답다. 그런데 나보고 보석 같다니 말도 안 된다. 하지만 얄팍하게도 기분은 좋다. 이제 내 안에 하늘 보화이신 그리스도가 계시니 나는 날마다 죽고 주님과 함께, 주님을 따라 충실하게 살다 보면 언젠가 정말 보석 같은 존재가 될 수 있으리라. 그렇게 살기로 다짐해본다. 제자야 고맙다!

"그 안에는 지혜와 지식의 모든 보화가 감추어져 있느니라"(골 2:3)

♦

내 삶의 보화가 되어주신 주님께 감사하며 나도 보석 같은 사람이 되기로 다짐하라.

Day 17 자기에게 명하신 대로

"노아가 그와 같이 하여 하나님이 자기에게 명하신 대로 다 준행하였더라"(창 6:22)

노아는 순종의 사람이었다. 그는 홍수를 알지 못하던 시대에 홍수를 대비하여 방주를 지었다. 도저히 따를 수 없는 내외적 현실 중에도 120년 동안 하나님의 명령대로 준행했다. 이처럼 믿음은 하나님의 말씀에 얼마나 순종하는가로 드러난다.

하나님의 말씀에 대한 우리의 태도는 대략 다섯 가지로 나눌 수 있다. 거역, 그분의 뜻을 거절하고 자기 뜻대로 하는 것이다(가인). 배반, 처음에는 그분의 뜻대로 하는 척하다가 곧 자기 뜻대로 하는 것이다(가룟 유다). 굴종, 마지못해 억지로 그분의 뜻을 따르는 것이다(구레네 시몬). 순종, 그분의 뜻을 알고 그분을 기쁘게 하려고 따르는 것이다(향유 옥합을 깨뜨린 마리아). 복종, 그분의 뜻을 다 알지 못해도 그분을 신뢰하기에 명하신 대로 기꺼이 따르는 것이다. 그렇다면 나는 하나님의 말씀 앞에 어떤 태도로 살고 있는가? 그것이 오늘 내 믿음의 실체이다.

♦

나는 말씀에 어떻게 반응했는지 돌아보고 명하신 대로 따르는 사람이 되기로 다짐하라.

Day 18

고난과 함께 행복을

"그들은 모든 것을 포기한다. 그리고 그 포기를 통해서 백배의 복을 되돌려 받는다. 양심의 평안, 마음의 자유, 하나님의 손에 자신을 맡기는 안전, 언제나 빛만을 보는 기쁨 등이 우리 속에 자란다. 끝으로 두려움으로부터의 자유와 그 시대의 탐욕스러운 욕망으로부터의 자유가, 십자가를 질 때 백배의 행복으로 배가시킨다."(프랑소아 페넬롱)

흔히 예수를 믿으면 범사가 잘 되고 형통하게 된다고 생각한다. 일면 맞는 말이다. 하지만 반드시 그런 것은 아니다. 예수를 나의 주 그리스도로 믿는 믿음은 세상의 가치와 충돌하기에 종종 오해와 미움, 손해와 고난 앞에 서게 한다(마 10:23, 딤후 3:12). 그럼에도 우리는 즐겨 믿음의 길을 간다. 그리스도 안의 보화가 더 귀하기 때문이다. 세상 것을 포기하고 버림으로써 얻는 행복과 기쁨이 더 크기 때문이다(롬 8:18).

♦

믿는 자에게 응당 따라오는 손해와 고난이 내게도 있는가? 그것을 어떻게 마주하는가?

Day 19 날마다 동행하기

성경에 나오는 믿음의 사람들은 모두 하나님과 동행하며 살았다. 어떻게 하면 우리도 날마다 하나님과 동행할 수 있을까?

첫째로 믿음의 눈을 열어야 한다. 내 안에 예수 그리스도가 계심을 인식하는 것이다(롬 6:11). 둘째로 주님을 인생의 중심으로 삼아야 한다. 무엇이든 그분께 묻고 그 뜻대로 하는 것이다(시 40:8). 셋째로 규칙적으로 기도해야 한다. 아침에는 사도신경, 정오에는 십계명, 밤에는 주기도로 정시기도하는 거룩한 습관을 갖는 것이다(행 3:1). 넷째로 자주 하나님을 불러야 한다. 일상에서 때마다 시마다 주님의 성호로 항시기도를 드리는 것이다(시 77:12). 주께서 내 안에 계심을 믿고 그분을 내 삶의 중심으로 삼으며, 정시기도와 항시기도로 살 때 날마다 주님과 친밀히 동행하게 될 것이다.

"네가 원하는 모든 일을 하면서 기도하여라. 읽을 때도, 일할 때도, 걸을 때도, 말할 때도. 늘 나를 눈앞에 그리며 끊임없이 나에게 눈길을 보내며, 네가 할 수 있는 대로 나에게 말을 하여라."(샤를 드 푸코)

◆

위 성구를 찾아 묵상하고 하나님과의 동행을 다시 시작하라.

Day 20

세상을 구하는 방주

"여호와께서 노아에게 이르시되 너와 네 온 집은 방주로 들어가라 이 세대에서 네가 내 앞에 의로움을 내가 보았음이니라"(창 7:1)

하나님은 '공의'이시다. 죄는 반드시 심판하신다. 동시에 하나님은 '사랑'이시다. 그래서 죄로 물든 세상을 구원하신다. 하나님께서는 사랑하는 노아를 방주로 밀어 넣으셨다. 이 방주는 구명선이다. 세상이 구원을 얻는 유일한 길은 이 방주 안에 머무는 것이다. 방주에는 아무나 들어갈 수 없다. 하나님께서는 방주의 모양, 크기뿐만 아니라 승선할 자의 명단도 일일이 불러주셨다(창 6:18). 하나님의 부름 없이는 탑승할 수 없는 것이다. 더구나 방주에는 조타장치가 없다. 모든 향방을 방주의 주인이신 하나님께 맡기고 그대로 가야 한다.

교회는 이 시대의 방주다. 하나님께 부름 받은 자들을 통해 세워지는, 온전히 하나님의 인도대로 행하는 방주인 것이다. 먼저 교회부터 세워라. 교회가 세상의 구명선이요 안전지대다.

◆
한국 교회와 섬기는 교회가 세상을 구하는 방주의 사명을 잘 감당하도록 기도하라.

Day 21
실수보다 중요한 것

"실수는 그다지 치명적이지 않다. 그 실수를 처리하는 방법이 치명적이다."(웨인 코데이로)

완벽한 사람은 세상에 없다. 우리는 모두 넘어지고 실수할 가능성을 지닌 채 살아간다. 따라서 중요한 것은 실수하지 않는 게 아니라, 실수한 이후에 어떻게 하느냐이다.

하나님 앞에서, 또 이웃에게 실수했을 때 핑계 대거나 어물쩍 넘어가서는 안 된다. 우리는 날마다, 바르게, 그리고 진실하게 회개해야 한다. 하루에도 몇 번씩, 아니 그리스도의 장성한 성품에 이를 때까지 날마다 돌이켜야 한다. 자신의 허물을 들고 주님께 나아가라. 그분은 우리의 기도를 기쁨으로 받으시며 우리를 다시 새롭게 하는 은혜로운 주님이시다(행 3:19).

♦

오늘 내가 저지른 실수를 들고 정직하게 하나님 앞에 나아가라.

Day 22

한순간 하나님 붙잡기

"짧게 기도하라. 자주 기도하라. 진실하게 기도하라."(마틴 루터)

온종일 바쁘게 살다 보면 나도 모르게 마음에서 하나님을 놓칠 때가 있다. 그러면 금방 내 안에 짜증, 우울, 불만, 거짓, 욕심이 일어난다. 이럴 때 나를 한순간에 하나님께 이끄는 신비한 기도가 있다. 바로 네 마디 성호로 드리는 기도, 항시기도이다(롬 10:13).

"하나님 아버지여!"(마 6:9) 창조주 구원의 하나님을 아버지로 부르며 지금 내 상황에 따라 사랑, 감사, 필요, 고민, 아픔, 미움, 분노들을 아뢰는 것이다. "키리에 엘레이손, 주여, 나를 긍휼히 여기소서!"(눅 18:38) 나의 연약함으로 인해 찾아오는 부정적인 감정들을 아뢰며 가난한 마음으로 자비와 긍휼과 은혜를 구하는 것이다. "파라클레토스, 보혜사 성령이시여!"(요 14:16) 내 안에 거하시는 성령님을 찬양하며 성령의 임재, 세례, 충만, 은사, 열매, 인도를 구하는 것이다. "예수 그리스도시여!"(마 1:18) 그리스도의 십자가 구원에 감사하고 지금 이 순간 주님과 동행하며 임마누엘 구원을 경험하길 선언하고 찬양하는 것이다.

◆
바쁜 일과 중에 네 마디 성호로 기도하고, 잠들기 전에 소감을 적어보라.

Day 23
그 날은 반드시 온다

"사십 주야를 비가 땅에 쏟아졌더라"(창 7:12)

하나님께서는 말씀하시면 그대로 행하신다. 일점일획도 변경하지 않고 반드시 말씀대로 이루신다. 하나님께서 노아에게 말씀하신 대로 심판의 홍수가 찾아왔다. 혹자는 불의와 악인이 득세하는 세상을 보며 '심판이 어디 있냐'고 부정한다. 그러나 심판의 그 날은 반드시 온다.

역사에서 하나님의 심판은 다양한 형태로 나타난다. 하나 즉각적 심판이다. 드물긴 하지만 범죄 이후 바로 심판이 이루어진다(행 5:5). 둘 유보적 심판이다. 죄인이 돌아오기까지 하나님의 긍휼과 자비로 심판이 늦춰진다(애 3:2). 셋 폐기적 심판이다. 죄가 너무 깊어 하나님께서 내버려 두어 스스로 파멸로 치단게 된다(롬 1:24). 넷 최후의 심판이다. 예수께서 재림하시는 날 불의한 온 세상이 심판받는 인류 최후의 종말이다. 문제는 그 때가 언제일지 아무도 모른다는 것이다. 그러므로 깨어라. 근신하라. 그 날은 반드시 온다.

♦
주님께서 오실 때 기쁨으로 맞이할 수 있도록 부끄럼 없이 살겠다고 결단하라.

Day 24

기회를 놓치지 마라

"저녁에 나는 별로 내키지는 않았지만 올더스케이트에 있는 신도회에 갔다. 그곳에서 어떤 사람이 루터의 로마서 서문을 읽고 있었다. 8시 45분경에 그가 그리스도를 믿는 믿음을 통해 하나님께서 역사하시는 변화에 대해 설명하고 있는 동안, 나는 마음이 이상하게 뜨거워지는 것을 느꼈다. 나는 나 자신이 구원을 얻기 위해 오직 그리스도 한 분만을 믿는다고 느꼈다. 그리스도께서 나의 죄, 곧 이 비천한 내 죄까지도 제거하셨고, 죄와 사망의 법에서 나를 구원하셨다는 확신이 들었다."
(존 웨슬리)

존 웨슬리는 별로 내키지 않는 모임에 갔다가 특별한 경험을 한다. 성령 체험을 바라마지않던 그가 뜻하지 않은 곳에서 믿음의 선명한 확신을 얻은 것이다. 이렇듯 믿음은 사람의 계획에 달려 있지 않다. 하나님께서 하나님의 때에 선물로 주시는 것이다. 그러니 예배의 기회, 기도의 기회, 말씀의 기회, 교제의 기회, 봉사의 기회, 전도의 기회가 있을 때마다 놓치지 마라. 놀라운 하나님의 선물이 언제 내게도 찾아올지 모른다(엡 2:8).

♦

기회가 있을 때마다 미루지 말고 힘을 내어 하나님께 나아가라.

Day 25 배움의 기쁨

인생의 큰 기쁨 중 하나가 배움의 기쁨이다. 그 기쁨이 얼마나 큰지 "조문도 석사가의(朝聞道 夕死可矣)"라는 말이 생겼겠는가.

요즘 나의 첫 일과는 매일 묵상을 써서 지인들에게 보내는 것이다. 그런데 갑자기 컴퓨터 메신저 비밀번호 오류 메시지가 떴다. 다시 입력했는데도 컴퓨터는 계속 틀렸다고만 한다. 몇 번이나 껐다가 켜보고, 다시 시도해도 마찬가지였다. 할 수 없이 아들에게 전화로 도움을 요청해서 간신히 해결할 수 있었다. 마치고 보니 어지간한 일로는 긴장도 안하는 내 등에서 식은땀이 흐르고 있었다.

이렇듯 익숙하지 않은 것을 배우기는 쉽지 않다. 그러나 배움의 수고로 많은 것을 얻었다. 잃어버렸다가 다시 찾은 기쁨, 세상과 다시 소통할 수 있다는 안도감, 누구에게나 배워야 한다는 겸손함, 그래도 아직 쓰임 받을 수 있다는 감사함 등이다.

"너희는 내게 배우고 받고 듣고 본 바를 행하라 그리하면 평강의 하나님이 너희와 함께 계시리라"(빌 4:9)

◆
나이, 능력, 환경을 핑계로 배움을 중단하고 있지 않은가? 이제 다시 시작하라. 무언가 배우고 있다면 더 열심을 내라.

Day 26

나를 기억하시는 은혜

"하나님이 노아와 그와 함께 방주에 있는 모든 들짐승과 가축을 기억하사 하나님이 바람을 땅 위에 불게 하시매 물이 줄어들었고"(창 8:1)

하나님은 자기 백성을 기억하신다. 이 하나님의 기억하심에는 세 가지 신앙적 의미가 있다. 첫째로 '지극한 사랑'이다. 하나님은 사랑하는 자들을 잊지 않으시고 그들을 돌보며 지켜주신다. 둘째로 '언약의 이행'이다. 하나님은 맺으신 언약을 잊지 않으시고 반드시 신실하게 이행하신다. 셋째로 '새로운 역사'이다. 하나님은 인류 구원을 위한 계획을 잊지 않으시고 때마다 새로운 역사를 일으키신다. 이 하나님의 기억하심으로 위태로운 노아와 세상은 구원받았고, 오늘의 나도 있게 된 것이다. 티끌, 먼지와도 같은 나를 하나님께서 기억하신다니 이 얼마나 놀라운 은혜인가!

♦

하나님께서 나를 기억해주셨음에 감사하고, 늘 하나님을 기억하며 살라.

Day 27

주님을 사랑하기에

여느 종교와 달리 우리는 끊임없이 하나님과 대화한다. 내 안에 거하시는 그분을 느끼고, 어떤 상황에서든 마음의 시선을 그분께 고정하며 쉬지 않고 기도하는 것이다. 심지어 잠을 자면서도 갓난아기가 엄마에게 옹알이하듯 그런 교제가 가능하다.

"진실한 그리스도인은 쉬지 않고 기도합니다. 항상 입을 놀려 기도하지 않더라도, 자리에 누울 때든 깰 때든 항상 마음에 기도가 고동칩니다. 진정한 그리스도인에게는 탄식조차 기도입니다(시 12:5). 마찬가지로 진정한 그리스도인은 본인이 의식 못한 상황에서라도 날마다 자기 십자가를 지고 삽니다."(마틴 루터)

이런 기도는 아무나 할 수 있는 것이 아니다. 정시기도부터 시작해야 한다. 하루 세 번(아침, 정오, 밤) 시간을 정해놓고 사랑하는 주님을 향해 나아가야 한다. 정시기도를 꾸준히 하다 보면 어느새 쉬지 않는 기도가 가능해진다.

♦
정시기도 시간을 정하고 일과 중에 잠시 짬을 내어 꾸준히 실천하라.

Day 28

크리스천의 자의식

세상 사람들은 어려울 때 이것저것 방법을 찾고, 이런저런 노력을 한다. 그러나 크리스천은 어려울 때 신앙의 자의식을 분명히 한다. 크리스천으로 산다는 것이 무엇인지 그 사실을 더 분명히 붙드는 것이다. 나는 십자가에 날마다 죽고 내 안에 그리스도가 사신다는 것을 확신하며 힘써 그리스도께 나가야 한다. 내 안에 사시는 그리스도 주님께 사랑을 고백하고, 찬송하고, 무엇에든지 그분과 동행하는 것이다.

돌아보면 내 인생 최고의 성공도 예수 그리스도를 나의 주 하나님으로 모신 것이다. 그분은 일평생 한 번도 나를 실망시킨 적이 없으시다. 내 실력과 능력보다 백배나 더 놀랍게 인도하고 축복하셨다.

"나의 힘이신 여호와여 내가 주를 사랑하나이다"(시 18:1)

♦
어려운 일이 있을 때 방법부터 찾지 말고 내가 누구인지 신앙의 자의식을 분명히 하라.

Day 29 기다리는 신앙

"또 칠 일을 기다려 비둘기를 내놓으매"(창 8:12)

하나님의 사람은 기다릴 줄 안다. 기다린다는 것은 '소망'이다. 주님의 선하심과 인자하심을 바라고 기다리는 것이다. 기다린다는 것은 '신뢰'이다. 주께서 말씀하셨기에 굳게 믿고 기다리는 것이다. 기다린다는 것은 '성숙'이다. 기다리면서 기도하게 되고, 기다리면서 인내하게 되고, 기다리면서 성장하게 되고, 기다리면서 온전하게 되는 것이다.

노아를 보라. 그는 방주를 지으며 120년을 기다렸다. 방주를 짓고 그 안에 들어가서도 7일 동안 홍수가 나기를 기다렸다. 홍수가 온 땅을 덮은 150일 동안, 또 물이 줄어 뭍이 드러나는 115일 동안에도 그는 기다려야만 했다. 그로부터 7일을 기다려 까마귀와 비둘기를 보냈고 또 다시 7일을 기다려 비둘기를 내보냈다. 그 오랜 기다림 끝에 새로운 세상의 첫 발을 딛을 수 있었다.

"인간에게는 큰 죄가 두 가지가 있다. 조급함과 게으름이다. 다른 모든 죄도 여기서 나온다."(프란츠 카프카)

♦
나는 조급한 사람이 아닌지 성찰하고 노아처럼 믿음으로 기다리는 사람이 되도록 기도하라.

Day 30

지금 행동하라

"나는 지금껏 한 번도 그 일을 할 수 있는가, 없는가를 묻지 않았다. 그 일이 하나님께서 내게 하라고 하신 일인가, 아닌가를 물었다. 그것만 확인되면 바로 순종했다. 그러면 주께서 다 이루어가셨다."(조지 뮬러)

하나님을 위해 많은 계획을 세워도 시도하지 않으면 아무것도 이루어지지 않는다. 계획은 그저 계획일 뿐이다. 바보들은 계획만 세운다. 계획을 세웠으면 일단 시작하라. 할 수 있는 것부터 작은 것부터 시작하라. 마음을 다잡으라. 기도하라. 말하라. 글을 쓰라. 문을 열고 나가라. 사람을 만나라. 천천히 꾸준히 즐기면서 주님과 함께 하라. 힘들면 잠시 쉬었다가 다시 하라. 일단 시작하면 내 안에 감추어져 있던 열정과 용기, 하나님께서 주신 창의성이 발휘될 것이다(행 9:19~20).

♦

더 이상 주의 뜻을 미루지 말고 지금 여기서 할 수 있는 것부터 시작하라.

Day 31 아름다운 무지개

"내가 내 무지개를 구름 속에 두었나니 이것이 나와 세상 사이의 언약의 증거니라"(창 9:13)

인생의 중요한 결정을 해야 할 때 나는 기도 여행을 떠난다. 언젠가 승용차로 외국의 광활한 대지를 달렸다. 오전 내내 무거운 구름이 덮이고 장대비가 쏟아졌다. 앞을 잘 분간할 수 없는 상황이었다. 그런데 점심때가 조금 지났을까, 구름이 걷히고 하늘이 맑아지더니 순식간에 선명한 무지개가 펼쳐지는 것이 아닌가! 순간 찬란한 무지개에 숨이 멎었다. 동시에 하나님의 무지개 언약이 생각나 전율이 일었다. "고민하지 마라. 내가 너와 함께 하겠다."

홍수가 끝난 뒤 하나님께서는 노아와 아들들에게 복을 주셨다. 그리고 다시는 홍수로 세상을 멸하지 않겠다는 언약을 세우셨다. 그 증거가 무지개다. 이후 노아의 후손은 무지개를 볼 때마다 하나님께 감사하고, 그분을 신뢰하게 되었다. 오늘날 우리는 이 무지개의 언약을 그리스도의 십자가에서 본다(골 1:20). 우리는 심판 받아 마땅한 죄인이지만, 십자가 언약을 믿음으로 멸망 받지 않고 영생을 얻게 되었다(요 3:16).

◆
골 1:20, 요 3:16을 묵상하고 하나님께서 내게 주신 약속들을 기억하고 신뢰하라.

4월

Day 01

우연한 만남

"의도하지 않은 만남이 있다./ 벽을 만나 앞이 보이지 않을 때, 벽이 높아 넘을 수 없을 것 같을 때/ 그 만남이 새 길이 되기도 한다. 새로운 희망이 되기도 한다."(윤정선)

살다 보면 가끔 막다른 길을 만나게 된다. 그런데 막다른 길이 꼭 막힌 길은 아니다. 쉬어가는 길이 되기도 하고, 새로운 길이 되기도 하고, 더 좋은 길이 되기도 한다. 예수의 십자가가 그렇다. 십자가는 완전히 막힌 길, 죽음의 길, 절망의 길이었다. 그런데 예수께서 부활하시자 그 길은 생명의 길, 사랑의 길, 구원의 길이 되었다. 오늘의 그 막힌 길, 결코 우연히 만난 것이 아니다. 예정된 섭리의 길이다. 거기서 길이신 예수님을 만나 그분과 함께 생명의 길로 가라는 필연의 만남이다. 자, 주님과 함께 새 길을 신나게 달려보자.

"보라 내가 새 일을 행하리니 이제 나타낼 것이라 너희가 그것을 알지 못하겠느냐 반드시 내가 광야에 길을 사막에 강을 내리니"(사 43:19)

▬▬ 인생의 막다른 길을 만났을 때 십자가를 바라보라. 길이신 주님과 함께 다시 새 길을 가라.

우연한 만남 162×130cm | Acrylic on camvas | 2008 | 윤정선

Day 02

주일 아침에도

"참으로/ 神이 계시느냐./ 이 질문에 대한/ 확고한 대답을 준비하자./ 그/ 신앙과 신념을/ 손이 증명하자./ 발이 증명하자./ 코가 증명하자./ 그리고 主日이 아닌 月曜日 아침에도/ 金曜日 밤에도 증명하자."(박목월)

한때 'Sunday Christian'이란 말이 유행했다. 주일에만 크리스천처럼 살고, 나머지 6일은 세상 사람과 별반 다르지 않게 사는 이중적인 사람을 가리킨다. 그러나 신앙생활은 눈가림이 아니다. 일주일에 하루 잠깐 예배드린다고 복 받고 구원 받는 것이 아니다. 우리는 월요일부터 토요일까지도 삶의 예배자로, 봉사자로, 전도자로 살아야 한다. 그렇게 하루하루 충실히 살아내고 난 뒤에 주일 아침에도 예배드리러 교회에 가는 것이다(마 5:16).

◆

주일만이 아니라 일주일 내내 예배자로, 봉사자로 전도자로 선하게 살겠다고 다짐하라.

Day 03

내 삶의 핵심가치

언젠가 〈컨텐더〉라는 영화를 보았다. 미국 부통령 자리가 공석이 되자 한 여성 상원의원이 그 자리에 도전하는 내용이다. 그 과정에서 그녀는 온갖 루머에 시달린다. 그럼에도 요지부동 침묵으로 일관한다. 마침내 모든 루머가 거짓으로 판명되자, 대통령은 왜 진작 해명하지 않았냐고 묻는다. 그녀는 대답한다. "정직과 신뢰는 제 인생 원칙입니다. 이것은 말로 변명해서 회복할 수 있는 게 아닙니다." 인생의 핵심가치를 세우고 그것을 지키며 사니 그녀는 늘 당당할 수 있었던 것이다.

이렇듯 우리는 저마다 나만의 핵심가치를 가지고 살아야 한다. 젊은 날 교회를 개척하며 나도 나만의 핵심가치를 세우고 지키고자 했다. 하나 복음 열정, 복음의 능력으로 산다. 둘 사람 사랑, 한 사람을 소중히 한다. 셋 온전 헌신, 사심 없이 봉사한다. 넷 항상 변혁, 끊임없이 변화한다. 다섯 성령 충만, 매사에 성령님과 동행한다.

물론 말처럼 쉽지만은 않았다. 때론 오해와 비난도 받았다. 그러나 분명한 것은 핵심가치를 정해야 그것을 시도라도 하며 성장할 수 있고, 결국엔 승리할 수 있다는 것이다(시 119:106).

♦
나만의 성경적 핵심가치를 정하고 글로 쓰고 그대로 지키며 살기로 결단하라.

Day 04

십자가 아래서 생각하라

"여호와께서 그 향기를 받으시고 그 중심에 이르시되 내가 다시는 사람으로 말미암아 땅을 저주하지 아니하리니"(창 8:21)

만약 하나님께서 공의의 원칙에 따라 심판하셨다면 세상은 벌써 망했을 것이다. 순전히 하나님의 은혜로 오늘 세상이 망하지 않고, 나도 살아있는 것이다. 노아는 방주에서 나오자마자 은혜로우신 여호와께 제단을 쌓고 제물을 드린다. 하나님께서는 그 제사를 받으셨고 또다시 온 세상을 향해 은혜를 베푸셨다. '인간의 악함'을 뻔히 아시면서도 다시는 홍수로 세상을 멸하지 않겠다고 작정하신 것이다.

이 노아의 제사에서 우리는 십자가의 은혜를 본다(엡 2:3~5). 본질상 진노의 자녀인 우리가 십자가를 믿음으로 멸망치 않고, 도리어 하나님 자녀가 되어 하늘에 속한 신령한 복을 누리게 되다니 얼마나 놀라운 은혜인가! 그러니 혹여 어둡고 곤고한 시절을 지나고 있더라도 낙심하지 마라. 날마다 십자가 아래서 생각하라. 우리는 은혜 아래 있다.

♦

마음이 어려울 적마다 십자가 아래서 나를 바라보며 하나님의 은혜에 감사하라.

Day 05

참된 회심

"나는 내가 얼마나 부정하고 더러운 존재인가를 보았습니다. 내가 빠져 있는 이 비참한 상태를 볼 때 두렵고 떨리는 심정이었습니다. 그보다 더 무서운 것은 영원한 죽음에 대한 공포였습니다. 나는 한시도 더 참을 수 없었습니다. 그리하여 나는 하나님께서 지시하는 길을 걷게 되었습니다. 한없이 통곡하며 나의 과거를 저주하면서 나는 떠납니다."
(장 칼뱅)

이것은 칼뱅이 개신교 신앙으로 돌아서며 했던 고백이다. 본래 그는 가톨릭 교리대로라면 아무 문제 없는 훌륭한 신자였다. 그는 상류층 지성인으로 편안한 삶이 보장되어 있었다. 굳이 위험을 감수하고 개신교 신앙을 받아들일 이유는 없었다. 그러나 성경은 그를 가만 놔두지 않았다. 그가 잘못되었다고 지적했다. 결국 그는 자신을 포기하고 그의 인생을 하나님께 바치기로 결단했다. 믿음의 길에는 반드시 이런 돌아섬이 있어야 한다(겔 33:11).

♦
나는 언제 주를 향해 돌이켰는지를 생각하고, 다시 새롭게 주를 따르기로 결단하라.

Day 06

기독교에 빠져들다

배우 윤여정이 한국 영화사 최초로 아카데미 여우조연상을 받았다. 영화계의 큰 상을 받은 것도 놀랍지만, 그녀의 겸손하고 재치있고 지혜로운 태도를 보며 세상은 더 큰 박수를 보냈다. 그녀는 '윤며들다'라는 신조어를 낳았다. 곧 '윤여정에게 빠져든다'는 뜻이다.

이런 현상을 보며 난 부끄럽고도 참 부러웠다. 한 사람의 배우에게도 세상은 손뼉 치며 빠져드는데, 도리어 기독교는 손가락질당하고 있으니 말이다. 어떻게 우리는 세상이 빠져드는 매력적인 기독교가 될 수 있을까? 그것은 불의 앞에서는 담대함으로, 물질 앞에서는 가난함으로, 약한 이들에게는 온유함으로, 높은데 처해서는 낮아짐으로, 고난에 처해서는 평안함으로, 다툼이 있는 곳에서는 화평함으로, 즉 우리가 고백한 대로 살아가는 것이다(롬 14:18).

♦

나는 고백대로 사는가? 이제 언행일치하여 매력있는 기독교를 세워가기로 다짐하라.

Day 07

행복한 인생의 비밀

"심령이 가난한 자는 복이 있나니 천국이 그들의 것임이요"(마 5:3)

좋은 환경, 좋은 상황임에도 만족하지 못하고 불평하는 이들이 많다. 왜 그럴까? 스스로 자신을 대단한 사람이라고 생각하기 때문이다. 자신이 정한 기준, 자신이 바라는 정도에 미치지 못하면 불행하다고 여기는 것이다.

그러나 십자가 앞에 서면 나는 죽을 수밖에 없는 가난한 자가 된다. 저주받아 죽었어야 하는 자인데 은혜로 하나님 자녀가 되어 오늘도 과분한 축복을 입고 사는 것이다. 비로소 모든 것이 은혜요, 감사가 된다. 여기서 이런 신앙공식이 나온다. "something은 nothing이고, nothing은 everything이다." 즉 스스로 something이라 높이면 nothing의 불행한 존재가 되고, 스스로 nothing이라고 낮추면 everything의 행복한 존재가 되는 것이다.

♦

불만과 불평이 올라올 때마다 주님의 십자가를 바라보라.

Day 08 어둔 밤

사람이 회심하면 그 즉시 구원의 기쁨이 밀려든다. 그러나 신앙이 무르익어 어느 시점에 이르면 '영혼의 어둔 밤'을 경험하게 된다. 기쁨을 잃어버리고, 내 안의 죄성과 씨름하는 것이다. 십자가의 성 요한은 거듭난 후에도 우리에게 일곱 가지 영적 죄가 있음을 지적했다.

"교만-자기보다 영적이지 못한 이를 정죄 멸시한다. 탐욕-경건의 내용이 아니라, 영적 분위기 감정에 집착한다. 사치-겸손을 가장하여 영적 은사나 경험을 드러낸다. 분노-원하는 만큼의 은사나 영적 경험이 없을 때 격분한다. 과식-더 많은 책, 기도, 경험에 매달려 힘들어한다. 시기심-이웃의 성장을 기뻐하지 않고, 나만 칭찬받고자 한다. 나태함-신앙의 진전이 없을 때 쉽게 경건 생활을 놔버린다."

영혼의 어둔 밤은 경건한 이들에게 찾아오는 보편적인 경험이다. 이 기회를 통해 하나님께서는 교만을 겸손으로, 탐욕을 자족으로, 사치를 소박함으로, 분노를 평안으로, 과식을 절제로, 시기를 기쁨으로, 나태함을 강건으로 바꾸어 가신다(약 1:2~4).

♦
영혼의 어둔 밤을 지나고 있는가? 나에게 일곱 가지 영적 죄가 없는지 점검하고 회개하라.

Day 09 최고의 행복

"괴로웠던 사나이/ 행복한 예수 그리스도에게/ 처럼/ 십자가가 허락된다면/ 모가지를 드리우고/ 꽃처럼 피어나는 피를/ 어두워 가는 하늘 밑에/ 조용히 흘리겠습니다"(윤동주)

오랜만에 제자들과 시간을 보냈다. 그중 한 친구가 행복에 대해 물었다. 어떤 때는 행복한 것 같기도 하고 또 어떤 때는 아닌 것 같기도 하다며 진짜 행복은 어디서 오느냐는 것이다.

세상에는 네 차원의 행복이 있다. 어떤 행복을 누리느냐에 따라 그 사람의 삶이 달라진다. 1차원, 필요 충족의 행복이다. 의식주 같은 오늘의 필요가 충족될 때 누리는 만족감이다. 2차원, 인식(認識)의 행복이다. 일상적인 것, 사소한 것에서 새로운 깨달음을 얻는 기쁨이다. 3차원, 죄 사함의 행복이다. 양심의 가책과 징벌에 대한 두려움에서 벗어나는 해방감이다. 4차원, 사명의 행복이다. 내가 살아야 할 이유를 발견하고 거기에 사력을 다하는 것이다. 설령 그 때문에 고생하고, 손해 보고, 죽는다고 해도 웃을 수 있는 최고의 행복이다(골 1:24).

♦
나의 행복은 몇 차원인지 성찰하고, 네 차원의 행복을 두루 누릴 수 있도록 기도하라.

Day 10 다시 사랑의 시선으로

"셈과 야벳이 옷을 가져다가 자기들의 어깨에 메고 뒷걸음쳐 들어가서 그들의 아버지의 하체를 덮었으며"(창 9:23)

당대의 의인이요 완전한 자였던 노아도 결국 연약한 인간에 불과했다. 그는 술에 취해 하체를 드러내는 실수를 범한다. 그것을 목격한 삼 형제의 반응은 대조적이었다. 함은 아버지의 수치를 웃음거리로 만들었다. 아버지를 배려하지 않고, 자신의 감정대로 경솔하게 행동했다. 이 일로 그와 그의 자손은 저주를 받는다. 반면 셈과 야벳은 아버지의 허물을 보았음에도 그를 사랑하고 존중하여 사려 깊게 행동했다. 이 일로 셈과 야벳은 자손 대대 축복을 받는다.

셈과 야벳의 모습은 가죽옷을 입혀 인간의 수치를 가려주신 하나님을 닮았다. 십자가를 통해 우리의 죄를 덮어주신 예수님을 닮았다. 나는 형제의 허물 앞에 어떻게 행하고 있는가? 약점과 잘못을 사랑으로 덮는 것이 그리스도인의 덕이다.

"무엇보다도 뜨겁게 서로 사랑할지니 사랑은 허다한 죄를 덮느니라" (벧전 4:8)

♦

나는 허물을 드러내는가, 덮어주는가? 모든 것을 사랑의 시선으로 바라보며 행동하라.

Day 11

쫓겨 다니는 삶

"두 종류의 사람이 있다. '쫓겨 다니는 사람'과 '부름받은 사람'이다. 쫓겨 다니는 사람의 증상은 이러하다. 1. 오직 무엇을 성취했을 때만 만족감을 느낀다. 2. 성취를 표시하는 상징에 집착한다. 3. 절제되지 않은 팽창욕에 사로잡혀 있다. 4. 전인적인 인격에는 별 관심이 없다. 5. 대인관계에서 '승승의 기술'을 닦는데 신경쓰지 않는다. 6. 보통 경쟁심이 강하다. 7. 격렬한 분노를 품고 있다. 8. 비정상적으로 바쁘고, 놀 줄 모르며 영적인 예배를 피한다."(고든 맥도날드)

많은 사람이 무언가에 쫓기듯 살아간다. 사업에, 진급에, 학업에, 관계에, 소유에, 인정에, 성공에 매여 끌려다니는 것이다. 그러나 쫓기는 삶은 현재를 깊이 바라보지 못하게 한다. 당연히 함께 하시는 주님의 음성도 들을 수 없다. 오늘 나는 무엇에 쫓기는가? 이제 모든 것을 내려놓고 그리스도를 붙잡아라(빌 3:8). 세상이 흔들 수 없는 진중하고 안온한 나만의 길을 가게 될 것이다.

♦
더 이상 인생에 쫓겨 다니지 말고 주님과 함께 나만의 길을 가기로 다짐하라.

Day 12

믿음으로 산다는 것

"세상은 온통 권세와 이득을 좇는 풍조에 휩쓸리고 있다. 이러한 때 그대는 서책을 구하여 이권을 보살펴 줄 사람에게 주지 않고, 바다 멀리 초췌하여 시들어 있는 이 사람에게 보내는 것은 세상에서 잇속을 좇 듯이 하였구나."

이것은 추사 김정희의 대표작 세한도(歲寒圖)의 발문에 적혀 있는 글의 일부이다. 1840년 그는 억울하게 제주도로 유배당한다. 그러자 그의 제자 이상적이 사제의 의리를 잊지 않고, 오랜 시간 힘써 모은 귀한 책들을 스승에게 두 번이나 보낸다. 이에 김정희는 무척 고마워하며 세한도를 그리고 그 발문에 제자의 의리와 우정에 대해 새겨 넣은 것이다. 문득 이런 생각이 든다. 세상의 선비도 이처럼 서로 돌보며 고상하게 사는데, 믿음의 길을 가는 나에게는 이런 고상한 나눔과 섬김이 있는가(히 11:38~40)?

◆

이런 고상한 믿음과 동료가 있는지 돌아보고 나부터 그렇게 살겠다고 결단하라.

Day 13 동일선상의 소명

"이들은 그 백성들의 족보에 따르면 노아 자손의 족속들이요 홍수 후에 이들에게서 그 땅의 백성들이 나뉘었더라"(창 10:32)

현재 지구상에는 약 12,000 종족이 살고 있다고 한다. 이들은 모두 다 노아의 후손이다. 노아라는 한 사람에게서 이어진 한 가족인 것이다. 그 후 노아의 세 아들로부터 다양한 민족, 다양한 인종이 발생했다. 이렇게 인류는 '다양성 속의 하나'로, '하나 속의 다양성'으로 존재한다.

흔히 사람들은 눈에 보이는 민족, 자기 나라만을 우선시한다. 현실적인 관점에서는 그것이 옳을 수도 있다. 그러나 교회의 시야는 더 넓어야 한다. 내 민족만이 아닌 온 세상 모든 사람을 품고 그들의 구원을 위해 힘써야 한다. 인류 구원은 하나님의 뜻이며(딤전 2:4), 그리스도께서 교회에 주신 사명이다(마 28:20). 민족 복음화와 세계 선교는 우선순위의 문제가 아니라 동일선상의 긴급한 소명이요 과업이다(행 1:8).

♦
민족 복음화와 세계선교를 위해 사역하는 선교사들을 격려하고 중보하라.

Day 14

십자가에서 오는 행복

산다는 것은 어려운 일이다. 버거운 일, 괴로운 일, 가슴 시린 일들로 가득하다. 이런 세상에서 어찌 행복할 수 있단 말인가? 날마다 십자가 앞에 서야 한다. 십자가에서 자신을 보면 나는 분명 죄인이다. 저주받아 망했어야 할 죄인이다. 이미 죽었어야 할 죄인인데 예수 십자가 덕분에 영생을 얻고 인생의 새날, 새 아침을 살게 된 것이다. 그 십자가 사랑으로 세상을 바라보면 모든 것이 은혜이고 신선하며, 환희와 감동으로 가득하게 된다.

"여호와의 인자와 긍휼이 무궁하시므로 우리가 진멸되지 아니함이니이다 이것들이 아침마다 새로우니 주의 성실하심이 크시도소이다"(애 3:22~23)

◆

매순간 십자가를 생각하고 그 은혜로 살아가기를 다짐하라.

Day 15

동행으로의 초대

"하나님이 내 머릿속에, 내 이해 속에 계시기를. 하나님이 내 눈에, 내 시야에 계시기를. 하나님이 내 입에, 내 말에 계시기를. 하나님이 내 마음에, 내 생각에 계시기를. 하나님이 내 인생 끝에, 내가 죽을 때 계시기를."(사룸 기도문)

그리스도인에게 가장 중요하고, 복된 일은 무엇인가? 하나님과의 동행이다. 하나님과 함께 할 때 우리는 세상이 주지 못하는 행복, 평안, 자유, 강건, 풍성, 지혜, 만족, 영생을 누리게 된다.

문제는 하나님과의 동행이 어떻게 가능하냐는 것이다. 이것은 공부해서 될 일이 아니라 예수 그리스도의 현존에 눈이 뜨여야 한다. 부활하신 그리스도께서 성령으로 내 안에 거하시고 항상 나와 함께 하신다. 이 자명한 진리를 실제로 인지하고 느끼며 때마다 시마다 주의 이름을 부를 때 주님과의 동행은 시작된다(시 73:23).

♦

날마다 주님과 동행하기를 다짐하고 항시기도로 자주 주님을 찾고 부르라.

Day 16

오늘 부활을 산다는 것

"그들의 눈이 밝아져 그인 줄 알아 보더니 예수는 그들에게 보이지 아니하시는지라"(눅 24:31)

예수께서 십자가에 돌아가시자 실망한 제자 두 사람이 엠마오로 내려간다. 그들 곁에 부활하신 주님께서 동행하고 계신데도 그들은 이를 알지 못한다. 그들의 눈이 가리어져 있기 때문이다. 만찬 중에 그들의 눈이 밝아지자 비로소 예수님을 알아본다. 하지만 그 순간 주님은 보이지 않는다. 부활하신 예수님은 육신의 눈이 아니라 마음의 눈, 곧 믿음으로 보고 믿음으로 동행하는 것이기 때문이다.

이 실존적 부활을 경험했던 바울 사도는 이렇게 고백했다. "내가 그리스도와 함께 십자가에 못 박혔나니 그런즉 이제는 내가 사는 것이 아니요 오직 내 안에 그리스도께서 사시는 것이라 이제 내가 육체 가운데 사는 것은 나를 사랑하사 나를 위하여 자기 자신을 버리신 하나님의 아들을 믿는 믿음 안에서 사는 것이라"(갈 2:20) 이처럼 나는 예수와 함께 죽고 예수와 함께 살았다. 부활하신 주님께서 오늘 내 안에 살아계신다. 이 사실을 믿고 어떤 죄와 유혹에도 승리하는 것이 오늘 부활을 사는 것이다.

♦
갈 2:20을 암송하고 오늘 내 안에 살아 역사하시는 주님과 동행하라.

Day 17

우리가 그리스도인이다

"십자가를 지는 것은 불행과 절망을 가져오지 않는다. 오히려 우리의 영혼에 원기와 평안을 제공한다. 그것은 우리의 가장 큰 기쁨이다. 이제 우리는 더 이상 우리 자신이 만든 법과 짐이 아니라 우리를 아시고 우리와 함께 멍에를 지시는 분의 멍에를 짊어진다. 그분의 멍에 아래서 우리는 가까움과 교제를 확신한다. 제자들이 그들의 십자가를 질 때 발견하는 것은 다름 아닌 바로 그분이다." (디트리히 본회퍼)

그리스도인의 삶은 평안할지언정 편안하지 않다. 불의한 세상에서 의와 복음을 위해 살 때 필연적으로 따르는 것이 고난이기 때문이다. 이것이 자기 십자가다(막 8:34). 그런데 두려워도 믿음으로 그 고난을 짊어지면 그때부터 놀라운 일이 일어난다. 주님께서 나와 함께 하신다. 그 짐을 대신 져주신다. 그만큼 쉽고 가벼워진다(마 11:28~30).

이제, 믿음의 고난을 주저하지 말라. 내 힘으로 지려고 애쓰지도 말라. 기도로, 감사로 그리스도께 위탁하라. 우리는 십자가를 진다. 십자가로 산다. 십자가로 선다. 바로 우리가 그리스도인이다.

◆

내게 주어진 십자가로 더는 탄식하지 말고 모든 것을 주님께 맡기고 나아가라.

Day 18

긍휼의 마음으로

얼마 전 얼굴에 좁쌀만한 혹들이 생겼다. 그런데 그냥 놔두었더니 이것들이 점점 자라 쌀알만해졌다. 자꾸 신경이 쓰이고 손이 가서 피부과에 갔다. 쥐젖이란다. 레이저로 간단히 제거 가능하대서 바로 5개를 떼어내었다. 문제는 그 이후였다. 시술 부위가 따갑고 화끈거려 며칠을 고생했다. 밤만 되면 통증이 더 심해졌다. 전직 간호사인 아내에게 고통을 호소하니 "참아야지 별 수 있냐"는 소리만 들었다.

문득 어머니가 생각났다. 최근 어머니가 몸이 가려워 밤에 잠을 잘 수 없다고 하셨었다. 대학병원까지 다녀왔지만 별 차도가 없으신지 계속 고통을 호소하셨다. 나는 그만, 해서는 안 될 말을 하고 말았다. "어머니, 그 연세면 다 가렵다잖아요. 그냥 참아야지, 별 수 있어요?" 아, 나는 아직도 멀었다. 이제야 내 작은 아픔을 통해 어머니의 큰 고통이 느껴지고, 불효가 깨달아지다니 말이다(롬 15:1~2). 오 키리에 엘레이손. 주여, 나를 불쌍히 여기소서.

♦

내 주변의 아프고 약한 자들과 진심으로 함께 하고 위로하라.

Day 19 하나님 없는 인간 문명

"또 말하되 자, 성읍과 탑을 건설하여 그 탑 꼭대기를 하늘에 닿게 하여 우리 이름을 내고 온 지면에 흩어짐을 면하자 하였더니"(창 11:4)

홍수 이후 하나님께서 노아의 후손에게 복을 주셔서 번성하고 충만하게 하셨다. 하나의 언어로 서로 막힘없이 소통하며 문명을 발전시켜 행복하게 살게 하신 것이다. 하지만 그들은 하나님의 선한 뜻을 저버리고, 하나님을 대적하는데 한 뜻이 되어 하늘에 닿을 만큼 높은 탑을 쌓았다. "우리의 이름을 내자." 이는 하나님 없이 인간 스스로 살아보겠다는 것으로 교만과 오만의 발산이다. 그러자 하나님께서는 그들의 언어를 혼잡게 하고, 그들을 온 지면에 흩으셨다.

인간의 문명 자체는 죄가 아니다. 문제는 하나님 없이, 또는 하나님을 거부하며 살려는 교만과 오만이 심판의 대상이요 인류 자멸의 원흉이라는 사실이다. 하나님 없는 모든 문명은 결국 인류의 파괴만을 가져올 것이다(시 127:1).

"인공지능이 인류 사상 최대 성과인 동시에 최후의 성과가 될 수 있다."(스티븐 호킹)

♦
나는 하나님이 주신 복을 잘 사용하고 있는가? 혹 내 이름을 위해 쓰는 것은 아닌가?

Day 20

사랑하면 이긴다

"하늘에 계신 아버지, 주님께서 먼저 우리를 사랑하셨습니다. 주님이 사랑이라는 사실을 우리가 잊지 않게 하옵소서. 이 분명한 확신으로 말미암아 우리의 마음이 세상 유혹과 영혼의 불안, 장래에 대한 걱정과 과거에 대한 두려움, 지금, 이 순간의 절망을 이겨내게 하소서. 이 사랑의 확신을 통해 우리 영혼을 훈련하시어 주께서 네 몸같이 사랑하라고 명하신 이웃사랑이 마음에서 우러나오는 신실함과 진실함이 되게 하소서."(쇠렌 키에르케고르)

세상에 많은 문제가 있지만 그 모든 것은 결국 하나로 귀결된다. 곧 사랑의 문제다. 사랑의 결핍, 사랑의 불신, 사랑의 오해, 사랑의 왜곡, 사랑의 배신, 사랑의 부재, 사랑의 무지에서 비롯되는 것이다. 사랑을 알고, 사랑으로 충만하면 문제는 더 이상 문제가 아니며, 세상도 이기게 된다. 날마다 주님의 사랑을 확신하라. 죽기까지 그 사랑에 감격하라. 기도로 뜨겁게 그 사랑을 달구어라. 사랑하면 방법이 나온다. 사랑하면 능히 이긴다(롬 8:37).

♦

주님의 사랑을 확신하고 세상에 나아가 십자가 사랑의 삶을 살라.

Day 21

돌아갈 집이 있는가

오래전 정치인 김두한을 소재로 한 인기 드라마가 있었다. 경쟁자 이정재는 당시 국회의원이었던 김두한을 찾아가 결투를 신청했다. 그런데 그는 모욕을 당하면서도 이에 응하지 않았다. 그날 밤 고뇌 속에 울부짖던 이정재의 한마디가 내 마음에 닿았다. "난 이겼다. 겁쟁이 김두한을 이겼다. 그러나 난 돌아갈 곳이 없다. 난 돌아갈 곳이 없단 말이다!"

우리가 무언가를 이루기 위해 애면글면해도 정작 그 후에 돌아갈 곳이 없다면, 아니 나를 찾아주는 이가 없다면 이 얼마나 슬프고 불행한 인생인가. 한 시인은 인생 행복을 이렇게 적는다.

"저녁 때/ 돌아갈 집이 있다는 것/ 힘들 때/ 마음속으로 생각할 사람 있다는 것/ 외로울 때/ 혼자서 부를 노래 있는 것"(나태주)

인생의 어둠이 깃드는 저녁에 나는 돌아갈 집이 있는가? 막다른 문제 앞에서 생각나는 한 사람이 있는가? 슬픔에 짓눌려 어찌할 바 모를 때 부를 수 있는 노래가 있는가? 있다면 그는 진정 성공한 사람이요 행복한 사람이다(눅 15:20).

♦

나에게 힘이 되어주는 사람, 또 내가 힘이 되고 싶은 사람들을 위해 기도하라.

Day 22

은혜로 이어지는 인간 역사

"데라는 칠십 세에 아브람과 나홀과 하란을 낳았더라"(창 11:26)

창세기에는 두 개의 중요한 족보가 나온다. 먼저 5장에 나오는 아담에서 노아까지의 족보다. 다음은 11장에 나오는 노아에서 데라까지의 족보다. 이 선택된 계보들 사이에 두 개의 중요한 심판이 있다. 홍수 심판과 바벨탑 심판이다. 이는 홍수 이전이나 이후에도 인류의 죄는 계속 확산되는 것을 보여준다.

주목할 점은 두 개의 선택된 계보가 두 심판을 감싸고 있다는 것이다. 이는 악한 세상 속에서도 구원의 역사가 멈추지 않고 계속되는 것을 보여준다. 하나님은 인간의 계속되는 불신과 죄악에도 불구하고 인류 구원을 향하여 뚜벅뚜벅 걸어가신다. 그런 점에서 이 족보들은 단순한 이름의 나열이 아니라 하나님 은혜의 역사이다. 이 은혜가 마침내 예수 그리스도까지 이어져 구원의 역사가 완성된다(눅 3:23~38).

◆
구원의 계보에 나를 참여시켜주신 주님의 은혜를 기억하고 감사하라.

Day 23

왕업을 행하는 사람들

"나는 모든 진정한 일을 나타내는 말로 왕업이라는 단어를 사용하고 싶다. 이 단어를 사용하는 이유는, 일 자체가 가진 본연의 존엄성에 대해 주의를 환기시키고, 우리의 일이란 본디 하나님의 일과 같은 종류의 일이라는 점을 강조하기 위해서다. 모든 참된 일, 모든 진정한 일은 왕업에 포함된다. 이처럼 진정한 일에는 섬김과 통치라는 두 요소가 하나로 결합되어 있다. 통치는 우리가 하는 일의 내용이며, 섬김은 우리가 그 일을 하는 방식이다. (중략) 왕업을 행하는 사람들은 어떤 직업에 종사하든지 휘파람을 불며 일한다." (유진 피터슨)

어린 시절 할머니는 산에서 나물을 뜯어다가 시장에 내다 팔곤 하셨다. 나는 누추한 모습으로 시장에서 나물을 파는 것이 창피해 할머니를 피해 다녔다. 하루는 할머니 곁을 슬쩍 지나가는데 찬송 소리가 들렸다. 저녁에 집에 오신 할머니께 핀잔하듯 물었다. "뭐가 좋아서 시장에서 찬송이에요?" 할머니는 기막힌 대답을 하셨다. "좋아서 찬송하는 게 아니라, 사는 게 어려워서 찬송하는 거란다. 찬송하면 기뻐하게 된단다." (골 3:23)

◆

오늘 내가 하는 모든 일이 하나님의 일, 왕업이 되도록 찬송하며 기쁨으로 하라.

Day 24

3중의 부활

부활절 주간 한 모임에서 아는 장로님을 만나 반갑게 부활 인사를 건넸다. 그러자 멋쩍은 듯 그분은 이렇게 말했다. "부활주일은 잘 보냈습니다만, 그 부활을 삶으로 누리지 못해 문제입니다."

우리가 부활을 누리기 위해서는 3중의 부활을 알고 믿어야 한다. 하나, 역사적 부활이다. 예수님의 십자가 부활을 역사적 사건으로 믿는 것이다. 둘, 실존적 부활이다. 그 십자가 부활이 성령의 역사로 인하여 나의 십자가 나의 부활 사건이 됨을 믿는 것이다. 셋, 현재적 부활이다. 오늘 내 안에 솟구치는 죄와 허물에 대하여 십자가에 죽고, 이제 내 안에 그리스도가 사심을 믿는 것이다. 그리할 때 비로소 내 안의 그리스도와 함께 날마다 부활의 능력으로 살아갈 수 있다. 부활 주님은 지금도 내 곁에 계신다. 이 사실을 믿고 날마다 쉬지 않는 기도로 주님과 동행하라(롬 6:5).

◆
내가 알고 있던 부활을 새롭게 정의하고, 이제 부활의 삶을 시작하라.

Day 25

하나님 나라로의 부르심

"여호와께서 아브람에게 이르시되 너는 너의 고향과 친척과 아버지의 집을 떠나 내가 네게 보여 줄 땅으로 가라 내가 너로 큰 민족을 이루고 네게 복을 주어 네 이름을 창대하게 하리니 너는 복이 될지라"(창 12:1~2)

하나님께서 아브람을 부르신 목적은 하나님 나라에 있다. 그가 부름 받는 장면에는 나라의 3대 요소가 들어있다. "여호와"(주권), "내가 지시할 땅"(영토), "큰 민족"(백성)이다. 하나님은 그를 통하여 온 세계에 하나님 나라를 이루고자 하셨다. 그래서 그의 이름도 아브람에서 '아브라함'(열국의 아비)으로 바꾸신다.

하나님은 그에게 고향 친척 아버지의 집을 떠나라고 하셨다. 지금까지 살아오던 삶의 방식에서 돌아서라는 것이다. 또 하나님은 그에게 지시할 땅으로 가라고 하셨다. 오직 하나님의 손만 바라보며 순종하도록 하신 것이다. 이처럼 크리스천은 이전의 삶에서 떠나, 하나님 나라의 가치와 방식으로 살아야 한다. 곧 말씀을 의지하며 하나님을 기쁘시게, 세상을 이롭게 하는 삶을 사는 것이다.

♦

하나님 나라를 세우는 백성으로서 오늘 세상을 이롭게 하는 작은 일 한 가지를 시도하라.

Day 26

주님 같은 것

"하나님께서 이 땅을 얼마나 잘 꾸며 놓으셨는가를 보십시오. 숲과 들판 그리고 각종 동물을 하나님의 손가락이 가리키고 있습니다. 나의 하나님, 주님은 얼마나 놀랍게 영혼을 표현하시는지요! 주님이 누구시고, 내가 누구인지 늘 내 생각 안에서 기억나게 하소서."(요아힘 네만더)

독일 사람들은 아름다운 자연을 볼 때 종종 이렇게 감탄한다. "Herrlich!(주님 같은 것!)" 이 세상에 주 예수 그리스도보다 아름다운 것은 없기에, 경이로운 자연을 보면서도 주님을 떠올리며 높이는 것이다. 일상이 바쁘고 분주할수록 잠시 눈을 돌려 아름다운 자연을 바라보자. 그러면 하나님의 위대하심을 다시 알게 되고, 영혼의 치유를 경험하고, 하나님의 평안에 더 가까이 다가갈 수 있다(시 145:9).

♦

잠시 짬을 내어 자연을 바라보며 하나님의 평안을 누리고, 주님을 소리 높여 찬양하라.

Day 27 행복이란

요즘 만나는 사람들에게서 "좋은 일 있냐, 행복해 보인다"는 이야기를 자주 듣는다. 무엇 때문에 그렇게 보이는 걸까? 과연 행복이란 무엇일까? 많은 이들이 착각하듯, 행복은 소유나 성취에서 오지 않는다. 행복은 한마디로 좋은 감정이다. 곧 안정감, 만족감, 희열감, 충만감을 느끼는 것이다.

오늘 죽도록 고생하며 내일 행복하겠다는 사람은 절대 행복할 수 없다. 행복은 지금이다. 행복하려면 지금 일상의 사소한 것에서 자주 좋은 감정을 누려야 한다. 좋은 감정을 가지려면 무엇보다 마음이 깨끗하고 정결해야 한다(시 51:9~10). 청결한 마음으로 세상을 보면 일상의 사소한 모든 것이 새롭고 즐겁고 아름답고 감사하다. 그것이 행복이다.

"행복이란 의외로 드물지 않다/ 어디에서나 행복을 찾을 수 있다/ 삶이 가르쳐 주듯/ 많은 것이 행복일 수 있다/ 행복이란 매일 맞는 새로운 아침이다/ 행복이란 형형색색의 꽃들이다./ (중략) 행복이란 자신의 삶에 자족하는 사람이/ 항상 발견할 수 있는 것이다."(무명)

♦
마음을 깨끗하고 정결하게 가꿔 오늘부터 행복한 삶을 살기로 결정하라.

Day 28

고난으로 찾아오는 축복

"그 땅에 기근이 들었으므로 아브람이 애굽에 거류하려고 그리로 내려갔으니 이는 그 땅에 기근이 심하였음이라"(창 12:10)

하나님께서는 하란에서 아브람을 불러내어 지시한 땅으로 가라고 명하셨다. 순종한 그에게 복과 땅과 자손도 약속하셨다. 그런데 이게 웬일인가? 그가 도착한 약속의 땅에 기근이 찾아왔다. 이것이 현실이고, 인생이다. 말씀에 순종했다고 해서 역경과 어려움이 없는 것이 아니다. 감사한 것은 하나님께서 그 고난을 통하여 자기 백성을 금 같은 믿음으로(벧전 1:6~7), 전인적 성숙으로(시 119:71), 온전한 사람(약 1:2~4)으로 만들어 가신다는 사실이다. 그런데 아브람은 이를 알지 못했고 기근이 오자 애굽으로 내려가 버렸다.

이제 우리는 눈앞의 상황이 아니라 하나님을 보아야 한다. 하나님 안에서 고난은 변장 된 축복이다. 오늘 당하는 고난이 궁극적으로 더 큰 축복의 과정일 수 있다(롬 8:18).

♦

위 성구를 묵상하고, 주변에서 고난 당하는 자를 찾아 격려하고 축복하라.

Day 29
영성에도 색깔이 있다

안타깝게도 많은 크리스천에게서 독선적인 모습을 본다. 나와 다른 신앙 양태를 이해하지 못하고 믿음이 없다며 단정하는 것이다. 그러나 하나님을 사랑하는 방법은 사람마다 다를 수 있다. 이런 영성의 다채로움을 기독교 작가 게리 토마스는 '아홉 가지 색깔'로 구분했다.

① 자연주의 영성: 자연과 산책으로 은혜를 경험한다. ② 감각주의 영성: 오감의 활동으로 은혜를 경험한다. ③ 전통주의 영성: 예배 의식과 상징으로 은혜를 경험한다. ④ 금욕주의 영성: 고독과 단순성으로 은혜를 경험한다. ⑤ 행동주의 영성: 사회참여와 정의로 은혜를 경험한다. ⑥ 박애주의 영성: 이웃 사랑과 섬김으로 은혜를 경험한다. ⑦ 열정주의 영성: 신비와 축제로 은혜를 체험한다. ⑧ 묵상주의 영성: 묵상과 사모함으로 은혜를 체험한다. ⑨ 지성주의 영성: 생각과 독서로 은혜를 체험한다.

무엇이 나를 설레게 하고 충만하게 하는가? 이를 인지하고 나와 다른 모습들을 존중하며 통합할 때, 우리는 한 몸 된 교회 공동체를 이루어 갈 수 있다(엡 4:2~3).

♦
내가 가진 영성의 기질을 파악하고, 더 장성한 그리스도인이 되기를 기도하라.

Day 30
아침마다 자녀의 권세를

무슨 일이든 시작이 중요하다고 한다. 하루의 시작은 아침, 아침을 어떻게 시작하느냐에 따라 오늘 하루가 결정된다. 아침에 잠에서 눈을 뜨면 바로 그 자리에서 하늘을 향해 두 손을 살포시 올리고 입을 열어 그날의 첫 마디를 하나님께 드려보자. 사도신경으로 우리의 믿음을 고백해보자. "아, 행복한 새날입니다. 감사합니다. 오늘도 하나님의 사랑받은 자로서 하나님 자녀답게 살겠습니다."

하나님께서 태초의 흑암과 혼돈을 향해 빛이 있으라 하시니 온 세상이 빛으로 환하게 되었듯이 나의 하루도 환한 빛으로 가득하게 될 것이다. 혹여 어제의 무거운 고민이 남아있거나, 몸 상태가 좋지 않다면 반복해서 선언하는 것도 좋다.

"여호와여 아침에 주께서 나의 소리를 들으시리니 아침에 내가 주께 기도하고 바라리이다"(시 5:3)

♦

날마다 정시기도를 실천하기로 정하고 아침의 기도를 드려보라.

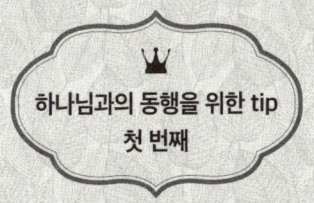

하나님과의 동행을 위한 tip
첫 번째

쉬지 않는 기도가 동행의 방법이다

어렵고 난해한 과업일수록 구체적인 계획이 있어야 한다. 하나님과의 동행은 영적 신비요 비밀이기에 더욱 실제적이고, 실천 가능한 방법이 필요하다. 그것이 바로 쉬지 않는 기도이다. 쉬지 않는 기도는 '생각'에 달려있다. 내 마음의 시선과 생각이 하나님으로부터 흐트러지지 않아야 한다. 그러기 위해서는 먼저 정시기도(아침_사도신경, 정오_십계명, 밤_주기도)로 내 마음을 하나님께 고정해야 한다. 또한 일상에서 부딪치는 일, 사람, 사건 속에서 끊임없이 성호(하나님 아버지, 키리에 엘레이손, 파라클레토스, 예수 그리스도)로 기도할 때 실제로 나와 함께 하시는 동행의 은혜를 느끼고 놀라게 된다.

[쉬지 않는 기도를 위한 세 가지 팁]

① 100일이 관건이다. 『쉬지 않는 기도 연습』(샘솟는기쁨)을 따라서 100일을 꾸준히 연습하자. 그래야 학습한 것이 터득되고 체득되어 비로소 자연스럽게 나의 기도가 된다.

② 정오 기도가 특히 어렵다. 정오 기도를 위해 알람을 맞추고, 나만의 골방(기도 장소)을 확보하자. 이것이 가능해지면 아침, 밤 기도는 그리 어렵지 않게 하게 된다.

③ 일상에서 "키리에 엘레이손. 주여, 나를 긍휼히 여기소서"를 수없이 읊조리자. 처음엔 익숙하지 않아도 반복하면 할수록 쉬지 않는 기도가 이어지게 된다.

May

구역 식구 38×45.5cm | mixed media | 2020 | 정두옥

5월

Day 01

구역 식구

"교회를 중심으로 옹기종기 모여 있는 구역 식구들을 각종 비즈와 아크릴물감으로 표현하였다. 우리의 삶은 주님이 주인이 되어야 하고 우리의 가정은 교회를 중심으로 질서를 지키는 공동체이어야 함을 은유적으로 표현한 것이다."(정두옥)

교회는 그리스도의 몸이다. 즉 그리스도의 실존을 경험하는 공동체요, 그리스도의 뜻을 이루는 공동체요, 그리스도의 축복을 누리는 공동체인 것이다. 그러므로 교회 안에 다 있다. 교회는 하늘의 신령한 복이 흘러넘치는 공동체다. 교회를 통해 세상이 복을 받고, 교회로 인해 이 땅에 하나님 나라가 이루어진다. 이 교회됨의 기쁨과 행복을 생활에서 구체적으로 경험하는 '교회 속의 작은 교회'가 있으니 그것이 바로 구역 식구이다.

"날마다 마음을 같이하여 성전에 모이기를 힘쓰고 집에서 떡을 떼며 기쁨과 순전한 마음으로 음식을 먹고 하나님을 찬미하며 또 온 백성에게 칭송을 받으니 주께서 구원 받는 사람을 날마다 더하게 하시니라"(행 2:46~47)

━━ 교회의 소그룹 활동에 자주 참여하고, 구역 식구들에게 사랑과 감사의 안부를 전하라.

Day 02

오늘도 살아 역사하신다

예수님의 부활 사건에 대한 사람들의 반응은 대략 다섯 가지다. 하나, 허황된 이야기로 여긴다. 둘, 나와 상관없는 역사적 사건으로 생각한다. 셋, 종교 축제로 여기며 조금 위로를 받는다. 넷, 부활을 믿지만 일상에서는 잊고 산다. 다섯, 날마다 부활하신 예수님과 함께 산다. 이 중에서 나는 어떤 모습인가?

하루는 교회에 다닌 지 얼마 안 된 사람이 십자가와 부활을 어떻게 믿을 수 있냐며 물었다. 이는 사람이 이해시켜 될 일이 아니다. 나는 그저 간단하게 십자가와 부활의 도를 설명하고 함께 기도하자고 했다. 한 달쯤 뒤 그를 다시 만났을 때 믿어지는 것은 은혜이자 기적이라고 했더니 그가 눈을 동그랗게 뜨고 말했다. "저, 이제 믿어져요. 예수님이 나와 함께 계세요. 그분이 내 기도를 들어주셨어요. 나와 함께 하시는 주님을 느낄 수 있어요." 할렐루야! 이렇듯 부활 주님은 오늘도 살아 역사하고 계신다(요 11:25~26).

♦

날마다 부활 주님과 동행하며 오늘의 부활을 누리게 해달라고 기도하라.

Day 03 선한 영향력의 사람들

"믿는 사람들은 참 이상한 사람들이다. 그들은 한 번도 본 적이 없는 분을 향해 최고의 사랑을 느끼고, 눈으로 볼 수 없는 분과 매일 친숙하게 이야기하며, 그분과 함께 천국 갈 것을 소망한다. 가득 채워지기 위해 스스로 자신을 비우며, 죄인이 된 것을 인정함으로써 의로움이 나타나고, 오르기 위해 내려가며, 가장 약할 때가 가장 강해지며, 가장 가난할 때가 가장 부자가 되고, 날마다 죽으므로 최상의 행복을 느낀다. 살기 위해서 죽으며, 소유하기 위해 포기하고, 지키기 위해 준다. 보이지 않는 것을 보며, 들리지 않는 것을 듣고, 이성 너머에 있는 것을 미리 보며 즐겨 복종한다."(A. W. 토저)

영향력이란 미치는 힘이다. 다른 이의 마음을 움직여 행동하게 하는 것이다. 선한 영향력은 폭력이나 억압이 아니라 자연스럽게 사람을 바꾼다. 하나님을 향하게 만든다. 선한 일을 실천하게 한다. 세상을 아름답게 한다. 크리스천은 누구나 그리스도의 선한 영향력을 세상에 미치는 이들이다. 밀가루 반죽 속의 누룩처럼 세상에 조용한 혁명을 일으키는 것이다(마 13:33).

♦
내가 속한 가정, 직장, 교회, 지역에서 선한 영향력을 발휘하라.

Day 04

안전지대는 있다

"네가 어찌 그를 누이라 하여 내가 그를 데려다가 아내를 삼게 하였느냐 네 아내가 여기 있으니 이제 데려가라 하고"(창 12:19)

우리는 종종 안전하게 여겼던 곳이 위험한 현장으로 바뀌는 것을 보곤 한다. 아브라함이 그랬다. 약속의 땅 가나안에 기근이 들자 그는 애굽으로 이주한다. 그곳이 더 안전하리라 여겼기 때문이다. 하지만 그곳에서 더 큰 위험에 봉착하고 만다. 애굽의 바로가 그의 아내 사래를 아내 삼으려고 데려간 것이다. 사래의 미모 때문에 자신이 위험해질까봐 두려웠던 그가 아내를 누이라고 속인 것이 화근이었다. 얕은꾀로 자기 안전을 도모했지만 헛수고였다.

다행히도 하나님께서 직접 바로에게 경고하신다. 그러자 바로는 두려워하며 급히 사래를 돌려보낸다. 아브람이 제 스스로 안전지대를 찾아봤지만 어디에도 안전지대는 없었다. 오직 하나님만이 그와 함께 하시며 그의 안전지대가 되어 주셨다. 세상에 안전지대는 없다. 그러나 있다! 곧 우리 주 예수 그리스도 안에 있는 것이다(시 4:8).

◆ 불안과 두려움이 있다면 지금 주 안에 있지 않다는 증거다. 주님께 가까이 나아가라.

Day 05

기다려라

"사울은 사무엘이 정한 기한대로 이레 동안을 기다렸으나 사무엘이 길갈로 오지 아니하매 백성이 사울에게서 흩어지는지라 사울이 이르되 번제와 화목제물을 이리로 가져오라 하여 번제를 드렸더니"(삼상 13:8~9)

우리는 기다림에 약하다. 기다릴 줄 모른다. 성급하고, 조급하다. 속도의 시대, 세상은 빠르게 변하고 누구나 앞질러 달리려 하는데 누가 기다림을 배우고 싶어할까? 그러나 기다림 없이는 아무것도 이루어질 수 없다. 기다려야 자란다. 기다려야 성숙해진다. 기다려야 견고해진다. 기다려야 열매 맺는다. 기다려야 완전해진다. 기다려야 그 날이 오고, 기다려야 주님이 오신다. 사울은 기다릴 줄 몰랐다. 조급함에 스스로 제사 드리다가 버림받았다. 기다려라! 그것은 우리를 온전하게 만드는 하나님의 양육 과정이요, 대화 방식이다(약 1:4).

◆

내 안의 조급함을 버리고 하나님의 뜻과 인도하심을 기다리라.

Day 06

사람이 그립다

"젊은 시절에는 사랑하기 위해 살고, 나이가 들어서는 살기 위해 사랑한다."(볼테르)

기술의 발전이 이루어지며 점점 더 우리의 일상은 비대면화 되어간다. 굳이 서로 만나지 않아도 일과를 처리할 수 있고, 서로 부대끼지 않아도 일상생활에 큰 지장이 없다. 참 편리한 시대다. 당연히 타인을 향한 이해, 배려, 협력 등을 익히기가 어려워진다. 배타적인 인간관계를 맺기가 쉬워진다. 나만 괜찮으면 다 괜찮다는 생각도 자라기 쉽다.

그러나 그럴수록 사람의 빈자리는 더욱 커진다. 사람이 그립다. 새 일을 시작하고 두려워 떨고 있을 때 "아니야, 넌 잘할 수 있어"하고 손뼉 치며 응원해줄 한 사람이 그립다. 인생의 고개턱을 못 넘어 주저앉아 있을 때 달빛처럼 다가와 어깨를 도닥이며 "힘내, 내가 기도하고 있어"라고 말해 줄 한 사람이 그립다. 나를 사랑하고 격려하는 사람, 내가 사랑하고 응원하고 싶은 사람, 그 한 사람이 그립다(롬 12:10).

♦

오늘 나의 일상을 스치는 모든 사람을 응원하고 격려하라.

Day 07

가정이라는 정원

은퇴한 후 어머니를 모시며 산다. 각자의 인생을 수십 년 살다가 함께하기에, 처음에는 어려움이 많았다. 그래도 서로 참고 노력하고 기도하여 요즘은 어머니께서 그런대로 편안해하신다. 아내도 "부모를 공경하라"라는 말씀대로 힘을 다해 섬겨주어 그저 고마울 따름이다.

가끔 집에 어머니와 단둘이 있을 때가 있다. 그러면 내 곁에 오셔서 슬그머니 며느리에 대해 불평을 하신다. 한두 번 들어드렸더니 강도가 점점 세진다. 무례를 무릅쓰고 말씀드렸다. "어머니, 여기가 세상에서 제일 좋은 곳이에요. 며느리가 세상에서 제일 좋은 사람이에요. 우리 감사하고 살아요." 그리고 꼭 안아드리며 한 마디 덧붙였다. "어머니, 우리 사는 동안 행복하게 살아요. 제가 더 잘 섬길게요." 그 후 어머니는 불평을 그만두셨다.

가정은 마치 정원과 같다. 불평, 불만, 원망의 잡초를 내버려 두면 금세 잡초로 뒤덮여 황폐해진다. 가정이라는 정원은 날마다 그리스도의 사랑과 감사, 기도의 지혜로 가꾸어야 한다(엡 5:15).

♦
가정의 잡초를 그냥 내버려 두지 않았는가? 어떻게 제거할 것인지 하나님께 지혜를 구하라.

Day 08

아버지 묘소 앞에서

내 아버지는 이천 호국원에 잠들어 계신다. 사십 넘어 부르심을 받아 목회자가 되셨고, 교회를 개척하여 나만의 부르심의 길을 당당하게 걸으셨던 행복했던 사나이, 故 김보현 목사님을 추모한다.

아버지는 참 크리스천이셨다. 부활을 소망할 뿐만 아니라 날마다 부활의 삶을 사셨다. 삶이 심히 고달픈 중에도 하루하루 감사로, 사랑으로 충실하게 살아내신 것이다. 아버지는 임종의 시간이 가까워져 올수록 환한 얼굴로 세 마디만 하셨다. "미안하다. 고맙다. 사랑한다." 아, 아버지의 반이라도 살아낼 수 있다면.

"우리 주 예수 그리스도로 말미암아 우리에게 승리를 주시는 하나님께 감사하노니"(고전 15:57)

♦

부모님과 주변 어른들의 믿음과 건강을 위해서 기도하라.

Day 09

하나님을 하나님으로

"경찰에서 신사참배 갔다 오지 않으면 집회를 중지시키겠다고 하여 많이 기도하는 중에 불가불 신사 망하라고 기도하자며 몇 신자를 따라 올라가 기도하였으나 나는 처녀가 강간을 당한 후에 눈물 흘려 애통하는 마음으로 돌아왔다. 그러나 집회를 못하고 감옥에 들어가더라도 신앙의 정조를 굳게 지켰더라면 주님은 더욱 기뻐하셨을 것이다. 나는 믿음으로 한다고 할지라도 남의 인도자로서 좀 더 강하지 못한 것을 항상 가슴 아프게 생각한다."(이성봉)

그리스도인은 시대를 분별할 수 있어야 한다. 그래야 세상의 불신앙적 세파에도 타협하지 않고 거룩하게 살 수 있다. 한 믿음의 선진의 고백은 타협이 우리의 신앙에 상처와 흉터를 남긴다는 사실을 보여준다. 타협하지 않아야 후회 없는 삶을 살 수 있다.

오늘날 기술의 발전은 노화와 죽음을 극복하고 인간을 신처럼 만드는 '호모 데우스'의 시대를 열고 있다. 신을 부정하고 인간을 절대화하는 위기의 때인 것이다. 이러한 때 타협 없이 하나님을 하나님으로 인정하고, 오직 그분의 뜻에 복종하는 사람이 필요하다. 그가 바로 참 그리스도인이다(수 24:14).

하나님을 하나님으로 인정하고, 오직 하나님의 뜻에 따르기로 결단하고 기도하라.

Day 10

어느 길로 갈 것인가

인생의 중요한 진로를 앞두고, 혹은 어려운 문제가 있을 때 우리는 하나님께 답을 알려달라고 기도한다. 그러나 대부분 어떤 응답도 받지 못하고 어찌할 바를 몰라 불안해하고 답답해한다. 왜 응답하지 않으시는 것일까? 아니다. 하나님께서는 이미 응답하셨다. 일상에서 우리가 어떻게 살아야 하는지 성경, 설교, 그리스도를 통하여 다 말씀하신 것이다. "먼저 그의 나라와 의를 구하라. 내가 거룩하니 너희도 거룩하라. 내가 너희를 사랑한 것 같이 서로 사랑하라. 항상 기뻐하고 쉬지 말고 기도하고 범사에 감사하라. 선을 행하며 고난을 받아라."

중요한 것은 바로 내가 그 뜻에 순종하고 있느냐이다. 이미 말씀하신 것도 따르지 못하면서 어떻게 새로운 말씀을 기대할 수 있겠는가. 이미 알려주신 주의 뜻에 순종하라. 그러면 내가 알지 못했던 것까지도 가르쳐주시고 인도하실 것이다.

"너는 범사에 그를 인정하라 그리하면 네 길을 지도하시리라"(잠 3:6)

♦

그동안 듣고 배워 이미 알고 있는 주의 뜻에 먼저 순종하며 지혜를 구하라.

Day 11 부활 신앙이 삶으로

"그들이 서로 말하되 길에서 우리에게 말씀하시고 우리에게 성경을 풀어 주실 때에 우리 속에서 마음이 뜨겁지 아니하더냐 하고"(눅 24:32)

영국 시인 로버트 브라우닝은 어려운 일을 당해 죽음을 생각하다가 부활절을 앞둔 어느 아침 문득 깨달음을 얻고는 이렇게 노래했다고 한다. "한 해는 봄으로 시작한다./ 하루는 아침으로부터/ 아침은 7시부터/ 언덕의 이슬은 진주처럼 빛나고/ 종달새는 하늘을 날고/ 달팽이는 가시나무 위를 기어가네/ 주님은 살아계시니/ 오늘도 세상 모든 일은 잘되리라." 어떻게 죽음까지 생각했던 사람이 이런 노래를 부를 수 있게 된 것일까? 그것은 엠마오로 가던 두 제자처럼, 부활 주님을 만나 마음이 뜨거워졌기 때문이다.

부활 주님을 만난 사람은 삶이 변한다. 상황이 어떠할지라도 속상하지 않고 평안하게 산다. 불평하지 않고 감사하며 산다. 거짓되지 않고 충실하게 산다. 게으르지 않고 사명으로 산다. 낙심하지 않고 기뻐하며 산다. 부활 주님께서 지금도 살아 역사하심을 느끼니 모든 것이 환희의 노래가 되는 것이다.

♦

믿음의 눈이 뜨여 부활하신 주님을 보고 뜨거운 가슴으로 살아가길 간구하라.

Day 12

거룩한 전쟁

지금은 포스트모더니즘 시대다. 기존의 진리와 기준을 인정하지 않고, 각자의 소견에 옳은 대로 자유롭게 행동하는 것이 이 시대 조류이다. 이런 자유의 추구가 인간다움이요, 새로운 창조성이요, 행복한 삶이라 여긴다. 정말 그런가?

"디아볼루스는 말을 이어갔다. 지금 여러분에게 주어진 법과 관습은 이번에 여러분이 누렸던 낙원보다 더 큰 평안과 만족을 안겨줍니다. 여러분의 자유 또한 내 덕분에 비할 수 없이 커졌습니다. 기억하십시오. 나는 노예로 살던 여러분을 발견했지만, 따로 여러분을 제약하지도 결박하지도 않았습니다. 나도 여러분의 어떤 행동에 대해서도 죄를 묻지 않습니다. 물론 저 미치광이는 예외입니다. 난 여러분이 나를 제어하지 않듯 여러분을 최대한 제어하지 않으며, 각자 자신의 땅에서 왕자처럼 살도록 해주었습니다."(존 번연)

오늘도 마귀는 거짓 자유로 사람들을 유혹한다. 그러나 믿음이 없는 자유는 죄와 사망을 가져올 뿐이다. 깨어라. 믿음의 전신갑주를 입고 마귀의 거짓에 맞서 승리하라(엡 6:11).

♦

마귀의 유혹에 넘어가지 않도록 믿음의 전신갑주로 무장하라.

Day 13 좋은 성도 되게 하소서

동네에 내가 자주 가는 목욕탕이 있다. 며칠에 한 번씩 가니 직원들도 내가 목사인 줄 알고 "목사님 오셨어요"라며 인사를 건넨다. 벌거벗은 몸으로 목사라 불리는 것이 여간 부담스럽지 않을 수 없다.

하루는 사우나에 들어가는데 한 중년 남자가 따라 들어왔다. 주변에서 소리를 들었는지 대뜸 나에게 목사냐고 물었다. 그렇다고 하자 다짜고짜 한국 교회와 목사들을 비난하기 시작했다. 가뜩이나 뜨거운 곳에 앉았는데 낯이 뜨거워 견딜 수가 없었다. 나는 용서를 구했다. "죄송합니다. 좋은 목사 되겠습니다." "목사가 다 똑같지 별수 있나요?" 할 수 없이 더 조심스레 말했다. "정말 미안합니다. 세상의 희망이 되도록 노력하겠습니다." 그리고는 그 자리를 피했다.

처음에는 무례한 그의 행동이 거슬렸지만 생각하면 생각할수록 우리 믿는 자들의 책임이, 아니 내 책임이 크다는 생각이 든다. "주여, 저를 불쌍히 여기소서. 정말 제대로 믿겠습니다. 세상의 희망이, 소금과 빛이 되게 하소서."(마 5:14)

♦
이제 세상의 희망이 되는 좋은 성도, 좋은 사역자로 살아갈 것을 다짐하라.

Day 14 그리스도인의 선택

"네 앞에 온 땅이 있지 아니하냐 나를 떠나가라 네가 좌하면 나는 우하고 네가 우하면 나는 좌하리라"(창 13:9)

인생은 선택이다. 눈을 떠서 감을 때까지 매 순간 선택의 연속이다. 그 선택에 따라 행불행이 결정된다. 아브람과 그의 조카 롯은 중요한 선택을 앞두고 있었다. 늘어난 재산으로 인해 더는 함께 살 수 없게 된 것이다. 아브람은 연장자임에도 조카에게 먼저 선택권을 준다. 그러자 롯은 거절 한 번 하지 않고 제 잇속을 차린다. 보기에 좋은 땅 소돔을 선택한 것이다. 두 사람은 평화적으로 헤어진다. 그러자 하나님께서 아브람을 찾아와 축복해 주신다.

평소 나는 중요한 선택을 앞두고 다섯 가지를 검토한다. 하나, 거룩함을 유지하는 일인가(살전 4:3)? 둘, 선한 양심에 거리끼지 않는 일인가(벧전 3:16)? 셋, 신앙 성장에 도움이 되는 일인가(히 5:14)? 넷, 선교적으로 유익한 일인가(요 6:39~40)? 다섯, 성령께서 인도하신다는 확증이 있는가(엡 5:17~18)? 이 다섯 가지에 저촉되지 않는다면 무엇이든지 믿음으로 행하라. 하나님께서 동행하시며 복을 주실 것이다.

◆

오늘 나의 선택들을 점검하고 하나님이 함께 하시길 기도하라.

Day 15

시대의 참 스승을 바라며

오산중학교에 다니던 시절, 스승의 날에 함석헌 선생님이 방문해 연설하신 적이 있다. 긴 수염에 흰 두루마기를 두르고 단에 오른 선생님은 연설 중에 시대의 참 스승이라며 남강 이승훈을 소개하셨다. 당시 학교 본관 로비에는 액자가 하나 있었는데 거기에 남강 선생의 유언 전문이 적혀있었다. 그 내용이 다 기억나진 않지만 아직도 내 가슴에 남아있는 한 문장이 있다. "내 유해는 땅에 묻지 말고 생리학 표본을 만들어 내 사랑하는 학생들을 위해 쓰게 하라." 후에 나도 누군가의 스승이 되고 보니 그는 진정한 민족의 사부였다는 생각이 든다.

부끄럽게도 오늘 이 땅에 스승이 없다고들 한다. 아니다. 이제 내가 참 스승이 되어보자. 지식뿐 아니라 지혜를 가르치는 진짜 교사가 되자. 인생뿐 아니라 진리의 길을 가는 진짜 선생이 되자. 가르칠 뿐 아니라 나는 십자가에 죽고 그는 살려내는 진짜 사부가 되자.

"내가 그리스도를 본받는 자가 된 것 같이 너희는 나를 본받는 자가 되라"(고전 11:1)

◆

나를 오늘 여기까지 이끌어주신 스승들께 안부하고 감사하라.

Day 16 영적 감정을 분별하라

"겸허로 가장한 영적 교만은 교활할 수 있으나 다음과 같은 두 가지 표시를 통해 구별할 수 있다. 첫째, 교만한 사람은 영적인 면에서 다른 사람보다 자신을 더 높이 평가한다. 둘째, 진짜로 겸손한 사람은 자기 자신을 자랑스럽게 생각하지만, 교만한 자는 자신의 겸손함을 굉장히 높이 산다."(조나단 에드워즈)

우리는 종종 자신을 믿음이 좋은 사람이라고 생각한다. 물론 내 믿음에 자긍심은 있어야 한다. 그러나 그것으로 남과 비교하거나 나만 잘났다고 착각해서는 안 된다. 자기를 자랑하고 잘난 척하는 사람을 보면 기분이 상하는가? 그는 교만하고 나는 겸손하다는 생각이 드는가? 그렇다면 조심하라. 나의 겸손 역시 가장된 교만일 수 있다. 늘 깨어있어라. 항상 자신을 살펴라. 결코 안심하지 말라. 나는 연약한 인간일 뿐이다(히 10:22).

♦

누구를 판단하기보다 나 자신을 살펴 겸손한 크리스천으로 살라.

Day 17 패배냐 승리냐

"소돔에 거주하는 아브람의 조카 롯도 사로잡고 그 재물까지 노략하여 갔더라"(창 14:12)

바울은 사람이 무엇을 심든지 그대로 거둔다고 했다(갈 6:7). 인생은 심은 대로 거둔다. 롯은 자신이 심은 대로 거두었다. 그는 선택을 앞두고 이기적이었다. 삼촌 아브람에게 양보하는 어떤 형식적인 말도 하지 않았다. 선택의 기준도 세속적이었다. 하나님의 뜻과 신앙 환경을 고려하기보다는 눈으로 보기에 좋은 것을 택했다. 단지 물질적 풍요와 안락만 생각한 것이다. 그런데 그가 택한 물질적 풍요 안에는 세상의 악한 세력이 난마처럼 얽혀있었다(창 14:8~9). 사람은 연약해서 악한 세상을 혼자 힘으로 대적할 수 없다. 결국 그가 보여주는 것처럼 다 빼앗기고 지배당하게 된다.

그러나 아브람은 달랐다. 그는 하나님을 선택했다. 하나님께 기도했다. 사로잡힌 롯과 부녀와 친척, 그리고 재물을 찾아왔다(창 14:16). 도저히 이길 수 없는 싸움이었으나 대승리를 거두었다. 있을 수 없는 이 넉넉한 승리가 오늘도 주의 뜻을 선택하고, 믿음으로 사는 자에게 일어나고 있다.

♦ 눈에 보이는 것을 좇기보다는 하나님의 뜻을 따라 사는 사람이 되기로 다짐하라.

Day 18 민족 복음화의 꿈

"어머니처럼 하나밖에 없는 내 조국/ 어디를 찔러도 내 몸같이 아픈 조국/ 이 민족 마음마다 가정마다 교회마다 사회의 구석구석/ 금수강산 자연환경에도 하나님의 나라가 임하게 하시고/ 뜻이 하늘에서처럼 이 땅에 이루어지게 하옵소서/ 이 땅에 태어나는 어린이마다/ 어머니의 신앙의 탯줄 기도의 젖줄 말씀의 핏줄에서 자라게 하시고/ 집집마다 이 집의 주인은 예수님이라고 고백하는 민족/ (중략) 여호와로 자기 하나님으로 삼고 예수 그리스도를 주로 삼으며/ 신구약 성경을 신앙과 행위의 표준으로 삼는 민족/ 예수의식과 민족의식이 하나 된 지상 최초의 민족/ 그리하여 수십만의 젊은이들이/ 예수의 꿈을 꾸고 인류 구원의 환상을 보며/ 한 손에는 복음을 다른 한 손에는 사랑을 들고/ 지구촌 구석구석 누비는 거룩한 민족이 되게 하옵소서!"(김준곤)

우리의 신앙이 너무 '나'에게 매몰되어 있지 않은가? 하나님은 모든 사람을 자녀 삼기 원하신다. 내 민족, 내 나라를 위해서 우리가 꿈을 꾸어야 할 이유가 여기에 있다(롬 9:3).

♦
민족을 위해, 나라를 위해, 세상을 위해 드리는 나의 기도문을 적어보라.

Day 19 매일이 고생의 축제일 수 있다면

"두 달 동안 나는 계속 항암치료를 받았고, 그 후유증으로 손톱 한 개와 발톱 두 개가 빠졌다. (중략) 몸은 고통스러웠으나 열정은 전에 없이 불타올라 두 달 동안 줄곧 하루하루가 '고통의 축제'였다."(최인호)

작가 최인호는 생전에 항암치료를 받으면서도 열정적으로 글을 쓰며 고통의 축제라는 표현을 즐겨 썼다. 사랑하는 작품을 위해 애쓰고 수고하니 몸은 고생스러워도 행복하다는 의미일 것이다.
며칠 전 주방에서 와장창 소리가 들렸다. 깜짝 놀라 달려갔더니, 아내가 설거지를 하다가 손에 힘이 없어 그릇을 떨어뜨렸다고 한다. 그간 고생만 시킨 것 같아 맘이 참 안쓰러웠다. 그런데 다음 날 아침 놀랄 일이 일어났다. 아내가 큰 딸 집에 간다며 배낭 가득 짐을 짊어지고, 또 양손에 짐을 바리바리 싸서 들고 집을 나서는 것이다. 왜 그 고생을 하느냐 핀잔했더니 이런 말을 한다. "내가 고생해서 애들이 행복하다면 고생이 아니라 기쁨이지요." 집을 나서는 아내를 보며 생각한다. 저것이 바로 고생의 축제라는 것이구나(딤전 4:4).

◆
오늘 내가 누려야 할 고생의 축제는 무엇인지 생각하고 기쁘게 누려라.

Day 20

하나님의 부요를 누리는 은혜

"네 말이 내가 아브람으로 치부하게 하였다 할까 하여 네게 속한 것은 실 한 오라기나 들메끈 한 가닥도 내가 가지지 아니하리라"(창 14:23)

국가 간 전쟁에 휘말려 조카 롯이 포로가 되자 아브람은 물불 안 가리고 뛰어들어 적들을 파하고 그를 구해낸다. 그러자 소돔 왕은 자기 대신 승리해준 아브람에게 고마워하며 전리품을 제안한다. 포로 되었던 사람들은 자신에게 돌려주고, 재물은 다 가져도 좋다는 것이다. 전쟁의 승리자로서 아브람은 모든 것을 가질 수도 있었다. 그러나 그 어느 것도 취하지 않는다. "소돔 왕 덕분에 아브라함이 부유해졌다"는 말을 듣지 않기 위해서였다.

아브람은 인생의 부요가 오직 하나님께 달려있음을 알았다. 만약 이런 하나님의 은혜를 오늘 내 삶에서도 누리기 원한다면 네 가지 원리를 기억하자. 하나, 하나님의 부요하심을 믿어라(빌 4:19). 둘, 부지런히 일하라(롬 12:11). 셋, 가능한 많이 나누라(고후 9:7~8). 넷, 항상 하나님께 영광을 돌려라(벧전 4:11). 그러면 주께서 구하는 모든 것에 더 넘치도록 책임지실 것이다.

♦

하나님의 부요를 설명하는 네 개의 성구를 묵상하고, 그것을 누리며 살라.

Day 21

사랑은 억압하지 않는다

"인간이 스스로 교만, 정욕, 연약함, 비천함, 불의로 가득 차 있다는 것을 모른다면, 그는 진실로 눈먼 자다. 또한 누군가 이 모든 것을 알면서도 구원을 바라지 않는다면, 그에게 뭐라고 말할 수 있을 것인가? 또한 이렇게 인간의 결함을 잘 알고 있는 기독교에 경외심을 느끼지 않을 수 있을까? 인간이 그토록 갈망하는 구원을 약속하는 기독교 외에 무엇을 더 바라겠는가?"(블레즈 파스칼)

하나님께서는 인간 구원의 길을 미리 다 마련해 놓으셨다. 그러나 전능하신 하나님께서도 그 무지하고 교만한 인간 자체를 어찌하지는 못하신다. 하나님의 사랑은 억압하지 않는다. 폭풍같이 달려가서도 정작 그 앞에서는 가슴 졸이며 기다리신다. 그가 구원의 빛으로 나오기를 설렘과 안타까움으로 기다리신다(계 3:20).

♦

오늘 하나님께서 누구를 기다리고 계시는가. 그를 향해 하나님의 사랑을 전해보라.

Day 22

하나님이 하시네

나는 오랫동안 '패스브레이킹' 사역을 해왔다. 작은 교회, 개척 교회 목회자 부부들을 섬기고 훈련하는 사역이다. 이번에도 목회자 부부 30가정을 초청하여 작은 행사를 하려는데 생각만큼 재정이 충분하지 않았다. 그래서 이를 놓고 기도하던 중 한 통의 전화가 걸려왔다. 지금으로부터 40년 전, 내가 대학생 시절에 농촌에 전도하러 갔다가 만난 청년이 이제는 할매 권사가 되어 전화한 것이다. "늘 목사님 소식을 접하고 있었어요. 개척 교회 섬기시는 것을 보고, 나도 언젠가 동참해야지 하는 마음이 있었어요. 적은 금액이지만 선교비로 보내고 싶어요."

아, 이 일을 위해 40년 전부터 준비하신 하나님을 나는 찬양할 수밖에 없었다. 이렇게 하나님께서 나를 자상하게 돌보시고, 섬세하게 이끌어 가신다는 사실에 깜짝 놀랄 때마다 터져 나오는 말이 있다. "어, 되네!" "어, 하나님이 하시네(엡 3:20)!"

♦

날마다 내 삶에 역사하시는 하나님께 감사하고, 주변에 도움이 필요한 사람들을 섬겨라.

Day 23

교회 밖에는 없다

"그 얼마나 아름답고 즐거운가! 형제자매가 어울려서 함께 사는 모습! 헤르몬의 이슬이 시온 산에 내림과 같구나. 주님께서 그곳에서 복을 약속하셨으니, 그 복은 곧 영생이다."(시 133:1, 3 새번역)

각자도생의 시대다. 나 사는 게 어려워 누구를 돕기가 쉽지 않다. 사회 갈등은 만연하고, 혐오와 증오가 즐비하다. 이 시대, 우리는 어디서 사랑을 찾을 수 있는가. 어디서 영혼을 위로받고 힘을 얻겠는가. 바로 교회이다. 그리스도의 사랑 안에서 서로 허물을 덮어주고, 약함을 보살피고, 부족한 것을 나누고, 진심으로 응원하고, 함께 동역하고, 죽음까지도 함께하는 공동체는 교회 말고 세상 어디에도 없다. 교회 밖에는 답이 없다.

♦

하나님께서 내게 주신 교회 공동체를 소중히 여기고 믿음의 동료들을 위해 기도하라.

Day 24

스스로를 내어 맡기는 기도

샤를 드 푸코는 기도와 삶으로 복음을 전한 사막의 성자다. 그는 '가난과 멸시받음'의 소명을 받고, 사하라 사막에서 이를 실천하다 순교 당한다. 그의 수첩 첫 페이지에는 이런 좌우명이 적혀 있었다. "오늘 순교할 각오로 살아가겠습니다." 그는 어떤 상황에서도 근심하거나 탄식하지 않고 온전히 하나님을 의지하고자 했다(시 62:5). 그의 진실한 고백을 들어보라.

"아버지,/ 이 몸을 당신께 바치오니/ 좋으실 대로 하십시오./ 저를 어떻게 하시든 감사드릴 뿐,/ 저는 무엇에나 준비되어 있고/ 무엇이나 받아들이겠습니다./ 오직 당신 뜻이 제 안에서,/ 당신이 창조하신 모든 피조물 안에서/ 이루어지게 하십시오.// 제 영혼을/ 당신 손에 되돌려 드립니다./ 당신을 사랑하기에/ 마음과 사랑을 다해 제 영혼을 바칩니다./ 하나님은 제 아버지시기에 끝없이 믿으며/ 남김없이 이 몸을 드리고/ 당신 손에 맡기는 것이/ 어쩔 수 없는 저의 사랑입니다. 아멘."

♦

진실하고 겸손한 마음으로 위 기도를 반복해서 고백하며 나의 기도로 삼으라.

Day 25

미련한 십자가의 도전

교회를 개척한지 얼마 되지 않은 한 목회자 부부를 만나 이야기를 들었다. 그야말로 눈물로, 가슴으로 들을 수밖에 없었다. 모두가 힘들다는 이 때, 그것도 언택트 시대에 교회를 개척하고 잃어버린 한 영혼을 찾아 나선다는 것은 실로 어리석고 무모한 일임에 틀림이 없다. 그럼에도 그들은 모든 것이 은혜였음을 고백한다. "다 하나님께서 행하셨습니다. 쉽지 않았지만, 그만큼 더 행복했습니다. 앞으로 하나님께서 행하실 일이 기대됩니다." 놀라운 신앙고백이었다. 마치 갈보리 언덕의 십자가 밑에서 백부장이 했던 그 날의 고백 같았다.

혹자는 묻는다. 교회가 이미 넘쳐나는데 왜 또 교회를 개척하냐고. 그때마다 나는 대답한다. 교회 개척은 그 시대의 영혼 구원과 하나님 나라 세움을 위한 미련한 십자가의 도전이라고(고전 1:18).

♦

주변의 개척 교회 목회자들을 위해 기도하고, 응원하라.

Day 26
은혜로 주어지는 믿음

"아브람이 여호와를 믿으니 여호와께서 이를 그의 의로 여기시고"(창 15:6)

아브람도 사람이었다. 믿음으로 고향을 떠났고, 전쟁도 넉넉히 승리했던 그였지만 막상 자녀가 생기질 않자 근심하고 걱정한다. 하나님께서는 그런 아브라함이 믿음을 갖도록 세심히 돌보셨다. "하늘을 우러러 뭇별을 셀 수 있나 보라 네 자손이 이와 같으리라" 아브람은 그 약속을 믿었고, 하나님께서는 이를 의로 여기셨다(롬 4:3, 갈 3:6).

이처럼 인간은 스스로 하나님을 믿을 수 없다. 오래전부터 하나님께서 이런저런 은혜를 베푸셔서, 그 은혜 덕분에 오늘 우리는 믿게 되었다. 곧 기록된 하나님의 말씀 성경, 그 말씀의 성취인 예수 십자가, 세상 끝날까지 함께하시는 보혜사 성령을 우리에게 주신 것이다. 이 은혜를 받아들이고, 이 은혜로 사는 것이 믿음이다. 은혜 없이는 믿음도 없다.

♦

내가 믿음을 갖기까지 하나님께서 내게 베푸신 은혜들을 생각하고 감사하라.

Day 27

제자 아닌 이들의 엄청난 손해

"비제자도 인해 우리가 치러야 하는 대가는 지속적인 평안과, 사랑으로 가득한 삶, 매사를 하나님 나라로 바라보는 믿음, 절망적인 상황에서 쓰러지지 않는 소망, 거룩히 행하는 능력, 악을 대적하는 힘, 이 모든 것이다. 한 마디로, 예수님이 주시는 풍성한 삶(요 10:10)을 잃는 것이다."(달라스 윌라드)

한때 한국 교회에 제자도 열풍이 분 적 있다. 대체 그 제자들이 다 어디로 갔기에 지금 교회는 이리도 세상의 손가락질을 받는 것일까? 무엇이 원인일까? 아마도 제자화를 기독교의 본질에서부터 이해하지 않고 교회 성장의 수단으로 활용했기 때문일 것이다.

1세기 당시의 제자들은 두 가지 특징이 있었다. 먼저 그리스도를 위해 모든 것을 포기했다(막 10:28). 또한 그리스도 닮는 일을 필생의 과업으로 삼았다(고전 11:1). 이것이 바로 제자다. 많은 이들이 예수의 제자가 되는 일을 부담스럽게 생각한다. 그러나 그것은 죽는 길 같지만 사는 길이요, 잃는 길 같지만 얻는 길이요, 힘든 길 같지만 평안한 길이다. 이것 외에 나는 기쁨이 충만한 어떤 행복의 길도 알지 못한다.

♦
예수 제자 됨을 다시 정의하고 일평생 제자로 살아갈 것을 결단하라.

Day 28

우리만의 길을 가자

서로 다른 세상에서 살던 남녀가 만나 부부가 되고 한 평생 같이 산다는 것은 그 자체로 기적이라 아니할 수 없다(엡 5:31). 용납의 기적이요 화합의 기적이요 인내의 기적이다. 아내와 내가 부부로 살아온 지 올해로 42년째가 된다. 결코 짧지만은 않은 세월, 돌아보니 우린 그런대로 잘 살아왔다. 모든 것이 하나님의 은혜이고, 아내의 인내와 헌신 덕분이다.

60세 되던 해에 나는 아내에게 남은 세월 우리 이렇게 살자는 제안을 했다. "죽을 때까지 우리 재미있게 살자. 죽을 때까지 우리 학습하며 살자. 죽을 때까지 우리 봉사하며 살자." 아내도 흔쾌히 좋다고 답했다. 그 후로 얼마간의 시간이 흘러 요즘 우리의 삶을 돌아본다. 그 목적대로 잘 살고 있는지. 천천히, 꾸준히, 즐기면서, 죽을 때까지 우리만의 길을 걸어야겠다.

♦

반려자와 함께 죽을 때까지 이루어갈 목적을 정하고 그 길에 초대하라.

Day 29 그때가 되기까지

"네 자손은 사대 만에 이 땅으로 돌아오리니 이는 아모리 족속의 죄악이 아직 가득 차지 아니함이니라 하시더니"(창 15:16)

세상은 선과 악, 의와 불의가 공존한다. 그러나 때가 차면 악과 불의가 무너지고 선과 의로 가득한 하나님 나라가 도래할 것이다.

하나님께서는 아브람의 믿음을 의로 여기시고, 모든 믿는 자의 조상이 되게 하셨다(갈 3:7). 그리고 땅에 대한 약속을 주셨다. 그런데 그 시점이 이상하다. 4대째가 되어서야 그 땅을 차지한다고 말씀하신 것이다. 어째서 4대를 기다려야 하는 것일까? 그 땅에 살던 아모리 족속의 죄악이 아직 가득 차지 않았기 때문이다.

이를 통해 우리는 인생의 화복이 죄와 연관이 있고, 잃음과 얻음이 전적으로 하나님께 달렸음을 알 수 있다. 그때가 되기까지는 기회의 시간이다. 회개의 기회이자, 인내의 기회이자, 채움의 기회인 것이다. 하나님의 때가 차기까지 나는 무엇을 더하며 살 것인가?

♦
그때가 오기까지 오늘 내가 해야 할 일이 무엇인지 생각하고 실천하라.

Day 30

위대한 일 위대한 사람

"하나님으로부터 위대한 일을 기대하라, 하나님을 위해 위대한 일을 시도하라."

이것은 윌리엄 캐리가 1792년 영국 침례교 연합모임에서 했던 설교의 핵심 문구이다. 이때 그가 외친 위대한 일은 복음 전파, 즉 선교였다. 당시 선교에 무관심하던 교회들을 향해 주님의 위대한 명령인 선교에 나설 것을 강력히 주장한 것이다. 그는 많은 반대를 무릅쓰고 인도로 향했다. 비록 그곳에서 7년 동안 아무 성과가 없었지만 한 영혼을 구원하는 일에, 주어진 작은 일에, 날마다 자신을 부인하는 일에 충실하였다. 그러자 하나님께서 그를 현대 선교의 아버지로 사용하셨다.

마침내 모든 사명을 다하고 임종을 앞둔 윌리엄 캐리는 친구에게 이렇게 말했다고 한다. "내가 죽었을 때, 나에 대해서는 아무 말도 하지 말게. 오직 내가 만난 구주에 관해서 이야기하게." 참으로 놀라운 믿음 아닌가? 주님의 뜻에 자신을 드리는 것, 어려워도 주어진 일에 충실한 것, 날마다 자신을 부인하며 그리스도만을 높이는 것, 이것이 바로 위대함에 이르는 방법이다(마 25:21).

♦

오늘 내가 행하는 작은 일, 어려운 일이 하나님의 위대한 일이 되도록 기도하라.

Day 31

일이 잘 안 풀릴 때에

인생이 계획대로만 되면 얼마나 좋을까? 그러나 우리의 계획은 틀어지기 십상이고, 예상치 못한 문제들도 만나기 마련이다. 살다가 일이 잘 안 풀릴 때 어떻게 해야 할까?

하나, 평안을 잃지 마라(요 14:27). 일의 해결보다 마음의 평안이 우선이다. 평정심을 잃으면 남은 것도 다 잃고 말 것이다. 둘, 주의 뜻이 무엇인지 다시 생각하라(엡 5:17). 혹여 인간적인 생각이나 욕심으로 했던 것은 아닌지 성찰하는 것이다. 셋, 사람을 잃지 않도록 주의하라(롬 12:10). 언제나 일보다는 사람이 먼저다. 온유와 겸손, 배려와 양보로 다음을 기약하는 것이다. 넷, 포기할 것인지, 차선을 택할 것인지 결단하라. 결단의 타이밍을 놓치면 더 큰 피해를 보게 된다(전 3:1). 다섯, 결정했으면 믿음으로 주께 맡기고 은혜를 구하라. 세상에서 가장 복된 길은 하나님이 함께 하시는 것이다(시 73:28). 이렇게 신앙적 태도를 견지할 때 무슨 일이든 순적하게 진행되는 은혜를 경험하게 될 것이다(롬 8:28).

♦
그동안 일이 잘 안 풀릴 때 어떻게 했는지 돌아보고 신앙적 태도를 유지하기로 다짐하라.

좋은 땅 좋은 씨앗 162×112cm | mixed media | 2020 | 정두옥

June

6월 Day 01

좋은 땅 좋은 씨앗

"예수님께서 씨 뿌리는 비유를 통해 좋은 밭이라야 삼십 배 육십 배 백 배의 결실을 맺을 수 있음을 말씀하신 것에 착안하여 다양한 조각의 밭들이 모여 풍성한 천국을 비유한 작품이다."(정두옥)

열매를 많이 맺으려면 땅이 좋아야 한다. 좋은 땅은 좋은 마음이다. 좋은 마음에 좋은 씨앗 그리스도가 심어지면 성령의 단비가 내려 인생의 밭에 생명으로 가득한 신선한 초장이 펼쳐진다. 이 좋은 땅이 함께 모여 교회를 이루어 아름답고 풍성한 결실을 많이 맺으니 그 행사가 다 형통하게 되는 것이다.

"주께서 밭고랑에 물을 넉넉히 대사 그 이랑을 평평하게 하시며 또 단비로 부드럽게 하시고 그 싹에 복을 주시나이다 초장은 양 떼로 옷 입었고 골짜기는 곡식으로 덮였으매 그들이 다 즐거이 외치고 또 노래하나이다"(시 65:10, 13)

─── 회개를 통해 내 마음을 좋은 땅으로 기경하고 예수 그리스도의 말씀을 심으라.

Day 02

하나님의 도성

"나는 인류를 두 부분으로 나누어, 사람의 생각대로 사는 사람들과 하나님의 뜻대로 사는 사람이라고 했다. 그들에게 두 도성이라는 비유적인 이름을 붙였는데, 이것은 두 사회라는 뜻이다. 그중의 한 도성은 하나님과 함께 영원히 지배하기로 예정되었고, 다른 도성은 마귀와 함께 영원한 벌을 받기로 예정되었다. (중략) 따라서 세상 도성은 자기를 자랑하며 하나님의 도성은 주를 자랑한다(고후 10:17). 세상 도성은 사람들에게서 영광 받기를 원하고, 하나님의 도성은 우리의 양심을 보시는 하나님을 최대 영광으로 돌린다(시 3:3)."(성 어거스틴)

그리스도인의 내면에는 두 도성이 있다. 죄를 따라 살고 싶어 하는 '나의 도성'과 주님 뜻을 따라 살고 싶어 하는 '하나님의 도성'이다. 두 도성은 함께 설 수 없다. 하나가 무너져야 다른 하나가 세워진다. 내가 완전히 무너져 그리스도의 뜻에 복종할 때 내 안에 천국이 임하고 이 땅에 하나님 나라가 확장된다. 끊임없이 기도하며 주의 말씀에 복종해야 무너지는 세상 속에 의와 평강과 희락의 하나님 나라가 세워지는 것이다(고후 5:1, 롬 14:17).

♦

내 안에는 어떤 도성이 서 있는지 돌아보고 하나님 나라 세우기를 시도하라.

Day 03
완전히 사랑하라

고전 영화 〈흐르는 강물처럼〉을 보았다. 주인공 노먼은 노년이 되어 자신의 지나온 인생을 회고한다. 강물처럼 흐른 인생의 고비마다 나름의 의미가 있었음을 생각하던 그는 영화 말미에 늙은 아버지를 떠올린다. 고향 동네 교회 목사였던 아버지는 수년 전 둘째 아들을 사고로 잃고 슬픔을 가슴에 품은 채 이런 설교를 했었다.

"우리는 누구나 일생에 한 번쯤은 사랑하는 사람이 불행에 처한 것을 보고 기도합니다. '기꺼이 돕고 싶습니다. 주님!' 그러나 (중략) 무엇을 도와야 할지도 모르고 때로는 그들이 원하지 않는 도움을 줍니다. 가족 간에도 마찬가지일 수 있습니다. 하지만 우리는 여전히 사랑합니다. 우리는 완전히 이해할 수는 없어도 완전히 사랑할 수는 있습니다."

우리의 한계와 바람을 이보다 잘 설명해주는 말이 있을까? 그야말로 흐르는 강물 같은 우리네 인생, 누구든 완전히 이해할 수 없다. 그러나 사랑만큼은 완전한 사랑을 구해야 한다. 더 크고 깊은 사랑을 향해 나아가는 것이다(고전 13:4~7). 내 사랑이 아닌 그리스도의 사랑으로 사랑하는 것이다.

♦
가까운 사람들을 완전히 이해할 수 없어도 완전히 사랑하게 해달라고 기도하라.

Day 04

구원의 은혜 안에

"해가 져서 어두울 때에 연기 나는 화로가 보이며 타는 횃불이 쪼갠 고기 사이로 지나더라"(창 15:17)

구원은 은혜로 받는다. 오직 은혜, 오직 믿음밖에는 다른 길이 없다. 아브람은 하나님의 구원이 자신에게 어떻게 임할 수 있는지 물었다. 그러자 하나님은 친히 구원의 예표를 보여주셨다. 쪼갠 고기 사이로 지나가시며 그와 언약을 맺으신 것이다. 이는 고대 근동에 있던 언약 체결법으로, 쌍방이 쪼갠 고기 사이를 지나며 언약을 맺고 이를 어긴 자는 이 고기처럼 죽어도 좋다고 약속하는 의식이다.

여기서 우리는 하나님이 쪼갠 고기 사이를 스스로, 홀로 지나가셨다는 사실에 주목해야 한다. 하나님은 구원에 관한 모든 책임을 스스로 지시고 신실하게 아브라함과 그 후손을 이끄셨다. 문제는 그의 후손, 우리가 그러지 못했다는 사실이다. 그러자 하나님은 독생자 예수 그리스도를 십자가 위에서 쪼개셨다. 약속을 어긴 자는 반드시 죽게 된다는 것을 보여주셨다. 그리고 연약한 우리를 위해 친히 그 십자가로 구원의 길을 여셨다. 인생이 곤고할수록 십자가 은혜 안에 거하라. 주님이 구원의 길을 여신다.

♦

십자가 은혜를 향한 감격이 날마다 내 안에 있기를 기도하라.

Day 05 시련이 문제 되지 않는 사람

"언제 우리에게 어렵지 않은 적이 있었더냐? 문제는 문제가 있다는 것보다는 우리가 성령 충만하지 못하다는 것이 문제이다."(마틴 루터)

살다 보면 예기치 못한 어려운 현실을 마주하곤 한다. 그러나 그것이 우리에게 문제는 아니다. 성령께서 우리와 함께 하시기 때문이다. 성령님은 내 삶의 문제보다 크신 분이다. 그분께서 그 문제를 마주할 평안과 해결할 지혜와 뚫고 갈 사명을 주신다. 그러니 문제가 문제가 아니라 성령 충만치 못한 것이 문제다.

무엇보다 성령 충만을 구하라. 아무리 현실이 어렵다 해도 성령으로 충만하면 된다. 시련에도 흔들리지 않고 평안할 수 있다면, 문제를 바르게 분별하는 비범한 지혜가 있다면, 죽음도 마다하지 않는 불변의 사명이 있다면 오늘의 어떤 시련도 능히 이겨낼 수 있는 것이다.

"이 말씀을 하시고 그들을 향하사 숨을 내쉬며 이르시되 성령을 받으라"(요 20:22)

♦

오늘의 문제에 사로잡히지 말고 그것을 능히 감당할 성령의 능력을 구하라.

Day 06

힘이 되는 친구

친한 후배에게서 너무 가슴 아픈, 그러나 희망적인 이야기를 들었다. 그는 어릴 적 부모에게 버려져 극심한 반항심, 절망감 속에 살았다고 한다. 청년 시절 하루는 죽음을 생각하며 울고 있는데 한 친구가 조용히 찾아와 어깨를 툭 치며 그에게 말했다. "야, 인마! 왜 기죽어 사냐? 내가 있잖아."

신비하게도 그 후로 그는 죽음의 수렁에서 벗어났다. 다시는 죽음을 떠올리지 않았다. 친구의 말 한마디가 그를 살린 것이다. 어둠의 골짜기를 헤맬 때마다 "야 인마, 내가 있잖아"라는 친구의 한 마디가 다시 그를 건져내어 선하고 복된 길로 이끌어주었다. 나는 이런 친구가 있는가? 이런 친구가 되어 주고 있는가?

"사람이 친구를 위하여 자기 목숨을 버리면 이보다 더 큰 사랑이 없나니"(요 15:13)

◆
친구에게 그동안의 고마움을 표현하고, 나도 누군가에게 힘이 되어보라.

Day 07 나를 돌보시는 하나님

"하갈이 자기에게 이르신 여호와의 이름을 나를 살피시는 하나님이라 하였으니"(창 16:13)

손대면 손댈수록 일이 더 꼬이고, 잘못되는 경우가 있다. 아브람에게 있어서 후손의 문제가 그랬다. 아이를 낳지 못하던 사래는 여종 하갈을 통해 자식을 얻으려 했다. 그런데 막상 하갈이 아브라함의 아이를 잉태하자 문제가 복잡해졌다. 하갈이 사래를 멸시한 것이다. 사래는 아브람을 원망했고, 그의 묵인 아래 하갈을 학대했다. 견디다 못한 하갈은 광야로 도주했다. 가정이 풍비박산 난 것이다.

이렇듯 인간이 망쳐놓은 관계 속으로 하나님께서 들어오신다. 불쌍한 하갈을 돌보시고 살 길을 열어주신다. 그래서 하갈은 자신을 찾아오신 여호와의 이름을 '엘 로이', 곧 살피시는 하나님이라고 불렀다. 하나님께서는 하갈뿐만 아니라 사래와 아브람도 다시 회복시켜 주셨다.

손댈수록 일이 더 꼬이고 잘못되어 갈 때는 더 이상 내가 무엇을 하려고 하지 말자. 그저 끊임없이 주의 자비를 구하자. 우리의 망가진 모든 것을 고치시는 하나님의 손길이 찾아올 것이다(벧전 5:7).

♦
내 인생에 잘못된 관계, 문제가 있다면 고쳐주시는 하나님께 은혜를 구하라.

Day 08 참된 경건

"참된 경건은 하나님을 아버지로 사랑하며 주로서 두려워하고 경외할 뿐 아니라, 그분의 의로움을 받아들이고 그분을 거역하는 것을 죽음보다 더 무서워하는 신실함이다. 이같은 경건을 가진 자는 (중략) 하나님에 대한 지식을 찾으며 하나님이 자신을 보여주고 선언하는 모습 그대로를 받아들인다."(장 칼뱅)

기독교의 경건은 어떤 종교적 행위가 아니라 하나님을 사랑하는 마음에서 출발한다. 이 경건은 세 가지가 연합하여 나타난다. 먼저 하나님을 사랑하고 경외하는 예배이다. 예배를 통해 하나님을 높이고 나 자신을 바로 알게 된다. 다음은 그 예배로 인한 거룩한 변화이다. 하나님께 받은 은혜와 바른 지식으로 나의 성품과 삶이 성화(聖化)하는 것이다. 그리고 이웃을 향한 은밀한 봉사이다. 내 안에 충만한 사랑을 겸허히 세상에 나누는 것이다(약 1:27).

♦

형식적인 종교 행위를 하지말고, 하나님을 사랑하는 마음으로 경건을 향해 나아가라.

Day 09

더욱 힘써라

구순의 어머니가 칠순 다 된 아들에게 늘 하시는 말씀이 있다. "너무 힘들게 하지 마라. 이제 쉬엄쉬엄해라." 아직도 아들을 챙겨주시는 마음이 못내 고마우면서도, 한편으론 다른 생각이 든다. "어머니 힘들지 않고 되는 일은 없어요. 힘들어야 건강하고 힘들어야 행복해요."

일주일에 서너 번 운동하려고 헬스장에 간다. 규칙적으로 시간을 내어 운동하는 일이 쉽지 않다. 몸이 무거워 쉬고 싶은 날도 있다. 그래도 억지로 가서 운동한다. 특히 근력운동은 규칙적으로 힘을 들여야 한다. 힘들 때까지 해야 근육이 생긴다. 근육이 생기면 체력이 좋아지고 자신감도 생긴다. 힘써 운동한 후 샤워하면 절로 탄성이 나온다. "아, 시원하다! 좋다!"

이처럼 좋은 것은 그냥 주어지지 않는다. 힘써야 한다. 교회에 모이기 힘써야 한다(히 10:25). 경건도 힘써 훈련해야 한다(딤전 4:8). 전도도 힘써 행해야 한다(딤후 4:2). 하나 됨도 힘써 지켜야 한다(엡 4:3). 신적 성품도 힘써 가꾸어야 한다(벧후 1:5~7). 우리에겐 힘써야 할 일이 참 많다. 예수님도 힘쓰고 애써 간절히 기도하지 않으셨던가(눅 22:44).

♦

내가 힘써야 할 것이 무엇인지 점검하고, 더욱 힘써 좋은 것을 하도록 기도하라.

Day 10

온전한 존재로

"나는 전능한 하나님이라 너는 내 앞에서 행하여 완전하라"(창 17:1)

누구나 행복하고 성공하기를 원한다. 그러나 성숙한 인품이 따르지 않는 행복과 성공은 곧 변질되어 자신과 이웃을 불행하게 만들기 쉽다.
아브람은 이미 99세였다. 75세에 하나님께 부름 받아 열국의 아비가 될 것이라는 약속을 얻었지만 24년이 지나도록 약속된 자녀를 얻지 못했다. 사람의 눈에는 답답해보여도 하나님은 그 시간을 통해 아브람을 하나님 사람으로 빚어 가셨다. 그리고 이제 직설적으로 명령하신다. "너는 내 앞에서 완전하라." 여기서 완전으로 번역된 단어 '타밈'은 하나님과 같은 완전이라기보다 완성을 향해 나아가는 온전함에 가깝다. 바로 하나님의 뜻과 성품을 갖춘 사람이 되라는 것이다.
분명 성공하고 행복한 삶을 사는 것도 중요하다. 그러나 우리에게는 더 우선적인 것이 있다. 바로 주의 뜻과 성품을 나타내는 온전한 사람이 되는 것이다.

♦

나는 성공한 삶이나 행복한 삶보다 온전한 삶을 구하고 있는지 돌아보라.

Day 11

하나님이 찾으시는 사람

"하나님의 계획은 사람을 세우는 데 있다. 무엇보다도 사람을 훨씬 원하신다. 사람은 하나님이 쓰시는 기구다. 교회는 더 나은 방법을 찾지만, 하나님께서는 더 나은 사람을 찾고 계신다. (중략) 성령이 쓰실 수 있는 사람-기도에 능한 사람, 기도의 사람을 필요로 한다. 성령은 방법을 통해서 흘러나오지 않고 사람을 통해서 역사하신다. 성령은 기계문명 위에 임하지 않고 사람 위에 임한다. 성령은 계획에 부어지지 않고 사람에, 기도하는 사람에 부어진다."(E. M. 바운즈)

적절한 위치, 쾌적한 예배당, 첨단 방송 장비, 넓은 주차장, 각종 편의 시설까지 현대 교회는 많은 것이 필요하다고 한다. 그러나 이런 것은 다 곁가지에 불과하다. 정말 필요한 것은 따로 있다. 그것은 사람, 그것도 기도하는 사람이다. 하나님께서는 오늘도 기도하는 사람을 찾으신다. 기도하는 사람을 통해 일하신다. 기도가 교회의 능력이요 방법이다(막 9:29).

◆
나는 방법이 먼저인가, 기도가 먼저인가? 방법을 찾기 전에 먼저 주님께 구하라.

Day 12

불안이 덮칠 때

살다 보면 주의 음성이 안 들려 길을 잃을 때가 있다. 불안, 근심, 두려움으로 막막하여 어디로 가야 할지 무엇을 해야 할지 모를 때도 있다. 이럴 때는 서두르지 않아야 한다. 조급하면 쉬운 일도 어려워진다. 서두르면 될 일도 실패하고 만다.

길을 모르면 일단 기다려라. 내 안에 평안이 임할 때까지 기도하라. 평안해야 실수하지 않는다. 그래도 불안, 근심, 두려움이 떠나지 않거든 십자가를 바라보라. 십자가를 계속 묵상하고, 생각의 중심에 두라. 십자가에서 들려오는 주의 음성에 귀 기울여보라.

"자기 아들을 아끼지 아니하시고 우리 모든 사람을 위하여 내주신 이가 어찌 그 아들과 함께 모든 것을 우리에게 주시지 아니하겠느냐"(롬 8:32)

♦

불안하거나 초조할 때 나를 위해 십자가에서 모든 것을 내어주신 주님을 생각하라.

Day 13 선택과 성령 충만

"그러므로 어리석은 자가 되지 말고 오직 주의 뜻이 무엇인가 이해하라 술 취하지 말라 이는 방탕한 것이니 오직 성령으로 충만함을 받으라"(엡 5:17~18)

그리스도인은 성령으로 산다. 성령으로 아니하고는 예수를 그리스도로 믿을 수 없고, 하나님 자녀로 살아갈 수도 없다(고전 12:3). 성령 충만은 성령의 온전한 지배를 받는 것이다. 특히 일상에서 무언가 선택해야 할 때마다 주의 영의 인도를 받는 것, 그것이 성령 충만이다.

성령은 무엇으로 우리를 인도하시는가? 하나, 말씀의 감화이다. 베드로가 주의 말씀을 떠올리며 회개했던 것처럼 오늘 나에게 주시는 말씀으로 인도하신다(마 26:75). 둘, 특별한 사인이다. 바울이 환상을 보고 유럽 선교를 선택했던 것처럼 오늘 나에게 주시는 꿈, 환상, 음성, 환경, 사람 등으로 인도하신다(행 16:6~10). 셋, 평안과 용기이다. 상황과 형편은 여의치 못해도 내 맘에 평안과 용기를 주셔서 능히 할 수 있도록 인도하신다(롬 15:13). 그러니 성령 충만을 받아라. 이 세상 가장 좋은 것은 하나님과 함께 하는 것이다.

♦
이제 성령을 사모하고 성령으로 충만하여 주님의 인도를 받겠다고 결단하라.

Day 14

참 목자를 위한 기도

"우리는 그리스도에게서 아이들을 위탁받아 양육하는 유모입니다. 우리가 음식을 먹지 않으면 아이들도 야위고 굶주림에 시달리겠지요. 우리가 사랑을 키우지 않으면 양들도 사랑에 인색해질 것입니다. 우리가 거룩한 두려움으로 자신을 성찰하지 않으면 설교에 고스란히 드러날 것입니다. 나아가 상한 음식, 잘못된 사상이나 헛된 변론을 취한다면 말씀을 듣는 사람들은 더욱 잘못된 길로 빠져들 것입니다. (중략) 자신의 마음을 돌아보십시오. 탐욕과 욕정과 세상 염려를 버리십시오. 믿음과 사랑과 열정의 생활을 하십시오. 본연의 사명을 기억하여 하나님 일에 힘을 쏟으십시오. 우리의 마음이 그대로 회중에게 전달되어 그들도 동일한 은사를 경험하고 성령의 생기를 가득 머금게 될 것입니다."(리처드 백스터)

지상의 교회는 천상의 교회를 향해 나아가는 불완전한 공동체다. 당연히 이런저런 불신앙의 문제가 불거져 나온다. 그 문제에 직간접적으로 관련된 이가 있으니 바로 목회자다. 교회의 문제는 곧 목회자의 문제다. 우리의 목자들을 위해 기도하자. 참 목자가 되게 하자(갈 6:6).

♦
내가 속한 교회의 목회자와 리더들을 귀히 여기고, 참 목자가 되도록 중보하라.

Day 15

주여 듣겠나이다

어떤 일을 하게 될 때 우리는 잘 될 것인가, 전망이 있는가, 성공할 것인가를 먼저 고려한다. 그리고 이를 판단하기 위해 사람들에게 묻거나 책을 뒤적이거나 인터넷을 검색한다. 그러다 작은 어려움이라도 만나면 어찌할 바를 몰라 염려하고 두려워한다. 왜 모든 것을 아시는 하나님께 묻지 않는가? 하나님께로부터 오는 지혜를 구하지 않는가? 하나님께 묻고, 하나님께 귀 기울이고, 하나님과 함께 동행하는 삶에는 자신감이 깃든다. 어려움이 있어도 정면으로 돌파할 수 있다. 설혹 넘어질지라도 이것이 더 큰 복이 될 것이란 소망도 생긴다.

"내 양은 내 음성을 들으며 나는 그들을 알며 그들은 나를 따르느니라"(요 10:27)

◆
무엇을 하기 전 항상 하나님의 음성에 귀 기울이도록 자신을 훈련하라.

Day 16 내 입에 파수꾼을 세우소서

"우리가 다 실수가 많으니 만일 말에 실수가 없는 자라면 곧 온전한 사람이라 능히 온 몸도 굴레 씌우리라"(약 3:2)

누구나 한 번쯤 말을 하고 후회했던 적이 있을 것이다. 말을 어떻게 하는가, 이것이 그의 인격이요 신앙 수준이다. 할 수 있는 대로 말을 적게 하는 것이 지혜이다. 말이 많으면 많을수록 실수할 가능성은 높아지고, 내 속내와 인품의 바닥도 드러나기 쉽다.

그러므로 누군가와 대화할 때 항상 세 가지 문을 통과했는지 생각하라. 첫째 진실한 말인가? 둘째 유익한 말인가? 셋째 온유한 말인가? 이 세 가지 문만 통과하면 말로 인해 후회할 일은 없을 것이며, 도리어 말로 남을 세우고 살리는 존귀한 사람이 될 수 있을 것이다.

"여호와여 내 입에 파수꾼을 세우시고 내 입술의 문을 지키소서"(시 141:3)

◆

누군가에게 말하기 전에 반드시 먼저 세 가지 문을 통과하라.

Day 17

거룩하게 살라

"거룩함은 영성과 도덕성이란 두 개의 기둥에 놓인 아치와 같아서, 두 기둥 중 어느 하나가 가라앉으면 반드시 무너지게 되어 있다."(제임스 패커)

크리스천은 세상에 살면서도(in the world), 세상에 속하지 않은(not in the world) 자들이다. 그들은 하나님께서 세상에서 불러낸(out of the world) 거룩한 자들인 동시에 이 땅에 하나님 나라를 세우기 위해 다시 세상 속으로 보냄 받은(into the world) 사명자들이다. 그러므로 언제 어디서나 거룩하게 살아야 한다. 우리가 거룩해야 하나님의 영광이 세상에 드러나고, 당하지 않아도 되는 화를 피할 수 있고, 불가피한 박해를 능히 이길 수 있기 때문이다(마 10:16).

♦
세상에서 구별된 존재로서 거룩하게, 세상에 보냄 받은 자로서 거룩하게 오늘을 살라.

Day 18

무효가 되지 않는 봉사

우리는 주의 일을 한다면서 내 뜻, 내 방식, 내 힘으로 하는 때가 자주 있다. 이는 겉으로 보기엔 하나님 일일지라도 사실상 사람의 일이기에 그 모든 수고와 봉사는 하나님 앞에 무효다. 그뿐만이 아니다. 기도 없는 봉사도 무효다. 형제 사랑 없는 봉사도 무효다. 불평 원망하는 봉사도 무효다. 내 고집만 부리는 봉사도 무효다. 무례하게 행하는 봉사도 무효다. 내가 드러나는 봉사도 무효다. 십자가 없는 봉사도 무효다. 주의 일을 진정으로 한다는 것, 그것은 나를 비우고 사랑과 온유, 겸손과 기도로 하나님과 함께 일하는 것이다(딤후 2:15).

♦

내가 하는 봉사, 내가 드리는 섬김이 무효가 되고 있지 않은지 점검해보라.

Day 19 인내하는 믿음으로

"이에 아브라함이 하나님이 자기에게 말씀하신 대로 이 날에 그 아들 이스마엘과 집에서 태어난 모든 자와 돈으로 산 모든 자 곧 아브라함의 집 사람 중 모든 남자를 데려다가 그 포피를 베었으니"(창 17:23)

우리가 어려워하는 것 중 하나가 인내다. 아브람은 인내의 사람이었다. 그는 99살이 되어서야 하나님께 아브라함이라는 새 이름을 받는다. 그리고 내년 이맘때 대를 이을 아들을 낳을 것이라는 말씀도 듣는다. 처음 아브라함을 부르신 때로부터 24년이 지난 후에, 히브리서의 표현대로 거의 죽은 몸과 같이 되었을 때 하나님 은혜가 임한 것이다.

아브라함은 그저 하나님의 약속을 믿고 기다릴 뿐이다. 그는 믿음의 표시로 하나님께서 명하신 할례를 행한다. 당시 사회에서 아무 대비 없이 집안 모든 남자를 할례하는 것은 위험한 일이었다. 그러나 그는 믿음으로 기꺼이 순종한다. 이처럼 아브라함은 인내하는 믿음과 온전한 순종으로 약속의 열매를 성취한다.

♦
내게도 아브라함과 같이 인내하는 믿음, 온전한 순종이 있게 해달라고 구하라.

Day 20

기도를 위한 마음 자세

"기도는 구하는 것으로 시작하는 것이 아니고, 고요한 마음의 준비에서 시작된다. 누구든 하나님의 임재 속으로 바로 들어갈 수 없다. '개인의 경건'이라는 교회에는 반드시 질서정연하게 정돈된 마음의 현관을 통해서 들어가야 한다. 그것은 우리 마음의 촛점을 하나님께 맞출 때 가장 쉽게 얻어지는 평온이다. (중략) 그 다음의 단계는 믿음의 행위이다. 그리스도께서 내 안에 계시고, 나와 함께 하신다는 믿음으로 주님을 고백하고 찬양하면서 내 마음의 생각을 아뢰면 된다."(조지 버트릭)

기도는 언제나 고요한 마음이 선행되어야 한다. 그렇다고 어떤 특별한 준비를 하거나 기도 때마다 골방에 들어가라는 것은 아니다. 기도해야 한다는 생각이 들 때, 그저 "오 하나님 아버지여!" "오 키리에 엘레이손!" "오 파라클레토스 성령이시여!" "오 예수 그리스도시여!"라고 부르면 마음이 고요해진다. 기도를 준비하는 가장 훌륭한 자세는 바로 지금, 그 자리에서 주의 이름을 부르는 것이다(시 9:10).

♦
바로 지금, 그 자리에서 주의 이름을 부르며 찬양과 감사로 하나님께 나아가라.

Day 21 오직 예수 더욱 믿음

"믿음의 주요 또 온전하게 하시는 이인 예수를 바라보자"(히 12:2)

어둡고 혼란스러운 세상을 살아가는 우리에게 성경은 '오직 예수'를 바라보라고 말씀한다. '더욱 믿음'으로 살라고 말씀한다(롬 1:17). 그렇다면 어떻게 해야 오직 예수, 더욱 믿음으로 살 수 있을까? 예수 그리스도의 십자가로 구원받고 날마다 주님과 친밀히 동행하며 마음은 평온하게, 생각은 순전하게, 말은 온화하게, 행동은 진실하게, 일은 부지런하게, 생활은 단순하게, 관계는 너그럽게, 재물은 가치있게, 선택은 지혜롭게, 범사에 감사하며, 이 모든 것에 사랑으로 사는 것이다. 이는 오직 예수, 더욱 믿음으로 살아가는 이에게 반드시 나타나야 할 복된 열매들이다. 세상과는 클래스가 다른 삶이다.

♦

날마다 오직 예수, 더욱 믿음으로 살아갈 것을 다짐하라.

Day 22

누구를 만나든

"아브라함이 또 가축 떼 있는 곳으로 달려가서 기름지고 좋은 송아지를 잡아 하인에게 주니 그가 급히 요리한지라"(창 18:7)

히브리서는 말씀한다. "손님 대접하기를 잊지 말라 이로써 부지중에 천사들을 대접한 이들이 있었느니라"(히 13:2) 이것은 아브라함을 염두에 둔 것으로 그를 온전한 섬김의 한 모델로 제시한 것이다. 그의 섬김이 어땠기에 이런 칭송을 받은 것일까? 그는 섬김을 위해 준비되어 있었다(창 18:2). 그는 신분과 관계없이 겸손하게 대했다(창 18:3). 그는 상대방의 형편을 헤아려 배려했다(창 18:4~5). 그는 최상의 것으로 환대했다(창 18:6~8). 한마디로 그의 섬김은 예배드리는 것과 같았다. 그가 예배하듯 남을 섬겼기에 부지중에 큰 은혜를 입은 것이다.

오늘 만나는 이웃은 하나님께서 내게 보내신 손님이다. 오늘 주변의 작은 자를 돌보는 것은 하나님께로 더 가까이 나아가는 관문이다. 누구를 만나든 예배하듯 대하자.

♦ 누구를 만나든 예배하는 것처럼 온유와 겸손과 충실과 애정을 다해 섬겨라.

Day 23

일이 아니라 관계를

"오늘을 사는 크리스쳔들은 삶을 단순화해야 합니다. 흔히 '성공하기 위해서 많은 일을 하고 많은 책을 읽으라'고 말합니다. 그러나 나는 거꾸로 이야기하고 싶습니다. 책을 지금보다 적게 읽으십시오. 더 적은 일을 하십시오. (중략) 크리스쳔의 삶은 내가 하나님을 위해 행한 많은 일들로 이뤄지는 것이 아닙니다. 크리스쳔의 삶은 하나님께서 나를 위해 행하신 일들로 채워집니다."(유진 피터슨)

역설적이게도 기독교 최대의 적은 '사역'이다. 마귀는 우리에게 하나님을 위하여 더 큰 일, 더 많은 일, 더 위대한 일을 하라고 부추긴다. 그러나 하나님께서는 우리를 '관계'로 부르셨다. 하나님을 위해 많은 일을 하기보다 하나님이 진정 어떤 분인지 알기를 원하신다. 하나님께서 우리를 자녀 삼아주셨다. 성령을 통해 우리와 친밀히 사귀길 원하신다. 그러니 하나님을 위해 무언가를 하기 전에 잠시 생각하라. 침묵과 고독, 진지한 사랑의 관계를 통해서만 비로소 하나님의 뜻을 알게 되고 하나님의 일이 이루어진다(눅 5:16).

♦
일과 중에 한적한 곳을 찾아 주의 뜻이 무엇인지 묵상하고 기도하라.

Day 24

어느 평온한 하루

요즘처럼 문제 많고, 걱정 많은 현실 속에서 평온한 하루를 보낸다는 것은 큰 은혜가 아닐 수 없다. 평소 즐겨 외우던 영시를 읊조려본다. "주의 사랑 너를 감싸고/ 주의 빛 너를 인도하며/ 주의 평화 너에게 가득할 것이다/ 주의 기쁨 너를 감격하게 하고/ 주의 임재 항상 너와 함께 할 것이다"(데이비드 애덤) 어린 시절, 엄마 무릎을 베고 누우면 그저 든든하고 아늑했던 것처럼 내 안에 계시는 주님으로 인해 깊은 평온함이 느껴지는 하루였다.

"실로 내가 내 영혼으로 고요하고 평온하게 하기를 젖 뗀 아이가 그의 어머니 품에 있음 같게 하였나니 내 영혼이 젖 뗀 아이와 같도다"(시 131:2)

◆

주님께서 나와 함께 하심을 믿고 상황이 어떠하든 평온한 하루를 보내라.

Day 25

그리스도로 그것을 행하였는가

"그 때에 내가 그들에게 밝히 말하되 내가 너희를 도무지 알지 못하니 불법을 행하는 자들아 내게서 떠나가라 하리라"(마 7:23)

그리스도인에게 무엇을 얼마나 했느냐보다 중요한 것은 그것을 주님의 뜻대로 했느냐이다. 만약 주의 뜻대로 하지 않았다면 아무리 양육하고, 봉사하고, 전도하고, 기도하고, 예배했어도 그것은 주님과 전혀 상관없는 일이 되고 만다. 도리어 주님께서는 그에게 이렇게 말씀하실 것이다. "내가 너를 도무지 알지 못하겠다."

◆

오늘 내가 하는 수고는 주님과 상관있는 것인지 깊게 살펴보라.

Day 26 영적 훈련과 성장의 길

"우리가 훈련의 길을 걸어갈 때 하나님의 축복이 우리에게 임하고 우리는 하나님의 아들 예수 그리스도의 형상으로 재창조된다. 그러나 우리는 그 길이 변화를 주는 것은 아니라는 사실을 항상 기억해야 한다. 그 길은 우리를 변화가 발생할 수 있는 곳에 데려다 놓을 뿐이다. 훈련으로 은혜를 받는다는 말이 여기에서 성립된다."(리처드 포스터)

영적 훈련 없이는 성숙한 그리스도의 제자가 될 수 없다(엡 4:13). 영적 훈련이란 단순히 종교적 의무를 잘 하도록 가르치는 것이 아니다. 그 목적은 오직 한 가지, 하나님과 온전한 관계를 맺고 친밀하게 교제하도록 이끄는 것이다.

영적 훈련은 은혜와 함께 가야 한다. 그렇지 않으면 언제든 교만과 율법주의(형식주의)에 빠질 수 있다. 그렇다고 은혜만 강조해서도 안 된다. 훈련 없는 제자는 성장하지 않기 때문이다. 그러므로 영적 훈련의 원리는 이렇게 정리된다. "은혜에서 훈련으로, 훈련에서 은혜로!"

◆
어떤 영적 훈련을 하고 있는가? 하나님과 친밀해지는 쉬지 않는 기도부터 시작하라.

Day 27

내 인생 가장 잘한 일

　세상에 완벽한 사람은 없다. 누구의 인생이든 잘한 일이 있으면 못한 일이 있고, 성공한 일이 있으면 실패한 일이 있기 마련이다. 그렇다면 내 인생 가장 잘한 일은 무엇인가?
　나에게도 몇 가지 떠오르는 일이 있다. 한 여인과 결혼한 것, 무일푼으로 유학길에 오른 것, 적기에 한국에 돌아온 것, 서초교회를 개척한 것, 패스브레이킹 사역을 시작한 것, 저술 활동을 하는 것, 가족 수련회를 하고 있는 것, 한섬공동체를 섬기게 된 것 등이다.
　그런데 더 깊이 묵상해보니 이 모든 것이 하나로 연결되어 있었다. 즉 예수님을 믿어 누리게 된 은혜들이었던 것이다. 예수님을 믿었기에 그 만남이 있었고, 그 결단이 있었고, 그 성취가 있었고, 그 능력과 지혜로 행할 수 있었다. 내 인생 가장 잘한 일, 그것은 예수님을 믿은 것이다(딤전 1:14).

♦
내 인생에 가장 잘한 일이 무엇인지 생각해보고 그것을 자랑하라.

Day 28

거룩함을 위해 선택받은 자

"내가 그로 그 자식과 권속에게 명하여 여호와의 도를 지켜 의와 공도를 행하게 하려고 그를 택하였나니"(창 18:19)

우리는 우연히 이 땅에 던져진 존재가 아니다. 분명한 목적을 위해 보냄 받은 존재이다. 하나님께서 아브라함을 택하고 가나안으로 보내신 이유는 여호와의 도를 지켜 행하게 하기 위함이었다. 즉 거룩함의 모델로 부르신 것이다.

거룩이란 무엇인가? 거룩은 '생명'이다. 죄에 오염되면 병들고 죽는다. 살고 싶으면 거룩해야 한다(행 3:19). 또 거룩은 '능력'이다. 죄로 더럽혀지면 쓰임 받지 못하고 버려진다. 거룩해야 존중받고, 능력을 발휘하게 되고, 끝까지 쓰임 받는다(엡 4:24). 거룩은 '통로'이다. 거룩한 자만이 하나님께 나아가 친밀함을 나누며 날마다 주의 신비한 은혜와 충만에 거하게 된다(히 12:14). 성도는 이 거룩을 위해 선택받은 자이다. 성도가 거룩함을 잃는 순간 모든 것을 잃는다.

◆

성도로서 거룩하게 살고 있는지 돌아보고 다시 새롭게 시작하라.

Day 29 순전한 헌신

"오, 더 거룩해지고 싶다. 오, 내 영혼 가운데 하나님을 더 많이 느끼고 싶다. 오, 즐겁고도 괴로운 이 마음이여, 이 마음이 하나님을 더욱 사모하도록 내 영혼을 재촉한다. '깰 때에 주의 형상으로 만족하리이다'(시 17:15)라는 말씀은 곧 내 영혼의 언어다. 그러나 깨기 전에는 절대 만족할 수 없을 것이다. 결국 나는 날마다 '푯대를 향하여'(빌 3:14) 달려가야 한다. 오, 끊이지 않는 허기를 느끼며 조금도 지체하지 않고, 가나안 포도송이를 보고 활력을 얻어 하늘의 기업을 온전히 누리고 소유할 때까지 좁은 길을 따라 앞으로 달려 나가고 싶다. 하늘을 향하는 이 여정에서 늑장을 부리지 않았으면 좋겠다."(데이비드 브레이너드)

이렇게 아름답고 존귀하게 쓰임 받을 수 있다니 그저 경이롭다. 하나님을 사랑하면서도 더 하나님께 나아가고자 갈망했던 이 순전한 헌신은 도대체 어디서 나오는 것일까? 나도 더 거룩해지고 싶다. 더 많이 하나님을 느끼고 싶다. 푯대를 향해 더 달려가고 싶다.

♦
내 영혼에 하나님을 향한 갈망, 순전한 헌신이 일어나도록 성령을 구하라.

Day 30

오늘 내가 있기까지

"아브라함이 또 이르되 주는 노하지 마옵소서 내가 이번만 더 아뢰리이다 거기서 십 명을 찾으시면 어찌 하려 하시나이까 이르시되 내가 십 명으로 말미암아 멸하지 아니하리라"(창 18:32)

누군가가 나를 위해 기도하고 있다는 사실은 큰 은혜요 감사요 축복이다. 오늘 내가 있기까지, 수많은 이들의 기도가 있었다. 그 기도로 내가 살았다. 아브라함도 조카 롯을 위해 기도했다. 그의 기도는 하나님의 공의에 근거하고 있다. 간절하다. 끈질기다. 겸손하다. 정중하다. 그리고 인내한다. 이 중보기도로 롯은 하나님께 기억되고 소돔성이 멸망할 때 구원을 얻는다.

"하나님이 그 지역의 성을 멸하실 때 곧 롯이 거주하는 성을 엎으실 때에 하나님이 아브라함을 생각하사 롯을 그 엎으시는 중에서 내보내셨더라"(창 19:29)

♦
나를 위해 기도하는 분에게 감사하고, 내가 기도해야 할 사람 열 명을 정해 중보하라.

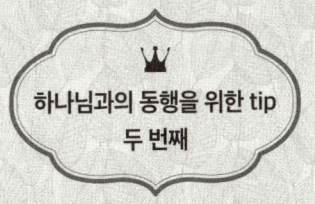

매일 말씀 묵상이 동행의 기초이다

무엇이든 기초가 부실한 것이 가장 큰 문제다. 기초가 탄탄하지 못하면 진전이 없고, 기초가 흔들리면 모든 것이 무너지기 십상이다. 하나님과의 동행 역시 기초가 든든해야 흔들리지 않고 오래 지속되며, 성숙과 완전의 단계로 나아갈 수 있다. 동행의 기초는 매일 주의 말씀을 묵상하는 것이다. 물론 정시기도의 내용인 사도신경, 십계명, 주기도도 말씀을 기초로 한 것이지만, 매일 신선한 새 말씀이 공급될 때 전인적 활력을 얻고, 믿음이 깊어지며 매일매일 새롭게 동행하는 기쁨과 능력을 누리게 된다.

[매일 말씀 묵상을 위한 세 가지 팁]

① 말씀 묵상의 목표는 예수 그리스도이다. 초점을 놓치지 말자. 자연, 일상, 고전, 성경 등 어떤 묵상이든 그리스도를 더 사랑하고 닮고자 하는 것이어야 한다(히 12:2).

② 매일의 말씀에 즐겁게 순종하자. 순종하지 않은 믿음은 죽은 믿음으로, 하나님과의 동행 역시 불가하다. 말씀에 순종하는 것이 실제적인 하나님과의 동행이다.

③ 동행 스케치를 기록하자. 하루를 돌아보며 성숙하게 되고, 동행의 흔적과 산 역사를 남기게 되어 나뿐 아니라 주변 이들과 함께 동행하는 더 큰 기쁨을 누리게 된다.

7월

Day 01

성도

"성도! 참 거룩하고 존귀한 이름! 깨지고 상한 심령, 산산조각이 나 부서진 아픈 마음들이 한 조각 한 조각 모여 아름다운 꽃병이 되고 그 속에 비로소 아름다운 꽃을 담게 된다. 전복 껍데기는 겉모습은 울퉁불퉁 못생겼지만, 그 안에는 반전의 아름다운 무지갯빛의 표면이 있다. 금이나 은과는 다른 우아하고 영롱한 빛이 신비롭고 거룩한 분위기를 자아낸다. 전복 껍데기를 망치로 부신 후 파편들을 퍼즐처럼 맞춰 꽃병의 형태가 만들어지면 그 속에 꽃을 그리기도 하고 비즈를 붙이기도 하면서 아름다운 꽃병이 만들어진다. 날개를 접어 쉬는 새처럼 꽃병은 안식을 누리고 있다. 그리고 그 안식은 내일의 비상을 충전하고 있다."(정두옥)

성도, 그는 죄로 깨어진 자이지만 그 안에 그리스도가 있기에 성도이다. 이제 그는 그리스도를 믿고, 따르고, 그분을 위해 산다. 그리스도 안에서 쉼을 누리고, 비상을 소망한다. 그는 온전히 그리스도를 닮아간다. 그래서 그 이름 성도, 거룩한 백성이다(사 62:12).

──── 비록 깨어진 자일지라도 아름다운 믿음의 꽃, 예수의 꽃을 품은 꽃병으로 살라.

July

성도 45.5×53cm | mixed media | 2017 | 정두옥

Day 02 찬양의 기도

"찬양은 '돌려주는 사랑'이다. 찬양의 기도를 통해 우리는 하나님 자신을 위하여, 하나님 바로 그 존재를 위하여, 하나님의 눈부신 기쁨을 위하여 하나님을 사랑하기 때문이다. 찬양을 통해 우리는 하나님만을 즐거워한다. 하나님께 나아가는 것 외에는 아무것도 요구하지 않는다. 모든 것을 하나님께 드리고 싶은 것 외에 아무것도 원하지 않는다. 이 기도에서 나오는 외침이 바로 거룩! 거룩! 거룩!이다."(더글러스 스티어)

모든 참된 기도에는 찬양의 요소가 있다. 찬양은 하나님을 경배하고, 존귀하게 드높이는 자발적인 열망이다. 찬양의 기도에는 감사와 찬송이라는 두 측면이 있다. 감사는 하나님께서 행하신 일(구속, 인도, 보호)에 대해 고백하고 영광을 돌리는 것이다. 찬송은 하나님 그분 자신(존재, 성품, 능력)에 대해 고백하고 영광을 돌리는 것이다. 이 감사와 찬송이 어우러질 때 하나님께 사랑을 표현하는 찬양의 기도가 되는 것이다(시 100:4). 찬양은 인간이 하나님께 드리는 친밀하고, 충만하고, 지고한 기도이다.

♦ 오늘 하루 홀로 있을 적마다 찬양의 기도를 통해 하나님께 나아가라.

Day 03

농담처럼 여겨지는 믿음

"롯이 나가서 그 딸들과 결혼할 사위들에게 말하여 이르기를 여호와께서 이 성을 멸하실 터이니 너희는 일어나 이 곳에서 떠나라 하되 그의 사위들은 농담으로 여겼더라"(창 19:14)

롯은 악한 소돔 성에서 나름대로 경건하게 살았다. 그의 집에 찾아온 손님들을 잘 대접했다. 손님들을 성폭행하려는 사람들에게 그것이 악행임을 지적하고 거절했다. 하지만 결국 그들과 타협하고 말았다. 손님들 대신 두 딸을 내어주겠다고 했다. 이는 믿음의 아버지가 절대 해서는 안 되는 일이다.

그 결과는 참혹했다. 그들에게 배척과 위협을 당했다. 가족들에게 신뢰도 잃었다. 하나님의 소돔 심판 소식을 듣고 사위들에게 전해주자 그들의 반응은 더 참담했다. "그의 사위들은 농담으로 여겼더라" 슬프고 비통한 일이다. 대체 어떻게 살았길래 그가 전해준 구원의 소식을 농담으로 여긴단 말인가. 혹시 이것이 오늘 나의 모습은 아닌가?

♦
세상과 타협하며 살았던 것을 회개하고 성령을 따라 무엇에든지 빛의 자녀로 행하라.

Day 04

거룩한 열정의 회복

이 시대 수많은 현대인이 공유하는 네 가지 특성이 있다. 바로 무관심, 무감동, 무책임, 무목적이다. 안타까운 것은 신앙인들도 이런 현상에 영향을 받아 계시록의 라오디게아교회처럼 차지도 덥지도 않은 미지근한 신앙생활을 한다는 것이다. 하지만 그런 신앙은 하나님께 인정받지 못한다. 하나님께서는 마음과 뜻, 힘을 다해 하나님을 사랑하고(신 10:12) 선한 일에 열심을 내며(딛 2:14) 신앙생활에 더욱 힘쓸 것을 요구하셨다(롬 12:11). 이 거룩한 열정을 어떻게 회복할 수 있을까?

"하나님의 영, '불'과 같은 성령으로 세례를 받는 것이다. 성령세례와 함께 성결케 하시고 구원하시는 능력을 받게 된다. 이런 하나님의 은혜가 일어나면 마음이 뜨겁게 된다(눅 24:32). 참된 신앙이 있는 곳에는 언제나 뜨거운 가슴으로 신앙 훈련을 이끄는 이들이 있다. 신앙 열정은 그냥 일어나는 것이 아니라 뜨거운 가슴에서 가슴으로 전염되는 것이다."(조나단 에드워즈)

◆ 성령으로 충만해져서 날마다 거룩한 열정을 발하며 살게 해달라고 기도하라.

Day 05

아버지 시선 안에서

하루는 집에 놀러 온 3살 손녀와 시간을 보냈다. 활달한 손녀를 집에만 두는 건 아닌 듯하여 근처 쇼핑몰을 찾았다. 아이는 여기저기 구경하며 신나게 뛰어놀면서도 늘 한 가지만은 잊지 않았다. 바로 나의 시선이다. 아이는 어디서든 할아버지의 얼굴을 확인하며 놀았다. 때로는 정신없이 놀다가 시야에서 나를 놓쳐 얼굴에 불안이 감돌다가도 이내 발견하고 다시 안심했다. 자신의 시야에서 보호자를 놓치지 않는 것, 그것이 아이의 평안이며 행복인 것이다.

쉬지 않는 기도란 바로 이런 것이다. 우리의 마음에서 하나님을 놓치지 않는 것이다. 언제나 하나님의 시선 안에 머무는 것이다. 어디에 있든 무엇을 하든 누구와 있든 하나님의 시선 안에서 하나님을 의식하며 행하는 것이다. 우리는 늘 주님을 시선에서 놓치지 않고, 그 안에 머물러야 한다. 그렇게 살 때에만 매일이 평안이요 행복이다(시 31:16).

♦

오늘 하루 하나님의 시선을 의식하며 쉬지 않는 기도를 하라.

Day 06

부끄러운 구원

"롯의 아내는 뒤를 돌아보았으므로 소금 기둥이 되었더라"(창 19:26)

하나님의 구원은 참 기쁘고 영광스러운 일이다. 사망에서 생명으로, 저주에서 행복으로 옮겨져 하나님 자녀가 되는 일이기 때문이다. 그런데 간혹 부끄러운 구원이 있다. 롯의 구원이 그랬다. 소돔이 심판받을 때 그는 두 딸과 함께 겨우 성을 빠져나왔다. 그는 사랑하는 아내와 함께하지 못했다. 그녀는 도망치는 길에 하나님 말씀을 어기고 뒤를 돌아보다 소금 기둥이 되고 말았다. 아내를 믿음으로 이끌지 못한 부끄러운 구원이다(엡 5:28~29).

더욱이 구원 이후의 삶도 부끄럽기 이를 데 없다. 산으로 피하라는 말을 듣고도 그는 두려움에 주저앉는다. 이후 거처로 삼은 동굴에서는 세상보다 더 수치스러운 일이 일어난다. 두 딸이 후손 문제를 해결하고자 그를 술 취하게 하고 동침한 것이다. 영적 무감각과 어둠의 절정이다. 분명 하나님 은혜로 롯은 구원받았다. 그러나 그 구원은 심히 부끄럽고 비참하다.

♦

나의 구원은 하나님과 세상 앞에 부끄러운 구원이 아닌지 돌아보고 회개하라.

Day 07

문제는 우리다

"우리는 그 수많은 사역을 시작하면서 가능성이 있는지 없는지, 성공할지 안 할지를 한 번도 따져 보지 않았습니다. 그저 주님께서 말씀하시면, 주님의 분명한 뜻이라고 여겨지면 그냥 순종했습니다. (중략) 열매를 맺는 지금, 이루어진 하나하나를 생각해보면서 '정말 주님이 다 하셨습니다!' 고백할 수밖에 없습니다."(홍정길)

이 세상 최고의 안전은 주 안에 있는 것이고, 최고의 성공은 주의 말씀 따라 사는 것이다. 주 안에서 그분의 음성을 따라 살면 나머지는 하나님께서 다 하신다. 이것은 어떤 특별한 사람에게만 일어나는 일이 아니다. 누구든 하나님을 사랑하고 정직한 마음으로 그 음성 듣기를 소원하면 하나님께서 다가와 평범한 일과 속에 세미한 감동으로 말씀하신다. 문제는 우리가 이를 듣지 못한다는 것, 아니 들으려 하지 않는다는 것이다 (요 8:47).

♦
하나님을 사모하며 오늘의 일과 속에 들려오는 그분의 세미한 음성에 귀 기울여보라.

Day 08

날마다 표준음에 맞추어

오케스트라 연주자들은 정확한 화음을 내기 위해 모든 악기를 표준음(C)에 맞춰 조율한다. 한번 했다고 다가 아니다. 어제 했더라도 오늘 다시 해야 한다. 그래야 소음이 아닌 아름답고 훌륭한 음악을 매번 연주할 수 있다.

이처럼 크리스천도 매일매일 하나님의 뜻에 맞춰 조율되어야 한다. 하루를 시작할 때, 무슨 일을 결정할 때, 어려운 일을 만났을 때마다 자신의 마음과 생각을 하나님께 맞추어야 그 뜻대로 살아갈 수 있는 것이다(시 143:10).

◆

매일 매번 하나님의 뜻을 묻고 그 뜻에 맞추어 자신을 조율하라.

Day 09

마음을 하나님께

"모든 지킬 만한 것 중에 더욱 네 마음을 지키라 생명의 근원이 이에서 남이니라"(잠 4:23)

TV와 신문, 인터넷상의 뉴스들을 보라. 세상은 온통 아픔, 두려움, 근심, 불신으로 가득하다. 이런 어두운 때일수록 가능한 한 세상 소음은 적게 듣고, 하나님께 귀 기울이며 집중하는 시간이 필요하다. 곧 마음의 시선을 전능하신 창조주 하나님께 두는 것이다. 가난한 마음으로 모든 시선을 하나님께 고정할 때, 내 마음이 비워져 세상을 능히 이기는 평안과 능력으로 채워지는 것이다(시 57:7).

♦

다른 모든 것을 놓쳐도 마음만큼은 하나님께 단단히 고정하기로 결단하라.

Day 10 묵상의 기본

"묵상의 정의는 세 가지 의미를 지닌다. (1) 묵상은 영혼이 조용히 물러나는 것이다. 신자는 묵상할 때 세상으로부터 잠시 물러나야 한다(마 14:23, 창 24:63). (2) 묵상은 진지하고 엄숙한 태도로 하나님을 생각하는 것이다. '하나님이여 내 마음을 정하였사오니'(시 108:1) (3) 묵상은 마음속에서 거룩한 감정이 솟아나게 하는 것이다."(토마스 왓슨)

하나님을 사랑하면 묵상하게 된다. 무엇을 보든지 순간순간 하나님을 떠올리며 하나님과 동행하는 것이다. 묵상의 기본은 '말씀'이다. 우리가 읽고, 들은 진리를 되새기는 것이다. 그럴 때 내 안에 거룩한 감정(기쁨, 감사, 슬픔, 충만 등)이 샘솟아 하나님을 더 사랑하게 되고, 주의 일을 향해 달려가게 된다. 묵상은 믿음이라는 씨앗에 물을 주는 것과 같다(시 1:2~3).

♦ 오늘부터 묵상의 삶을 위해 성경을 가까이하고, 정시기도를 생활화하라.

Day 11

주님이 계시는 식탁

유학생 시절 한동안 경건주의의 영향을 받은 독일 남부의 한 시골집에 세 들어 살았다. 집주인은 80대 노인으로 부인을 잃고 홀로 지내셨다. 그분의 일과는 늘 규칙적이고 경건했다. 종종 저녁 시간에 방문하면 혼자 식사 준비를 하고 계셨다. 메뉴는 많지 않아도 식탁은 매번 넉넉하고 정갈했다. 준비를 다 마치면 옷매무새를 가다듬고 식탁에 앉아 기도한다. 그리고 식사를 시작한다. 음식을 다 비워도 식사가 끝난 것은 아니다. 이어서 『매일기도서』를 꺼내 읽는다. 잠시 묵상한 뒤 주기도를 하며 식사를 마친다.

하루는 그분께 정성껏 식사를 준비하고 먹는 게 귀찮지 않냐고 물었다. 그분은 이렇게 대답했다. "그리스도께서 함께하시는 식탁입니다." 절로 고개가 끄덕였다. 생각해보면 매일 주님과 식탁 교제를 하던 그분은 삶 또한 남달랐다(시 25:14). 늘 검소하게 생활했고 남을 잘 섬겼고 어려운 사역자들을 후원하셨다. 이것이 바로 일상에서 주님과 교제하는 삶, 쉬지 않고 기도하는 크리스천 아니겠는가?

♦
오늘 나의 식탁에 주님께서 함께 하심을 믿는가? 언제나 무엇에나 주님과 함께 하라.

Day 12
하나님의 방법으로

"아브라함이 이르되 이 곳에서는 하나님을 두려워함이 없으니 내 아내로 말미암아 사람들이 나를 죽일까 생각하였음이요"(창 20:11)

아브라함은 애굽의 실수를 잊어버리고, 또 다시 그랄 왕 아비멜렉에게 아내를 누이라 소개한다. 실제로 사라는 그의 이복누이였으므로 틀린 말은 아니었지만, 그 동기와 과정은 옳지 못했다. 그는 비열했다. 이것이 그가 여전히 연약한 인간임을 보여준다. 하지만 의로우신 하나님께서는 자기 백성을 친히 돌보신다. 그 하나님의 은혜가 아브라함에게도 임했다. 먼저는 아브라함의 실수와 죄를 지적하시고, 그를 통해 아비멜렉의 가정도 축복하신 것이다.

하나님은 일의 결과보다 과정을 중시하신다. 어떤 큰 일을 이루는 것보다 그 과정에서 정직했는지, 충성했는지, 지혜로웠는지, 감사했는지를 자세히 살피시는 것이다. 나는 하나님의 사람인가? 그렇다면 삶의 과정에서 믿음으로 행하라.

♦
아브라함의 실수를 거울삼아 매사에 하나님의 방법대로 살아가기로 다짐하라.

Day 13 존재의 용기

"성공을 거두고 칭찬을 받아도 조만간에 죽음이 찾아와서 모든 것이 사라져 버린다는 엄연한 사실에도 불구하고, 나는 오랫동안 이것만을 보람 있는 일이라고 나 자신에게 설득해왔다. 그러나 이윽고 이것마저 기만이라는 것을 깨닫게 되었다. 예술은 인생의 장식품에 불과하고, 유혹에 지나지 않는다는 것을 분명하게 깨달았다."(레프 톨스토이)

내가 죄인인 줄 알면서도 짐짓 그 길로 가면 파멸로 치닫지만, 깨닫는 즉시 잘못을 시인하고 돌이키면 생명으로 나아갈 수 있다. 이런 참회는 아무나 할 수 있는 것이 아니다. '존재의 용기'가 있는 자만이 가능하다. 내 인생이 비천하고, 내 존재가 남루하다는 사실을 알고도 거룩하신 하나님 앞에 서는 것이다. 하나님께서는 이 존재의 용기를 보신다. 용기가 있는 자만이 긍휼을 입고 생명을 얻는다(시 32:1~2). 사느냐 죽느냐, 그것은 용기에 달려있다.

♦

존재의 용기를 가지고 하나님께 나아가 진심으로 회개하라.

Day 14
무슨 낙으로 사는가

며칠 전 누군가가 나에게 물었다. "목사님 대체 무슨 낙으로 사세요?" 돌아보니 나는 지금까지 세 가지 낙을 누리며 살아왔다. 첫째로 편안하게 책을 읽는 것이다. 둘째로 허물없는 친구와 환담하는 것이다. 셋째로 낯선 곳을 찾아 새로운 세상을 보는 것이다. 이 독서의 행복, 우정의 행복, 여행의 행복이 내 삶을 즐겁고 풍성하게 해주었다.

그러나 나에게는 세상이 이해하지 못하는 더 큰 행복이 있다. 바로 하나님 안에 머무는 것이다. 하나님 안에 있다는 것은 하나님과 친밀하게 대화한다는 것이다. 순간순간 하나님과 동행한다는 것이다. 오늘의 목적을 하나님께 둔다는 것이다. 날마다 하나님께서 명령하신 일을 한다는 것이다. 하나님 없는 독서, 우정, 여행은 허무함만 남긴다. 하나님 안에 있었기에 독서도, 우정도, 여행도, 아니 세상에서 하는 모든 일이 나의 낙이 되고 즐거운 하나님의 일 되는 것이다 (잠 10:28).

◆

나는 무엇이 인생의 낙인지 생각해보고, 무엇보다 주 안에 있는 것을 즐거움으로 삼으라.

Day 15

웃게 하시는 하나님

"사라가 이르되 하나님이 나를 웃게 하시니 듣는 자가 다 나와 함께 웃으리로다"(창 21:6)

아브라함과 사라는 하나님 때문에 웃었다. 처음에는 믿을 수 없는 약속을 하시니 어이없어 웃었고, 이제 그 약속이 이루어지니 감사하며 웃었다. 이렇듯 하나님은 우리를 웃게 하신다. 약속하신 바를 이루서서 웃게 하신다. 당면한 문제를 해결하셔서 웃게 하신다. 울부짖을 때 응답하셔서 웃게 하신다. 믿음의 길 위를 걷는 자에게는 이런 웃음이 끊이질 않는다. 그래서 예수 잘 믿는다는 것은 자주 웃는 것이다(요 15:11). 오늘 하루 밝게 웃으며 살자.

"바보들의 아버지 하나님/ 익살꾼과 웃기는 성자들의 주님/ 당신의 아들인 예수/ 이 세상의 모든 유머를/ 통달하신 예수님이/ 매일 나를 초대하여/ 자기처럼 바보로 만드시니/ 감사합니다./ 나에게 당신의 모든 유머를 주시어/ 웃게 하시니/ 감사합니다."(아빌라의 테라사)

◆ 살아계신 하나님을 생각하며 근심, 걱정, 우울함을 떨쳐버리고 환하게 웃으며 살라.

Day 16

생명에 이르는 고민

"나의 마음은 항상 당신을 향해 있지 못했습니다. 나는 연약한 인간인지라 또다시 내게 익숙한 습관을 버리지 못하고 옛사람으로 돌아갔습니다. 단지 주님에 대한 달콤한 기억만 가지고 있었을 뿐입니다. 이는 마치 맛있는 음식 냄새를 맡고 먹지는 못하는 것과 같았습니다. 나는 하나님의 은혜 가운데 살아갈 힘을 얻는 방법을 찾아 보았습니다. 하지만 하나님과 인간의 중보자 되시며 만물 위에 계셔서 세세에 찬양을 받으실 하나님의 독생자이자 '내가 곧 길이요 진리요 생명이라' 말씀하신 예수 그리스도를 영접하기 전까지는 그 힘을 얻을 수 없었습니다. (중략) 그는 우리에게 사랑의 불을 붙여주셨습니다."(성 어거스틴)

성숙한 크리스천은 고민한다. 세상 고민이 아니라 생명으로, 빛으로, 완전으로 나아가고자 하는 고민이다. 이 고민이 없다면 영혼이 죽은 것이다. 이 고민이 있어야 하나님께 더 가까이 나아갈 수 있다. 그리스도를 만날 수 있다. 은혜 가운데 살아갈 수 있다. 주님께서는 이런 자에게 사랑의 불을 붙여주신다. 그 사랑의 불이 주님을 더 열망하게 하고, 이웃을 순전히 섬기게 한다(고후 7:10).

♦
오늘 나의 고민은 무엇인지 돌아보고 하나님께 더 가까이 가기 위한 고민을 품으라.

Day 17

행복, 잘 사는 이에게 주어지는 선물

언젠가 어린 자녀들과 기업을 경영하는 분의 집을 방문한 적이 있다. 그 집에 들어서자 아이들이 연신 감탄했다. "와, 크다! 엄청 잘 산다!" 난 속으로 생각했다. "얘들아, 이건 잘 사는 게 아니고 단지 부자로 사는 거야." 그러면서 아이들에게 진정 잘 사는 것이 무엇인지 보여줄 것을 다짐했다.

잘 산다는 것은 무엇인가? 그것은 근심하지 않고 평안한 것이다. 탐욕스럽지 않고 자족하는 것이다. 매이지 않고 자유로운 것이다. 불평하지 않고 감사하는 것이다. 무지하지 않고 지혜로운 것이다. 싸우지 않고 화평한 것이다. 군림하지 않고 섬기는 것이다. 거짓되지 않고 진실한 것이다. 게으르지 않고 부지런한 것이다. 비겁하지 않고 용감한 것이다. 비교하지 않고 나만의 사명의 길을 가는 것이다. 죽음으로 끝나지 않고 영생을 사는 것이다. 놀랍게도 예수님을 믿으면 이 모든 은혜가 내 삶에 찾아온다. 이것이 진짜 잘 사는 것이다. 이렇게 잘 사는 자에게 주어지는 선물을 가리켜 행복이라 한다(신 33:29).

◆
잘 살기 위해 나에게 무엇이 부족한지 점검해보고 더 행복한 삶을 위하여 기도하라.

Day 18

진정한 복의 사람

"그가 블레셋 사람의 땅에서 여러 날을 지냈더라"(창 21:34)

하나님께서 처음 아브람을 부르셨을 때 그를 향해 "너는 복이 될지라. 땅의 모든 족속이 너로 말미암아 복을 얻을 것이라"라고 말씀하셨다. 이 말씀은 단지 아브라함 한 사람만을 위한 것이 아니다. 예수 그리스도 안에서 오늘 우리에게도 그대로 적용되고 이루어진다(롬 4:16).

아브라함이 아비멜렉에게 복이 되었듯이(창 21:22~23), 우리도 그리스도 안에서 복된 소식을 전하며 어디서나 복된 자로 산다(요 1:12). 아브라함이 아비멜렉을 책망하며 거룩하게 살았듯이(창 21:25~32), 우리도 성령과 말씀과 기도로 거룩해져 세상의 죄와 불의를 책망하며 산다(벧전 2:9). 아브라함이 블레셋 땅에 에셀나무를 심고 영원하신 하나님을 불렀듯이(창 21:33), 우리도 세상에서 하나님의 이름을 부르며 화평케 하는 자로 산다(마 5:9). 복은 저 멀리 어떤 곳에서 오는 것이 아니다. 바로 내 안에 있다.

♦

나도 아브라함처럼 복된 자로 살아가기를 다짐하라.

Day 19 사랑의 단계

"사랑의 제1단계: 자신을 위한 자기 사랑이다. 자신을 먼저 사랑하는 이기적인 육신적 사랑이다. 제2단계: 자신을 위한 하나님 사랑이다. 하나님을 위한 것이 아니라 자기의 유익을 위한 사랑이다. 제3단계: 하나님을 위한 하나님 사랑이다. 하나님의 사랑을 경험한 다음 그 사랑에 충만하여 하나님을 사랑하는 순전한 사랑이다. 제4단계: 하나님을 위한 자기 사랑이다. 하나님의 사랑에 완전히 지배되어 하나님의 사랑이 이제 나의 사랑이 된 것이다(벧전 1:22)."(성 버나드)

사람은 무엇으로 사는가? 사랑으로 산다. 하나님께서 사람의 가슴에 사랑을 심어 놓으셨기에 그 사랑으로 살아가는 것이다. 수도자 클레르보의 버나드는 이 사랑을 네 단계로 구분했다. 1단계 사랑은 본성적 자기 사랑이고, 2단계 사랑은 기복적 하나님 사랑이고, 3단계 사랑은 순전한 하나님 사랑이고, 4단계 사랑은 하나님과 하나 된 충만한 사랑이다. 내 사랑은 과연 어떤 모습을 하고 있을까? 지금 내가 어떠하든 더 사랑하며 살자. 사랑으로 살자.

♦
나의 사랑은 어느 단계에 머물고 있는지 돌아보고, 더 성숙한 사랑을 구하라.

Day 20

마음의 노래

사람마다 마음의 노래가 있다. 혼자일 때 흘러나오는 노래, 힘이 들 때 위로가 되는 노래, 일하면서 격려가 되는 노래, 좋은 일이 있을 때 환호하는 노래, 오솔길을 걸을 때 흥얼거리는 노래가 저마다 있다. 그 노래는 그의 마음이 부르는 노래이다.

하나님의 사람은 그 마음 속에 성령께서 계시기에 어떤 상황 중에도 하나님을 노래한다. 기쁠 때만 아니라 슬플 때도, 좋을 때만 아니라 힘들 때도, 잘 될 때만 아니라 안될 때도 노래한다. 노래하며 고백하고, 노래하며 사랑하고, 노래하며 위로받고, 노래하며 힘을 낸다. 지금 당신에게는 마음의 노래가 있는가? 그 노래를 부르고 있는가?

"호흡이 있는 자마다 여호와를 찬양할지어다 할렐루야"(시 150:6)

♦
지금 내 마음에 자연스럽게 떠오르는 찬양을 부르며 하나님께 나아가라.

Day 21
사랑 때문에 일어난 일

"여호와께서 이르시되 네 아들 네 사랑하는 독자 이삭을 데리고 모리아 땅으로 가서 내가 네게 일러 준 한 산 거기서 그를 번제로 드리라"(창 22:2)

하나님께서 아브라함에게 아들 이삭을 바치라고 하셨다. 이는 사랑 때문에 일어난 일이다. 아브라함이 이삭을 너무나 사랑했기에, 하나님이 아브라함을 너무나 사랑했기에 일어난 일이다. 아브라함은 사랑하는 이삭을 바칠 수도 없었고, 또 사랑하는 하나님께 이삭을 안 바칠 수도 없었다. 이 일은 사랑 때문에 일어난 일이다. 사랑하지 않았다면 일어나지 않았을 것이다.

이 사랑의 딜레마가 갈보리 언덕에서도 일어났다. 하나님께서 십자가에 죽는 것은 불가능한 일이었지만, 그것을 하지 않는 것 역시 불가능한 일이었다. 그 불가능한 일이 사랑 때문에 일어난 것이다. 도저히 일어날 수 없는 사랑, 있을 수 없는 사랑이 여호와 이레 하나님께서 준비하신 어린양으로 나타났다. 그가 바로 십자가에 달리신 예수 그리스도이시다. 이 모든 일이 사랑 때문에 일어났고, 사랑 때문에 이루어졌다(요 3:16).

♦

그 불가능한 사랑 때문에 내 삶에 어떤 일이 일어났는지 생각하고 감사하라.

Day 22

영적 도움을 위하여

"하나님의 인도하심은 어떻게 알 수 있는가? 일반적으로 하나님은 기도에 대한 응답으로써 성령의 빛을 밝게 하여 성경을 이해하고 사랑하도록 함으로써 자기 백성을 안내하고 지도합니다. (중략) 하나님의 말씀은 그들 속에 풍부히 거하면서 그들을 오류로부터 보호해주고, 그들의 발에 등이 되며 힘과 위로의 원천이 되는 것입니다."(존 뉴턴)

믿음의 길은 나 홀로 갈 수 없다. 길이 좁고 험하며 곳곳에 위험이 도사리고 있기 때문이다. 반드시 안내자가 필요하다. 우리를 믿음의 길로 인도하는 안내자는 누구인가? 바로 주의 말씀, 성경이다. 성경은 믿음의 표준이요 척도다. 매일 말씀을 읽고 묵상하고 그 안에 거하라. 말씀으로 상황을 분별하고, 그 말씀에 순종하라. 하나님의 인도하심에는 반드시 평안과 확신이 있다. 설혹 잘못된 길로 들어서더라도 주께서 교정해주신다(행 16:9). 하나님의 선하신 인도하심을 신뢰하라.

♦
오늘 여기까지 인도하신 에벤에셀 하나님께 감사하고 더욱 말씀을 가까이하라.

Day 23

오늘 행복하라

어제의 실패나 성공에 매여 오늘을 불만과 불평으로 사는 이들을 종종 본다. 또 내일의 꿈과 성취를 구하느라 오늘을 힘겹고 고통스럽게 사는 이들도 자주 본다. 그들이 놓치는 것이 있다. 바로 오늘이다. 오늘이 중요하다. 오늘 즐겁게 일해야 하고, 오늘 웃으며 이웃을 대해야 하고, 오늘 진심으로 사랑해야 하고, 오늘 정직하게 회개해야 하고, 오늘 너그럽게 용서해야 하고, 오늘 신선한 각오로 새롭게 하루를 시작해야 한다. 오늘 내 안에 계시는 그리스도와 마음으로 대화하며 충실하게 살 때 세상이 어떠하든 충만한 행복을 누리는 것이다. 이제 오늘 행복하자. 아니, 지금 행복하자.

"오직 오늘이라 일컫는 동안에 매일 피차 권면하여 너희 중에 누구든지 죄의 유혹으로 완고하게 되지 않도록 하라"(히 3:13)

♦
더 이상 어제에 매이지 말고 오늘 하루를 쉬지 않고 기도하며 충실히 살라.

Day 24

지혜부터 구하라

"지혜가 제일이니 지혜를 얻으라 네가 얻은 모든 것을 가지고 명철을 얻을지니라"(잠 4:7)

지혜는 우리가 살아가는데 없어선 안 될 중요한 은혜다. 지혜란 무엇인가? 지혜는 '분별력'이다. 일의 옳고 그름과 우선순위를 판단하는 능력이다. 지혜는 '통찰력'이다. 대상의 겉과 속 전체를 꿰뚫어 보는 능력이다. 지혜는 '예견력'이다. 앞으로 일어날 일을 미리 내다보고 대처하는 능력이다.

이런 지혜는 아무에게나 오지 않는다. 정직한 영으로, 겸손한 마음으로 하나님을 구하는 자에게만 주어지는 은사이다. 만약 어떤 일에 막혀 힘겨워하고 있다면 먼저 하나님께 지혜를 구하라. 섣불리 행동하지 말고 인내하며 지혜를 기다려라. 기다리는 동안 성실하게 살아라. 그러다가 지혜가 임하면 그때 신속하게 행하라. 그러면 지혜가 진리와 자유가 넘치는 구원으로 인도할 것이다.

♦

하나님께 지혜를 구하여 분별력, 통찰력, 예견력으로 인생에서 승리하라.

Day 25

그리스도를 본받아

"우리가 가장 힘써야 할 것은 예수님의 삶을 깊이 묵상하는 것입니다. 그리스도의 가르침은 성인들의 모든 가르침보다 뛰어납니다. 영으로 주의 말씀을 깨닫고, 삶 전체로 그리스도의 삶을 본받아야 합니다. 그것은 해박한 지식, 고상한 말이 아니라 겸손입니다. 나는 심오한 지식보다는 내 심령 안에서 회개가 일어나 실제로 낮아져서 겸손한 사람이 되고 싶습니다. 이것이 천국을 향해 나아가는 최고의 지혜입니다."
(토마스 아 켐피스)

그리스도를 따른다는 것은 그분을 본받는다는 것이다. 그리스도를 본받는 것, 그 첫 번째 덕목은 겸손이다(눅 22:27). 겸손은 회개하는 청결한 양심에서 나온다. 순간마다 내 자신이 죄인임을 고백하고, 주 없이는 살 수 없다는 간절함으로 그리스도를 바라는 것이다. 날마다 그리스도와 함께 죽는 것이다. 이 겸손이 없다면 주님을 믿을 수도, 따를 수도 없다.

♦

간절한 마음으로 겸손을 구하고 날마다 주님을 본받는 자로 살라.

Day 26 곤고한 날에는 돌아보라

어제 오후 치과에 갔다. 어금니 바로 옆의 살을 찢고 아래턱뼈에 두 개의 치아를 심었다. 1시간 반 정도의 수술도 괴로웠지만, 이후에 찾아온 불편과 통증은 더 고통스러웠다. 밤새 신음하다 날을 새고 말았다. 저절로 기도가 나왔다. "오 키리에 엘레이손." 육체의 작은 아픔 속에서, 나와는 비교할 수 없는 엄청난 고통을 당하는 이들을 생각한다(전 7:14). 문득 얼마 전 읽었던 한 시인의 고백이 떠오른다.

"남을 도울 줄 아는 사람은 인생이 무엇인지 아는 사람들이다. 남에게 베풀 줄 아는 사람은 고생을 알고 가난을 알고 삶의 고통이 무엇인지를 아는 사람이다. 자기의 아픔 때문에 눈물 흘려 본 사람은 남이 흘리는 눈물을 닦아 줄 줄도 안다. 많이 알고 많이 가진 사람이 큰 사람이 아니다. 내가 겪은 고통으로 남이 겪는 고통을 아는 사람, 내가 아파 보았기 때문에 남의 아픔을 나누어 가지려는 사람이 큰 사람이다."

♦
주변에 슬퍼하고 아파하는 이들을 생각하며 기도하고 찾아가서 위로하라.

Day 27

미리 준비하시는 하나님

"아브라함이 그 땅 이름을 여호와 이레라 하였으므로 오늘날까지 사람들이 이르기를 여호와의 산에서 준비되리라 하더라"(창 22:14)

오늘까지 내가 살아올 수 있었던 것은 다 하나님 은혜 덕분이다. 하나님께서 나를 위하여 미리 다 준비해 놓으셨기에 누린 것이다. 언제나 은혜가 먼저다. 이것을 잊지 말아야 한다.

아브라함이 이삭을 바치는 사건도 그랬다. 하나님께서 그를 위해 다 준비하셨다. 그가 영생 신앙을 갖도록 미리 준비하셨다(창 21:33). 이삭과 사흘 길을 걸으며 주의 뜻이 무엇인지 생각하도록 미리 준비하셨다(창 22:7~8). 이삭에게 절대 순종의 믿음을 갖도록 미리 준비하셨다(창 22:9). 이삭을 대신 할 숫양을 미리 준비하셨다(창 22:13). 그리고 먼 훗날 그의 후손들을 위해서 하나님의 어린양 예수 그리스도를 미리 준비하셨다(히 10:5). 아브라함은 그저 하나님을 신뢰하고 아침 일찍 일어나 번제에 쓸 나무와 불만 준비해 떠나면 되었다. 이것이 '여호와 이레'의 은혜이다. 우리는 하나님을 신뢰하며 준비하면 된다. 나머지는 다 하나님께서 하실 것이다.

♦

여호와 이레의 하나님께 감사하고, 오늘 내가 준비해야 할 나무와 불이 무엇인지 묵상하라.

Day 28

주의 음성을 듣는 법

"그리스도를 유일한 머리로 모시는 거룩한 교회는 하나님 말씀에서 태어나 그 말씀 안에 머물며 낯선 자의 음성을 듣지 않는다."(칼 바르트)

예나 지금이나 낯선 자의 음성이 우리를 유혹하고 넘어뜨리려 한다. 세상의 수많은 소리 중에서 어떻게 하나님의 음성을 분별하며 살 수 있을까? 하나님의 말씀은 세 가지로 우리에게 계시된다. 하나 기록된 하나님의 말씀인 성경이다. 둘 선포된 하나님의 말씀인 설교이다. 셋 성육신하신 하나님의 말씀인 예수 그리스도이다. 이 세 가지의 중심은 언제나 '십자가'이다. 무엇에든지 십자가 은혜로, 십자가 정신으로, 십자가 능력으로 행하는 것이 주의 음성을 듣는 방법이다(고전 1:23~24).

♦

하루하루 십자가 중심으로 살며 주님의 음성을 들으라.

Day 29

사역이 힘들고 지칠 때

성경은 예수님과 우리의 관계를 사랑하는 연인에 비유하곤 한다(아 2:10). 단순한 일꾼과 사랑하는 연인은 무엇이 다른가? 일꾼은 보상을 목적으로 일한다. 일에 대한 보상을 충분히 받지 못하면 쉽게 지치고 낙심하고 떠나버린다. 하지만 연인은 사랑 그 자체가 목적이요 보상이다. 심히 피곤하고 지쳐있어도 늦은 밤 연인을 향해 달려가는 발걸음은 가볍다. 사랑하는 이를 위해 하는 일은 고역이 아니라 언제나 기쁨이 된다. 주어진 사명에 자주 지치고 힘들고 낙심되는가? 그것은 일 때문이 아니다. 주님과의 친밀한 관계에서 오는 사랑의 기쁨을 잃어버렸기 때문이다.

"주께서 내 마음에 두신 기쁨은 그들의 곡식과 새 포도주가 풍성할 때보다 더하니이다"(시 4:7)

♦
나는 주님과 친밀한 사랑을 나누며 일하고, 사역하고, 봉사하는지 돌아보라.

Day 30

사랑하면 순종한다

"또 네 씨로 말미암아 천하 만민이 복을 받으리니 이는 네가 나의 말을 준행하였음이니라 하셨다 하니라"(창 22:18)

사랑은 순종이다. 사랑하면 기쁘게 순종한다. 그의 뜻을 다 헤아리지 못해도 기꺼이 순종한다. 아브라함이 사랑하는 독자 이삭을 바치라는 말씀에 순종한 것은, 하나님께서 자신을 더 큰 사랑으로 사랑하신다는 것을 알았기 때문이다. 유대 전승에 의하면 건장한 이삭이 결박당해 단 위에 누워 아버지를 바라보는 그 순간 칼을 들고 이삭을 내리치려는 아브라함의 눈에서 눈물이 흘러 이삭의 눈에 떨어졌다고 한다. 이삭이 순순히 묶여 번제물로 죽기까지 순종한 것도 아버지가 자신을 사랑한다는 사실을 알았기 때문이다.

이 사랑의 순종은 놀라운 축복의 강이 되어 오늘까지 흐른다. 이 순종으로 하나님의 뜻이 이루어진다. 이 순종으로 자신과 후손이 복을 받는다. 이 순종으로 천하 만민이 복을 받는다.

◆
나는 하나님을 사랑하고 그분의 말씀을 기쁨으로 순종하는지 깊이 생각하라.

Day 31

일상이 은혜요 기적이다

    이슬람권에서 30년 동안 사역한 선교사 내외의 이야기를 들었다. 남편 선교사는 언뜻 보기에 유약하고 어리숙해 보였다. 그런 그가 위험한 중동에서 큰 열매를 거두다니, 선교는 사람이 아닌 하나님께 달렸다는 사실이 새삼 느껴졌다. 그는 얼마 전 경찰에 체포되어 갖은 수모를 겪고 귀국 조치당했다.

    아내 선교사는 선교지에 홀로 남게 되었다. 처음 며칠 동안 넋 놓고 있던 그녀가 정신을 차리고 성경을 보자 하나님께서 반복해서 말씀하셨다고 한다. "두려워 말아라. 내가 너와 함께 하겠다. 이곳을 정리해라. 가진 것은 다 주민들에게 주고 떠나라." 그러면서 그녀는 "하나님께서는 기적을 보여주시기보다 일상에서 제가 해야 할 평범한 일을 말씀하신다"며 환히 웃는다. 그래서 나도 대답했다. "그래요. 평범한 일상이 은혜요 기적이지요. 일상의 순간순간을 잘 사는 것이 주의 뜻을 이루는 것이고, 성령 충만한 것입니다(눅 16:10)."

◆

주어진 하루하루, 순간순간을 주님과 함께 잘 살아내라.

날마다 새롭게 52×37cm | 혼합재료 | 2021 | 이미경

날마다 새롭게

August

8월
Day 01

"비 갠 후/ 여름날 잔디마당/ 어제 솎아낸 잡풀 자리에…/ 자고 나면 또 일어서 있습니다/ 징하게도 매일 자라납니다// 어제의 은혜가 나를 세우지 못하듯/ 오늘도 내 속에 가득한/ 징한 것들과/ 오늘의 양식으로 또 씨름 중"(이미경)

마음은 정원과 같다. 가꾸지 않으면 옛사람이 징하게 나온다. 잡초는 가만두면 파멸에 이를 때까지 자란다. 뽑는 것만으로는 부족하다. 땅을 기경하고 좋은 씨를 뿌려야 한다. 마음을 기경하는 것은 기도이다. 마음에 심어야 할 씨는 말씀이다. 꾸준히 기도하며 말씀의 씨앗을 심고 가꾼다면 마음은 향기로워지고, 삶은 풍성해질 것이다. 천천히 즐기면서 주님과 함께 마음의 정원을 가꾸자. 마음도 인생도 가꿀수록 아름다워진다(시 119:165).

─── 기도와 말씀으로 마음의 정원을 가꾸기로 결단하고 오늘부터 다시 실행하라.

Day 02

더 나은 본향을 향하여

"그 후에 아브라함이 그 아내 사라를 가나안 땅 마므레 앞 막벨라 밭 굴에 장사하였더라"(창 23:19)

인간에게는 귀소본능이 있다. 어머니를 그리워하는 마음, 고향을 찾는 마음, 천국을 소망하는 마음이 모두의 가슴 한편에 있는 것이다. 아브라함 시대에는 죽은 자를 고향에 매장하곤 했다. 하지만 그는 아내의 장례를 위해 고향으로 돌아가지 않았다. 지금 머무는 가나안이 약속의 땅이라는 믿음이 있었기 때문이다(창 13:15). 그곳에서 그는 자기가 나그네임을 인지하고 살았다(창 23:4). 이웃들과 화평하게 살았다(창 23:6). 사람 앞에 겸손하게 살았다(창 23:7). 하나님 백성으로서 정직하게 살았다(창 23:13). 히브리서는 이런 아브라함을 향해 "더 나은 본향을 사모하는 믿음"을 가졌다고 설명한다(히 11:13~16).

아브라함뿐만이 아니다. 모든 하나님의 백성은 본향을 사모하며 살아간다. 곧 하나님께서 다스리시는 천국을 향해 사는 것이다. 나는 세상을 어떻게 살아가고 있는가? 더 나은 본향을 향해 아브라함처럼 나그네로서 화평하게 겸손하게 정직하게 살아가자.

♦
이 세상을 살아가는 나그네로서 아브라함처럼 살아가고 있는지 성찰하라.

Day 03 오늘 주의 음성 듣기

"하나님을 사랑하는 마음으로 주의 음성을 듣기를 원할 때에 성령께서 우리 마음에 감동과 평안으로 세미하게 임하시며 말씀을 생각나게 하시는 등 다양한 방식으로 말씀하신다."(잔느 귀용)

그리스도인은 부르심의 길을 가는 자이다. 세상의 소리가 아니라 나를 부르시는 주님의 음성을 듣고 그 길을 따라가는 것이다. 오늘 그 음성을 듣기 위해서는 먼저 마음을 지켜야 한다. 속상하면, 복잡하면, 분주하면, 교만하면 주의 음성을 들을 수 없다(렘 13:15). 마음이 차분하게 하나님을 향해 열려 있을 때 비로소 그분의 음성도 들려온다.

◆

항상 주님의 음성에 귀를 기울이고, 마음을 지켜 주님의 뜻대로 살기를 소원하라.

Day 04

빼앗기지 않는 영원한 누림

세상의 좋은 것은 모두 세월과 함께 사라진다. 건강도, 재산도, 능력도, 직위도, 영화도 어차피 다 잃어버리게 된다. 그런데 빼앗기지 않는 방법이 있다. 내가 먼저 내어주는 것이다. 상대에게 기꺼이 먼저 주면 기쁨과 존중으로 돌아온다.

"우리가 바라던 것뿐 아니라 그들이 먼저 자신을 주께 드리고 또 하나님의 뜻을 따라 우리에게 주었도다"(고후 8:5)

♦

다 잃어버리고 사라지기 전에 먼저 나누고 내어주며 살라.

Day 05 갈수록 더 큰 은혜

"아브라함이 나이가 많아 늙었고 여호와께서 그에게 범사에 복을 주셨더라"(창 24:1)

사람들을 보면 나이 들수록 점점 더 잘 되는 사람이 있는가 하면, 반대로 점점 더 망가지고 추락하는 사람도 있다. 나는 어떤 사람인가? 아브라함은 나이 들수록 범사에 복을 받아 창대한 인생을 살았다. 어떻게 그런 삶을 살 수 있었을까? 그가 이삭의 아내를 찾는 과정을 통해 그 비결을 엿볼 수 있다.

첫째로 그는 거룩을 유지했다(창 24:4). 가나안 땅에 살면서도, 며느리감을 찾을 때도, 하나님 백성으로서 이방인과 섞이지 않고 거룩하게 살고자 노력한 것이다(고후 6:14). 둘째로 그는 믿음을 붙잡았다(창 24:6). 신부감을 찾기 위해 이삭이 고향으로 돌아가는 것을 거절한다. 하나님 백성으로서 죄로 물든 과거로 돌아가지 않은 것이다(사 43:18). 셋째로 그는 언약을 신뢰한다(창 24:7). 말씀하면 반드시 이루시는 하나님께서 아들을 위해 모든 것을 미리 준비하셨음을 믿은 것이다(마 21:2~3).

♦
거룩한 믿음으로 오늘을 살아서 나이들수록 범사에 복 받는 은혜를 누려라.

Day 06

기도의 최고 형태

"나는 그분이 우리에게 모든 것 되신다는 것을 보았다. 때로는 선한 것으로, 때로는 위로가 되는 것으로 우리를 도우신다. 그분은 사랑으로 우리를 감싸주고 덮어주는 의복이시다. 때로는 친히 우리를 안아주시고, 우리의 피난처가 되시며, 우리를 사랑으로 에워싸 주신다. (중략) 오 하나님! 주님의 선하심으로 주님 자신을 제게 주소서. 주님 한 분으로 저는 족합니다."(노르위치의 줄리안)

우리는 기도한다. 자신의 소원과 필요를 위해, 이웃의 필요와 안위를 위해, 나라의 안녕과 번영을 위해, 교회의 회복과 부흥을 위해 기도한다. 하지만 그 전에 더 우선적으로 해야 할 기도가 있다. 하나님 자신을 구하는 기도다. 하나님 없이는 세상 그 무엇을 얻어도 소용없다. 기도의 최고 형태는 하나님 자신을 구하고, 그분의 선하심을 묵상하는 것이다(시 34:8~10). 조용히 하나님을 구하라. 하나님의 선하심을 묵상하라. 그러면 연약한 영혼에 새 힘이 솟고, 은혜와 믿음이 자라게 된다.

♦
내 삶을 이끌어온 하나님의 선하심을 묵상하고, 하나님 자신으로 충만해지길 기대하라.

Day 07　주 안에 거하라

젊은 날 나는 일을 잘 하려고 했다. 많은 일, 큰 일을 하려고 했다. 누구보다 성공한 사람이 되고 싶었다. 그러나 지금은 아니다. 일보다 성공보다 더 중요한 것이 있다. 그것은 주님 안에 거하는 것이다.

무엇을 하든지 내가 주 안에 있는지를 먼저 확인하려고 한다. 그래서 나는 고백한다. "나의 구원은 그리스도 십자가이다. 나의 목적은 그리스도와의 동행이다. 나의 기초는 그리스도의 말씀이다. 나의 일상은 거룩한 생활이다. 나의 방법은 쉬지 않는 기도이다." 주 안에 거한다는 것은 날마다 이 사실을 마음으로 확인하고, 입으로 고백하고, 삶으로 행하는 것이다.

"너희가 내 안에 거하고 내 말이 너희 안에 거하면 무엇이든지 원하는 대로 구하라 그리하면 이루리라"(요 15:7)

♦
날마다 그리스도 안에 거하는 사람이 될 수 있도록 자주 고백하고 기도하라.

Day 08

결단을 해야 할 때

누구나 살면서 중요한 결정을 해야 할 때가 있다. 내 손으로 성패를 가름하는 결단을 해야 할 때가 있다. 잠 못 이루고 고민하며 결심을 해야 할 때가 있다. 그때 어떻게 정할 것인가? 무엇을 근거로 삼겠는가? 크리스천에게 있어 최종 결단의 근거는 오직 '십자가'이다. 언제든 십자가 그 은혜에 감격하고, 십자가 그 정신으로 희생하고, 십자가 그 능력으로 나는 죽고 내 안에 사시는 그리스도의 영 성령에 이끌려 생명의 길을 택하는 것이다. 잊지 말라. 인생이 아무리 캄캄해도 십자가만 붙들면 길이 열린다.

"주께서 생명의 길을 내게 보이시리니 주의 앞에는 충만한 기쁨이 있고 주의 오른쪽에는 영원한 즐거움이 있나이다"(시 16:11)

♦

무엇을 결정하기 전에 먼저 십자가의 은혜를 깊이 사모하고, 믿음으로 길을 가라.

Day 09 세상을 능히 이기는 사람

"인간에게는 비범한 능력이 내재되어 있다. 문제는 이를 알지 못하고, 개발하지 않는다는 것이다."(하워드 가드너)

세상을 이기는 크리스천은 세 가지 비범한 영적 경험을 한다. 하나, 거듭남의 경험이다(요 3:3). 예수를 그리스도로 믿어 하나님의 자녀가 되고, 내 안에 그리스도의 영 성령께서 내주하심을 확신하게 된다. 둘, 성령세례의 경험이다(행 1:5). 신앙생활 중에 하나님을 뜨겁게 경험하는 것으로 거룩한 삶을 사는 능력을 갖게 된다. 셋, 성령 충만의 경험이다(엡 5:18). 내 안에 거하시는 성령님과 끊임없이 대화하고, 모든 일을 그분과 함께하게 된다.

그렇다면 우리는 어떻게 이런 영적 경험을 할 수 있는가? 세상 것에 더럽혀지지 않은 '정결한 마음'으로, 나는 아무것도 아니라는 '가난한 마음'으로, 오직 하나님만 바라는 '사모하는 마음'으로 구하고 기도하는 것이다(시 42:2).

♦
내 안에 세상을 이기는 능력이 있음을 알고, 하나님께 비범한 영적 체험을 구하라.

Day 10
서로의 존재만으로

만나면 어떤 특별한 게 없어도 그냥 기분이 좋아지는 사람이 있다. 오늘 만난 후배가 그렇다. 지방에서 담임목회를 하고 있어 가끔 볼 수 있을 따름이지만, 어쩌다 그를 만나면 무척이나 반갑다. 그는 나에게 쉽게 할 수 없는 마음 속 이야기들을 한다. 무엇을 바라지 않고 그저 나를 신뢰하고, 응원하고, 좋아한다. 그래서 나도 그를 만나면 마냥 즐겁고 한없이 고맙다. 우린, 서로 무엇을 바라지 않고 존재만으로 행복해한다(잠 17:17).

"친구란 당신에 관한 모든 것을 알지만 여전히 당신을 사랑하는 사람이다."(성 어거스틴)

♦

우정을 나누는 친구가 있다면 그에게 안부하고, 그를 찾아가고, 그를 위해서 기도하라.

Day 11 종의 마음으로

"그가 이르되 우리 주인 아브라함의 하나님 여호와여 원하건대 오늘 나에게 순조롭게 만나게 하사 내 주인 아브라함에게 은혜를 베푸시옵소서"(창 24:12)

크리스천은 모두 종이다. 스스로 그리스도의 종이 된 자다. 종의 마음이 없이는 구원도, 기도도, 봉사도, 예배도 다 겉치레에 불과하다. 종의 마음이 있어야 하나님 뜻에 즐겨 순종할 수 있다. 종의 마음이 있어야 성령의 인도를 받을 수 있다. 종의 마음이 있어야 진실로 사람을 섬길 수 있다.

엘리에셀은 이런 종의 마음으로 살았다. 그는 아브라함이 상속자로 생각할 만큼 충성스러운 종이었다. 정성을 다해 주인의 뜻을 수행했다. 주인의 부탁을 이루기 위해 하나님께 기도했다. 기도로 출발하고, 기도로 진행하고, 기도로 기다리고, 기도가 이루어지는 것을 보고 하나님께 경배하며 찬송했다. 엘리에셀은 어떻게 이런 종의 마음을 가졌을까? 그의 주인 아브라함이 하나님을 믿는 모습을 보며 그에게 본받은 것이다.

♦

종의 마음과 태도를 갖춘 신실한 그리스도의 사람으로 살라.

Day 12

헛되지 않은 인생

"만약 내가 한 사람의 가슴앓이를/ 멈추게 할 수 있다면,/ 나 헛되이 사는 것 아니리.// 만약 내가 누군가의 아픔을/ 덜어 줄 수 있다면,/ 혹은 고통을 가라앉힐 수 있다면,// 혹은 지친 한 마리 울새를/ 둥지로 되돌아가게 할 수 있다면,/ 나 헛되이 사는 것은 아니리."(에밀리 디킨슨)

한 영혼이 천하보다 귀하다. 한 사람을 살리는 것이 세상을 살리는 것이다. 한 지체를 세우는 것이 하나님 나라를 세우는 것이다. 단 하나의 영혼, 하나의 생명이 나로 인해 살아난다면 그것으로도 우리의 생은 의미와 보람이 있다(마 18:14).

♦

오늘 살려야 할 한 사람, 한 생명은 누구인지 주변을 살펴보라.

Day 13

초점은 예수다

"예수다! 우리의 신앙의 초점은 예수다! 소망에도 예수요 인내에도 예수요 기도에도 예수요 찬송에도 예수다. 떠들어도 예수요 잠잠하여도 그저 예수뿐이다. 생시에도 예수! 꿈에도 예수! 그리고 잠꼬대에도 예수다! 먹어도 예수요 입어도 예수요 자도 예수요 일하여도 예수다! 그저 우리 생활의 중심 초점은 예수뿐이다. (중략) 오, 우리의 길이요 진리요 생명이신 예수여! 영원히 우리와 같이 하여 주옵소서."(이용도)

우린 왜 작은 유혹과 시험에도 흔들리는가? 왜 방황하는가? 왜 두려워하는가? 그토록 오랜 세월 예수를 믿고도 어찌 그리 무능력한가? 초점을 놓친 까닭이다. 예수 아닌, 종교로 믿은 연고다(롬 14:8).

♦
그동안 놓치고 있었던 신앙의 초점을 회복하고 모든 삶을 예수님께 맞춰라.

Day 14
주가 나를 인도하셨다

"내 주인 아브라함의 하나님 여호와께서 나를 바른 길로 인도하사 나의 주인의 동생의 딸을 그의 아들을 위하여 택하게 하셨으므로 내가 머리를 숙여 그에게 경배하고 찬송하였나이다"(창 24:48)

아브라함의 종은 그 자리에 엎드려 하나님을 경배할 수밖에 없었다. 주께서 은혜를 베푸셔서 자신을 바른 길로 인도해 주셨기 때문이다.

오늘도 하나님은 믿음으로 위탁하는 자를 인도하신다. 겸허히 기도하는 자를 인도하신다. 말씀을 통해서 그의 길을 인도하신다. 믿음의 사람을 통해 인도하신다. 특별한 사인과 표적을 통해 인도하신다. 하나님의 사자를 통해 인도하신다. 주의 영 성령으로 인도하신다. 가난한 마음으로 온전히 하나님을 인정하는 자를 인도하신다(잠 3:5~6).

♦

오늘 하나님께서 나를 무엇으로 인도하셨는지 유심히 살펴보고 감사하라.

Day 15

애국과 그리스도인

애국의 방법은 사람마다 다양한 양태로 나타난다. 우리는 크리스천으로서 성경적 원리에 입각한 애국을 해야 한다.

그리스도인의 애국이란 하나, 하나님 나라를 먼저 세우는 것이다. 우리는 이 땅에 의와 평강과 희락이 가득한 하나님 나라를 이루는 자이다(롬 14:17). 둘, 진정한 기독교를 실현하는 것이다. 우리는 그리스도를 믿고 따르는 삶을 통해 세상에 거룩한 영향력을 발하는 자이다(마 5:3~10). 셋, 불의에 투쟁하는 것이다. 우리는 진리와 공의에 순복하고 불의와 죄악에 선으로 맞서는 자이다(롬 12:21). 넷, 화평을 이루는 것이다. 우리는 선지자적 지혜로 시대의 문제를 치유하고 연약한 자들을 회복하는 자이다(히 12:14). 다섯, 누구에게나 칭찬받는 것이다. 우리는 그리스도의 이름을 위하여 어디서나 누구에게나 소금과 빛으로 사는 자이다(빌 4:8). 애국은 특별한 무엇을 해야 하는 게 아니다. 우리가 믿음으로 살면 그것이 나라에 애국이 되고 하나님께 영광이 된다.

♦
크리스천으로서 무엇보다 먼저 이 땅에 하나님 나라를 든든히 세워가라.

Day 16

계획에 관하여

"사람이 마음으로 자기의 길을 계획할지라도 그의 걸음을 인도하시는 이는 여호와시니라"(잠 16:9)

"너는 계획이 다 있구나." 2019년 한 영화에 나와 회자되었던 명대사이다. 누구나 계획이 있어야 한다. 계획이 없으면 아무렇게나 산다. 눈앞의 일에 떠밀려 바쁘게 살 뿐이다. 규모 있는 아름다운 삶을 살 수 없다. 내가 주도하는 목적 지향적 삶도 살 수 없다. 아무것도 성취되는 것이 없다.

그러나 계획만으로는 한계가 있다. 내 지식, 내 능력으로 아무리 계획한들 변화무쌍한 인생에 전부 대처할 수 없기 때문이다. 그래서 기도가 함께 가야 한다. 기도하며 계획하고, 계획하며 기도해야 한다. 그 일을 향한 하나님의 뜻이 무엇인지 깨달아야 그 일을 이룰 최선의 방법도 생긴다. 나에게 모든 것이 달린 것처럼 계획하고 하나님께 모든 것이 달린 것처럼 기도하라. 그렇게 주 안에서 준비한 계획서는 한 편의 기도문과 같다.

◆

오늘 무엇을 계획하든 기도와 함께 하라. 기도부터 하라.

Day 17

어머니 같은 교회

"리브가에게 축복하여 이르되 우리 누이여 너는 천만인의 어머니가 될지어다 네 씨로 그 원수의 성 문을 얻게 할지어다"(창 24:60)

이삭은 당시 문화를 거슬러 일평생 오직 한 여자, 리브가만을 사랑했다. 이것은 하나님의 구속사에서 무엇을 상징하는 것일까? 친정을 떠나올 때 오빠와 어머니가 그녀를 축복했던 말이 예사롭지 않다.

"누이여 너는 천만인의 어머니가 될지어다." 이것은 교회를 상징한다. 어거스틴, 칼뱅 같은 수많은 믿음의 선조들은 하나님을 아버지로 모시듯, 교회를 어머니로 거룩하게 대했다. "네 씨로 그 원수의 성 문을 얻게 할지어다." 이 역시 교회를 상징한다. 예수님께서 "내 교회를 세우리니 음부의 권세가 이기지 못하리라"(마 16:18)고 하셨던 말씀과 일맥상통한다.

따라서 이삭과 리브가의 관계는 성도와 교회의 관계를 비춰준다고 볼 수 있다. 이삭이 리브가를 만나 한 몸을 이루고 평생 사랑하고 위로 받은 것처럼, 성도도 그리스도의 몸 교회 안에 거하며 일평생 교회를 사랑하고, 교회에서 위로와 충만을 얻는 것이다.

◆

하나님께서 허락하신 교회 공동체를 소중히 여기고 교회 식구들을 사랑하라.

Day 18

절망이 변하여 기쁨으로

신사참배를 거부하여 감옥에 갇힌 손양원 목사는 1943년 7월 17일 만기출소 예정이었다. 그런데 돌연 취소되고 무기 구금형이 선고된다. 그날의 심정을 그는 이렇게 적는다.

"본가를 멀리 떠나 옥중에 들어오니/ 깊은 밤 깊은 옥에 깊은 시름도 가득하고/ 밤도 깊고 옥도 깊고 사람의 시름도 깊으나/ 주와 더불어 동거하니 항상 기쁨이 충만하도다/ 옥중 고생 4년도 많고 많은 날이나/ 주와 더불어 즐거워하니 하루와 같구나/ 지난 4년 평안히 지켜주신 주님/ 내일도 확신하네 여전한 주님"

분명 처음 시작은 시름과 절망으로 가득하다. 그러나 점점 기쁨, 즐거움, 평안으로 변해간다. 신비하고 놀랍다. 무엇이 그를 시름에서 기쁨으로, 절망에서 평안으로 바꾼 것일까? 이유는 단 하나 "주와 더불어 동거"했기 때문이다(렘 31:13).

♦

주님과 더불어 동거함으로 답답한 인생의 시름을 이기고 기쁨과 평안으로 살라.

Day 19 행복을 넘어 승리자로

"누군가 내 살을 베어보아라. 예수의 피가 솟구칠 것이다. 누군가 내 가슴을 열어보아라. 예수의 심장이 고동칠 것이다. 예수의 피, 예수의 심장 때문에 나는 아프리카 선교지로 가노라."(무명의 진첸도르프 제자)

모두가 행복을 원한다. 이왕이면 더 많이 더 오래 행복하기 원한다. 그러나 기억하라, 행복이 결코 인생의 목적은 아니라는 사실을.

행복을 아무리 노래해도 그것이 사명으로 이어지지 않으면 참 행복이라 할 수 없고, 인생의 승리자가 될 수도 없다. 인생의 참된 행복은 언제나 십자가 구속에서 시작하고, 십자가 능력으로 유지되며, 십자가 사명으로 절정에 이르는 것이다(살전 2:8).

♦ 인생의 참 행복을 위하여 오늘 이루어야 할 나만의 십자가 사명을 찾으라.

Day 20

믿음의 조상

"아브라함의 향년이 백칠십오 세라 그의 나이가 높고 늙어서 기운이 다하여 죽어 자기 열조에게로 돌아가매"(창 25:7~8)

생을 마친 아브라함은 자기 열조에게 돌아갔다. 본향으로 간 것이다. 후일 사람들은 그의 삶을 보며 믿음의 조상이라 불렀다. 그는 '믿음의 내용'이 무엇인지 보여주었다. 오직 믿음으로 의롭다 함을 얻는 구원의 진리가 그에게서 비롯된다(롬 3:22). 그는 '순종의 정수'가 무엇인지 보여주었다. 무엇을 얻고자 한 것이 아니라 하나님을 경외하고 사랑했기에 순종했다(창 22:12). 그는 '믿음의 과정'이 무엇인지 보여주었다. 만나는 모든 이에게, 마주한 모든 상황에 선과 덕으로 행하였다(벧후 1:4~7). 그는 '믿음의 결과'가 무엇인지 보여주었다. 날마다 하나님과 동행하며 기쁨으로 가득한 축복을 누렸다(요 1:12).

오늘 우리는 기독교에 대해 많은 말을 하지만 정작 믿음대로 살지는 않는다. 이 시대 누가 믿음의 조상을 이어 믿음의 사람이 되겠는가?

♦

이 시대에 믿음의 조상 아브라함을 잇는 믿음의 사람으로 살겠다고 결단하라.

Day 21

주의 영이 임하셨다

우리가 예수를 그리스도로 믿고, 하나님 자녀로 거듭나면 이전과는 전혀 다른 새로운 삶을 살게 된다. 그러나 그 속에는 여전히 옛사람이 남아 있기에 당연히 심한 내적 갈등도 경험하게 된다(롬 7:22~24). 이런 갈등을 이기고 참된 그리스도인으로 살기 위해서는 무엇보다 성령세례를 받아야 한다(행 1:5).

"새벽 3시경 우리가 기도를 계속하고 있을 때 하나님의 능력이 우리 위에 강하게 임하셨다. 우리는 넘치는 기쁨을 주체할 수 없었고, 많은 사람이 울음을 터뜨렸으며 땅에 엎드렸다. 하나님의 현존하시는 위엄의 경이로움에서 깨어나자마자 곧 우리는 한 목소리로 고백했다. '우리가 하나님을 찬양하나이다. 우리는 당신이 주가 되심을 아나이다.'"(존 웨슬리)

성령세례는 실제로 하나님을 체험하는 사건이다. 성령의 강한 역사가 내 안에 임하여 순전한 믿음과 거룩한 성품을 갖게 되고 모든 일에 참된 그리스도인으로 살게 되는 것이다.

♦

성령세례를 받아 순전하고 거룩한 그리스도인으로 살아가기를 사모하라.

Day 22

작은 일에도 신앙고백을

"그리스도인은 하나님이 보이지 않을지라도 하나님 앞에서 신앙고백을 하는 자이다."(디트리히 본회퍼)

어느 주일 오후, 땀을 많이 흘려 헬스장에 샤워하러 들렀다. 눈인사 정도 하는 지인이 평소보다 일찍 운동하러 왔기에 "오늘은 일찍 오셨습니다"라고 인사했다. "네, 일요일은 여유가 생겨 일찍 오지요." 그러자 나도 모르게 그 사람을 따라 "일요일에는 늦잠도 자고 그러시는군요"라고 대답했다. 그 순간 화들짝 놀랐다. '아, 수십 년 목회한 내가 주일을 일요일이라고 하다니, 이런 작은 일이 모여 나중에는 진짜 주님을 배신할 수도 있겠구나.' 나는 얼른 그에게 했던 말을 바로잡았다. "저는 주일에 교회 가지요. 사장님은 교회 안 다니세요?" 그러자 그는 내가 전도하려는 줄 알고 황급히 그 자리를 빠져나갔다(빌 4:8).

♦

빌 4:8을 암송하고 언제나 무엇에나 신앙고백적 삶을 살아가라.

Day 23

굳게 붙잡으라

"야곱이 이르되 오늘 내게 맹세하라 에서가 맹세하고 장자의 명분을 야곱에게 판지라"(창 25:33)

지혜로운 자는 무엇이 가치 있는지를 안다. 그는 가치 있는 것을 발견하면 모든 것을 팔아서라도 그것을 얻는다. 반면에 미련한 자는 소유한 것의 가치를 모른다. 쉽게 잃어버리고 팔아버린다. 에서는 미련한 자였다. 그는 장자의 명분을 팥죽 한 그릇과 바꾼다. 장자의 명분이란 무엇인가? 선택받는 자가 되는 특권이다(사 43:1~3). 상속받는 자가 되는 특권이다(요 14:13~14). 경건한 자가 되는 특권이다(벧전 2:9). 그런데 에서는 아무것도 모르고 그 귀한 장자의 명분을 한 끼 음식과 맞바꾸었다. 그를 장자로 세우신 하나님을 망령되이 여긴 것이다(히 12:16). 혹여 우리도 에서처럼 하나님이 주신 귀한 것들(성경, 예배, 기도, 봉사, 교제 등)을 경홀히 대하는 것은 아닌가? 그렇다면 다시 굳게 붙잡으라(계 2:25).

♦

하나님께서 내게 주신 귀한 것들을 경홀히 여기지 않았는지 돌아보고 회개하라.

Day 24

부름 받은 삶

"부름 받은 사람의 증상은 이러하다. 1. 자신이 주인이 아니라 청지기임을 안다. 2. 자신의 위치와 사명이 무엇인지를 안다. 3. 흔들리지 않는 목적의식을 갖고 있다. 4. 마지막까지 헌신을 몸소 실천한다."(고든 맥도날드)

나에게는 나만의 부르심이 있다. "작은 교회를 세운다. 쉬지 않는 기도를 세운다. 기독 문화를 세운다." 이것은 누구와도 비교할 수 없는 나만의 사명, 나만의 길이다. 자기 길을 가는 자는 그 누구로부터 추월당하지 않는다. 언제나 일등이다. 그래서 여유롭다. 넉넉하다. 충만하다. 즐겨 나눈다. 누구를 만나도 진심으로 칭찬하고 축복한다. 나의 길은 언제나 새로운 길, 오늘도 나는 천천히 꾸준히 즐기면서 주님과 함께 그 길을 간다(빌 1:18).

♦

누구와도 비교할 필요가 없는 나만의 길, 나만의 사명을 발견하고 그 길로 가라.

Day 25

흐름을 타는 지혜

운전을 하다 보면 도로에 어떤 흐름이 있음을 알게 된다. 그 흐름을 타면 신호등에 적게 걸리면서도 즐겁고 빠르게 목적지에 도착할 수 있다. 반면 흐름을 타지 못하면 다른 차를 방해하거나 무리해서 끼어들다 욕을 먹고, 사고 위험에도 직면하게 된다. 교통의 흐름을 읽으려면 기본적으로 운전에 숙달되어야 한다. 능숙한 실력이 있어야 적시에 흐름을 탈 수 있는 것이다.

인생도 그렇다. 가야 할 때가 있고 멈춰야 할 때가 있다. 말해야 할 때가 있고 침묵해야 할 때가 있다. 일해야 할 때가 있고 쉬어야 할 때가 있다. 모아야 할 때가 있고 나누어야 할 때가 있다. 이런 인생의 흐름을 타려면 지혜가 있어야 한다. 하나님이 주시는 지혜로 사망의 음침한 골짜기도 넉넉히 건너는 인생이 되기를 소원해 본다(엡 1:8).

"내가 사망의 음침한 골짜기로 다닐지라도 해를 두려워하지 않을 것은 주께서 나와 함께 하심이라 주의 지팡이와 막대기가 나를 안위하시나이다"(시 23:4)

♦
인생의 흐름을 지혜로 분별하여 시편 23편과 같은 인생 여정이 되기를 소원하라.

Day 26

인생을 결정하는 것

"여호와께서 이삭에게 나타나 이르시되 애굽으로 내려가지 말고 내가 네게 지시하는 땅에 거주하라"(창 26:2)

이삭이 살던 땅에 기근이 찾아왔다. 이를 피하기 위해 애굽에 가기로 계획한 그에게 하나님은 그 땅에 머무를 것을 명령하신다. 이삭은 그 말씀을 듣고 순종하여 애굽행을 취소한다. 그러자 하나님께서 이삭과 그의 가정을 지키시고 보호하신다. 심한 기근과 블레셋 사람들의 해코지에도 이삭은 한 해에 결실을 백배나 얻고, 거부가 된다. 순종이 그의 인생을 풍성케 한 것이다.

그렇다면 우리의 실생활에서 하나님의 말씀에 순종한다는 것은 무엇을 말하는가? 성경을 하나님의 말씀으로 믿고, 애독하고, 인생과 생활의 척도로 삼아 교훈 받은 대로 실천하는 것이다. 이는 믿는 자가 평생 가야 할 좁은 길이다. 그러나 가장 안전한 길이요 가장 확실한 승리의 길이다.

◆

매일 성경을 가까이하고 교훈을 받은 대로 순종하라.

Day 27 거듭난 크리스천

"나는 거듭난 크리스천입니다."(지미 카터)

이것은 대통령 후보 시절 지미 카터가 공식 석상에서 했던 말이다. 거듭났다는 것은 어떤 뜻인가? 그것은 십자가 구속을 믿는다는 것이다. 예수를 나의 주 그리스도로 확신한다는 것이다. 성령께서 내 안에 거하신다는 것이다. 죄 사함을 받았다는 것이다. 의롭다 함을 얻었다는 것이다. 성도가 되었다는 것이다. 천국 백성이 되었다는 것이다. 영생을 얻었다는 것이다. 구원을 받았다는 것이다. 하나님의 사랑받는 자녀라는 것이다. 그렇다면 나는 자신이 거듭난 크리스천임을 주변에 공개적으로 당당하게 고백할 수 있는가?

"성령이 친히 우리의 영과 더불어 우리가 하나님의 자녀인 것을 증언하시나니"(롬 8:16)

♦

오늘 하루 거듭난 크리스천으로서 당당하고 거룩하게 살라.

Day 28

할 수 있는 만큼 기도하라

"할 수 없는 만큼이 아니라, 할 수 있는 만큼 기도하라."(돔 채프만)

최근 한 지인과 대화 중에 이런 이야기를 들었다. "요즘, 기도가 잘 안 되네요. 위기입니다." 이는 그 사람만의 문제가 아닐 것이다. 분주한 일과 때문에, 바쁜 일정 때문에, 시급한 문제 때문에 우리는 기도의 자리로 잘 나아가지 못한다. 그런 이들에게 나는 정시기도를 권한다. 하루 세 번 시간을 정해 아침에는 사도신경, 정오에는 십계명, 밤에는 주기도를 중심으로 짧게 기도하는 것이다.

기도를 하지 못하는 것보다 짧게라도 반복해서 기도하는 것이 훨씬 더 주님과 친밀한 삶을 사는 데 유익하다. 정시기도를 드리기로 작정하라. 이미 하고 있다면 더 풍성하게 드리기를 소망하라. 진실하게 계속하면 주님과의 동행도 더 깊어질 것이다(시 145:18).

♦
아침, 정오, 밤에 정시기도하고, 하루를 마감하며 그 소감을 적어 보라.

Day 29 복이신 하나님

"이삭이 거기서 옮겨 다른 우물을 팠더니 그들이 다투지 아니하였으므로 그 이름을 르호봇이라 하여 이르되 이제는 여호와께서 우리를 위하여 넓게 하셨으니 이 땅에서 우리가 번성하리로다 하였더라"(창 26:22)

이삭은 바보다. 생존의 절대 조건인 우물을 남들에게 순순히 내어준다. 치열한 경쟁 사회에서 도저히 살 수 없는 호구, 그야말로 '밥'이다. 그런데 참 기이한 일이다. 그가 우물을 양보하고 장소를 옮겨 다시 파면 그곳이 샘의 근원이 된다.

사실 그가 바보로 사는 데는 나름의 이유가 있다. 전에도 밥이 되어 '여호와 이레'의 복을 받았던 믿음의 경험이 있었던 것이다(창 22:12). 그는 세상 복에 매달리지 않고 복이신 하나님을 구하는 믿음의 사람이었다. 복이신 하나님을 믿고 그분의 뜻을 따라 누구에게든지 온유와 겸손으로 대했다. 그러자 복이신 하나님께서 앞서가셔서 사막에 길을 내고, 마른 땅에 샘물이 터지게 하신 것이다.

♦

복이신 하나님을 신뢰하며, 오늘 하루 누군가에게 기꺼이 밥이 되어보라.

Day 30

가장 두려운 전염병

"나는 평생을 살아오는 동안 땅에 발생한 가장 두려운 전염병을 목격했습니다. 그것은 하나님의 말씀을 경멸하는 것으로, 세상에서 다른 모든 전염병을 능가하는 흉악한 전염병입니다. 이는 그 위에 영원하고 실제적인 온갖 형벌이 임하게 될 것이 분명하기 때문입니다. (중략) 하나님의 말씀을 경멸하는 것은 하나님의 징벌을 부르는 단초입니다."(마틴 루터)

성경은 하나님의 말씀을 경홀히 여겼을 때 온갖 형벌이 임했음을 보여준다. 롯의 시대, 노아의 시대, 애굽 바로의 시대, 다윗의 시대, 여호람의 시대, 시드기야의 시대 등 그 예는 수없이 많다.

오늘날 세상에 위기가 발생할 때마다 사람들은 이런저런 조치를 한다. 하지만 그보다 주의 말씀을 즐거워하고, 그 말씀 따라 사는 것이 우선임을 잊지 말아야 한다. 하나님을 경외하며 그분의 말씀을 중히 여길 때 안전과 번영은 저절로 따라온다(시 4:8).

♦

온 가족이 말씀을 사랑하고, 함께 읽을 수 있는 방법을 찾아 실행하라.

Day 31 주의 뜻을 분별하라

"그의 손이 형 에서의 손과 같이 털이 있으므로 분별하지 못하고 축복하였더라"(창 27:23)

이삭은 오래전부터 하나님의 뜻이 에서가 아니라 야곱에게 향해 있음을 알고 있었다(창 25:22~23). 그러나 나이가 들고, 영적 안목이 어두워지자 주의 뜻을 분별하지 못하고 육신의 생각대로 행동한다. 이로 인해 이삭은 두 아들이 갈라서는 아픔을 겪었고, 그중 하나는 먼 길을 떠나 살아생전 다시 만날 수 없게 되었다. 그러므로 무슨 일을 하기 전에 반드시 주의 뜻을 묻고 분별하라. 주의 말씀을 생각하라. 그것이 복된 생을 사는 비결이다(롬 12:2).

♦
오늘 무엇을 행하든 주의 뜻을 분별하고 주의 뜻대로 행동하라.

September

거룩한 눈물 91×116.7cm | mixed media | 2018 | 정두옥

9월 Day 01

거룩한 눈물

"주님의 눈물이 폭포수처럼 흘러 이 땅을 적십니다. 답답하고 분노하며 억울하고 슬퍼하는 자의 마음을 흠뻑 적시듯 우는 자와 함께 울라 하십니다. 거룩한 눈물은 치료의 생명수가 되어 우리의 심령을 적십니다. 그리고 마음이 시원해집니다."(정두옥)

예수님이 울고 계신다. 무엇 때문에 우시는가? 타락한 백성과 무너질 예루살렘을 보며 우신다(눅 19:41). 또한 우리의 죄악과 어두워져 가는 이 나라를 보며 우신다. 그런데 놀랍게도 예수님의 눈물이 십자가를 통해 거대한 '치료의 폭포수'가 되었다. 온 세상을 적시고 우리 심령에 흐른다. 죄악을 씻긴다. 영혼을 시원케 한다. 나를 살리고 세상을 살린다. 이제, 내 눈에서도 예수님의 눈물이 흐른다. "오 키리에 엘레이손, 우리를 불쌍히 여기소서."

──── 내 마음에 예수님의 마음이, 내 눈에 예수님의 눈물이 차오르게 하라.

Day 02

내 안에 계신 그리스도

"밟아도 좋다. 나는 너희들에게 밟히기 위해 이 세상에 태어나, 너희들의 아픔을 나누어 갖기 위해 십자가를 짊어졌다."(엔도 슈사쿠)

어려운 일을 당하거나 고통 중에 있을 때 많은 이들이 의심과 원망 속에 이렇게 묻곤 한다. "하나님, 어디 계십니까? 왜 침묵하고 계십니까?" 그러나 하나님은 먼 곳 어디에 계시지 않는다. 바로 내 안에서 나와 함께 그 일을 당하고, 나와 같이 아파하고 계신다(요 14:20). 내 안에 계신 그리스도, 그분은 나를 구원하기 위하여 나 대신 고통 당하시고, 나 대신 십자가에 죽으신 나의 구세주이시다.

♦

멀리서 하나님을 찾지 말고 내 안에 계신 주님과 동행하라.

Day 03

사람의 일인가, 하나님의 일인가

　내가 지난 21년 동안 감당해 온 사역이 있다. 개척 교회 목회자들을 섬기고, 작은 교회를 세우는 것이다. 분명 하나님께서는 나 없이도 이 일을 할 수 있으신데, 부족한 나를 불러 사용하시니 큰 은혜이다. 나는 내 것으로 이 일을 하지 않았다. 건강도, 은사도, 물질도, 능력도 다 하나님께서 채워주셨기에 지금까지 해올 수 있었다.

　사실 나는 하나님의 일을 하기보다 하나님의 일을 방해했던 적이 더 많았다. 불평불만으로 했던 것, 내 계획대로 했던 것, 내 열심과 의를 드러냈던 것, 내 이름이 높아졌던 것, 그리스도의 사랑과 성품으로 하지 않았던 것, 이 모든 것이 하나님의 일을 방해하는 것이었다.

　"사탄아 내 뒤로 물러 가라 너는 나를 넘어지게 하는 자로다 네가 하나님의 일을 생각하지 아니하고 도리어 사람의 일을 생각하는도다"(마 16:23).

◆
나는 지금 사람의 일을 하고 있는가 하나님의 일을 하고 있는가 생각해보라.

Day 04

구원을 이루라

"그러므로 나의 사랑하는 자들아 너희가 나 있을 때뿐 아니라 더욱 지금 나 없을 때에도 항상 복종하여 두렵고 떨림으로 너희 구원을 이루라"(빌 2:12)

구원은 시간상 세 가지로 구분된다. 과거 구원, 십자가 속량을 믿음으로 이미 받은 구원이다(엡 2:8). 미래 구원, 그리스도 재림의 날에 받을 구원이다(롬 8:23). 현재 구원, '이미와 아직' 사이에서 오늘 이루어가는 구원이다.

오늘 구원을 이룬다는 것은, 매일 게으르지 않고 부지런한 것이다. 낙심하지 않고 소망하는 것이다. 근심하지 않고 평안한 것이다. 불평하지 않고 감사하는 것이다. 불만하지 않고 만족하는 것이다. 시기하지 않고 화목한 것이다. 무례하지 않고 온유한 것이다. 교만하지 않고 겸손한 것이다. 두려워하지 않고 담대한 것이다. 거짓에 처하지 않고 정직한 것이다. 정욕에 빠지지 않고 정결한 것이다. 결핍을 느끼지 않고 충만한 것이다. 이처럼 하루하루 오늘의 구원을 이루어 갈 때, 과거와 미래의 구원이 하나가 되어 온전한 구원에 이르게 된다.

◆

위 항목으로 자신을 점검하고 하루하루 구원을 이루며 살기로 결단하라.

Day 05

아멘으로 살기

"주님의 음성을 들을 수 있도록 겸손을 더하여 주소서. 주님을 섬길 수 있도록 사랑을 더하여 주소서. 주님을 따를 수 있도록 믿음을 더하여 주소서. 나를 위하여 몸 바치신 주님, 저도 주님께 아멘으로 살아가겠습니다."(다그 함마르셸드)

우리는 기도를 마치며 "아멘"한다. 찬송을 하면서도 "아멘"한다. 말씀을 읽다가도 "아멘"한다. 설교를 듣다가도 "아멘"한다. 이 아멘이란 두 글자에는 깊은 의미가 있다. 그것은 기도한 대로 이루어지리라는 소망의 선언이다. 찬송한 대로 역사하신다는 경배의 선언이다. 읽은 대로 믿겠다는 믿음의 선언이다. 들은 대로 살겠다는 동의의 선언이다. 우리가 하나님께 아멘으로 화답할 때 겸손과 사랑, 믿음이 임한다. 아멘으로 우리는 주님을 믿는다(시 89:52).

◆
언제나 하나님께 아멘으로 화답하는 믿음의 사람이 되기를 소원하라.

Day 06

평온한 귀가

청주 외곽 내수읍에 자리 잡은 김기창 화백의 '운보의 집'을 방문했다. 입구에는 그의 자전적 고백이 새겨져 있었다. "나는 귀가 들리지 않는 것을 불행으로 생각지 않았습니다. 듣지 못한다는 느낌도 까마득히 잊을 정도로 지금까지 담담하게 살아왔습니다. 더구나 요즘같이 소음공해가 심한 환경에서는 늙어갈수록 조용한 속에서 내 예술에 정진할 수 있었다는 것은 오히려 다행이라는 생각도 듭니다."

그는 귀가 들리지 않는 고통을 불행으로 여기지 않는다. 도리어 자신만의 예술에 정진할 수 있었다며 감사한다. 어떤 불행이든 눈이 뜨여 하늘의 섭리를 깨달으면 우리도 저렇게 고백할 수 있으리라.

안으로 들어서자 그의 작품들이 펼쳐진다. 그중에서도 유독 〈귀가〉라는 작품이 눈에 띈다. 한 촌부가 고된 일과를 마치고 소와 함께 집으로 돌아가는 평온함이 느껴지는 그림이다. 그림이 문득 말을 건다. "그날에 너도 평온하게 귀가할 수 있을까?" 나는 다짐했다. "그래, 부끄럼 없이 잘 살아야지!"(요일 2:28)

♦

인생 마지막 날 평온하게 귀가할 수 있도록 부끄러움 없는 삶을 살라.

Day 07 은혜로 인하여

"그가 가까이 가서 그에게 입맞추니 아버지가 그의 옷의 향취를 맡고 그에게 축복하여 이르되 내 아들의 향취는 여호와께서 복 주신 밭의 향취로다"(창 27:27)

거짓과 속임수에 능한 야곱이 아버지로부터 축복을 받는다. 악한 자가 복을 받는다니, 이것을 어떻게 이해할 수 있는가? 사실 세상에는 복 받을 만한 의인이 없다. 의인은 없나니 하나도 없다. 죄인이 복 받을 수 있는 길은 하나밖에 없다. 오직 하나님의 은혜다. 그 구원의 은혜가 야곱에게 임한 것이다.

우리 역시 마찬가지다. 우리가 예수를 구주로 믿은 것은 복 받을 수 없는 죄인에게 복이 임한 것이다. 그러니 은혜로 알고 하나님께 감사하라. 이웃에게 덕을 베풀라. 가족을 자주 축복하라. 주의 은혜로 인하여 나와 내 집은 복을 누리고 세상에서 복의 통로로 쓰임 받는 것이다.

♦
은혜의 찬송을 많이 부르고, 누구에게든 받은 바 은혜를 고백하고 나누라.

Day 08

행복의 조건

행복한 삶은 아무나 누릴 수 있는 것이 아니다. 행복이란 삶을 충실히 살아내는 자에게 주어지는 선물이기 때문이다. 인생을 잘 살기 위해서는 일곱 가지 조건이 있다고 한다.

"첫 번째는 고통에 대응하는 성숙한 방어기제이고, 이어서 교육, 안정된 결혼생활, 금연, 금주, 운동, 알맞은 체중이었다. 50대에 이르러 그중 5, 6가지 조건을 충족했던 하버드 졸업생 106명 중 절반은 80세에도 '행복하고 건강한' 상태였고, 7.5 퍼센트는 '불행하고 병약한' 상태였다. 반면, 50세에 세 가지 미만의 조건을 갖추었던 이들 중 80세에 '행복하고 건강한' 상태에 이른 사람은 아무도 없었다."(조지 베일런트)

이렇게 보니 인생의 성패는 두 가지가 결정한다. 먼저 내 생활 습관이 내 인생을 결정한다. 행복한 인생은 운이나 유전자가 아니라 젊은 날부터 형성된 좋은 습관의 결과인 것이다. 또 하나는 고난 당할 때의 태도가 내 인생을 결정한다. 문제가 찾아왔을 때 허둥대다 그르치기보다는 믿음으로 성숙하게 대응해야 행복할 수 있다(약 1:20).

♦

일곱 가지 행복의 조건 중 갖춘 것은 더 발전시키고, 부족한 것은 바로 보완하라.

Day 09

나만의 행복한 시간

순례는 목표지점을 향해 전력질주하는 것이 아니다. 걷는 길, 만나는 사람, 지나는 풍경마다 즐기고 감사하며 길을 걷는 것이다. 인생도 마찬가지다. 행복한 삶을 살기 위해서는 매일의 일상을 즐겨야 한다. 성공이나 성취로 크게 한번 행복하기보다는 소소한 행복을 자주 누리는 것이 훨씬 더 행복하게 사는 비결이다.

어렵고 힘들수록 매일 '나만의 행복한 시간'을 가져야 한다. 나에게 그것은 냉온수 목욕이다. 사우나에서 흠뻑 땀을 흘리고, 냉탕에서 몸을 식히고, 목욕을 다 마치고 수건으로 물기를 닦노라면 언제나 "아 좋다 시원하다"라는 탄성이 터져 나온다. 밖으로 나와 고개를 들면 푸른 하늘이 행복이 되어 내 가슴에 내려앉는다.

"여호와 우리 주여 주의 이름이 온 땅에 어찌 그리 아름다운지요"(시 8:1)

♦

나는 무엇을 하면 즐거운지 생각해보고 일상에서 나만의 소소한 행복을 찾으라.

Day 10 은혜냐, 율법이냐?

"너는 칼을 믿고 생활하겠고 네 아우를 섬길 것이며 네가 매임을 벗을 때에는 그 멍에를 네 목에서 떨쳐버리리라 하였더라"(창 27:40)

세상을 보는 방식은 크게 두 가지이다. 하나는 은혜적 세계관이다. 내 수고와 고생만이 아니라 하나님의 은혜와 주변인들의 도움 덕분에 오늘의 내가 있다고 인정하는 것이다. 당연히 매사에 감사하며 행복을 누리게 된다. 다른 하나는 율법적 세계관이다. 모든 것을 내가 수고한 고생의 대가라고 생각하는 것이다. 당연히 집착과 욕심이 생겨나고 분노와 다툼으로 치닫게 된다.

안타깝게도 에서는 후자의 세계관을 가졌다. 그는 야곱에게 축복을 빼앗기자 소리 높여 울며 남은 축복이라도 달라고 간청한다. 이에 이삭은 그가 불안과 매임의 인생을 살게 될 것이라 예언하고, 그의 태도 여하에 따라 그 멍에를 벗을 수 있다고 가르쳐 주었다. 은혜만이 살길이니 이제라도 은혜의 삶으로 돌아서라는 것이다. 그런데 에서는 어떻게 하였는가?

♦

지금껏 어떤 세계관을 가지고 살아왔는지 돌아보고 모든 것을 은혜로 여기며 감사하라.

Day 11

전체적인 헌신

"온전한 그리스도인이란 예수 그리스도께 전적으로 헌신한 사람이다. 그의 헌신은 부분적이고 않고 전체적이다. 언제 어디서나 예수 그리스도께 전적으로 헌신한 사람이다. 이러한 사람의 삶은 개인적으로 직업상으로, 사적인 영역과 공적인 영역에서 그리고 가정과 사회에서 온통 번제물로 하나님께 바쳐진 생활이다."(존 스토트)

세상은 그리스도인을 비난하고 핍박한다. 이유는 두 가지다. 하나는 태생적으로 진리를 싫어하기 때문이다. 다른 하나는 그리스도인의 잘못된 행실 때문이다. 전자로 인한 비난과 핍박은 감수해야 한다. 그러나 후자는 부끄러운 일이요, 주님께 누를 끼치는 것이다. 우리는 이를 회개하고 온전한 그리스도인이 되어야 한다.

온전한 그리스도인은 전체적으로 헌신한다. 직업을 소명으로 여기고 자아 성취와 공동체 유익, 하나님의 영광을 위하여 일한다. 전도와 봉사를 통해 사회적 책임을 다한다. 경건한 삶으로, 세상과 구별되는 소금과 빛으로 살아간다. 주의 나라가 온 땅에 이루어지기를 구하며 그 일에 동참한다(롬 12:1).

◆

내 것의 일부가 아니라 내 삶 전체로 하나님께 헌신하라.

Day 12

좁은 길을 걷는 자

"좁은 문으로 들어가라 멸망으로 인도하는 문은 크고 그 길이 넓어 그리로 들어가는 자가 많고 생명으로 인도하는 문은 좁고 길이 협착하여 찾는 자가 적음이라"(마 7:13~14)

사회생활을 하다보면 대세를 따르는 것이 편하고 좋을 때가 많다. 그러나 그리스도인은 좁은 문을 선택하고, 좁은 길로 가는 자이다. 언제나 욕망보다는 필요를, 필요보다는 평안을, 평안보다는 선행을, 선행보다는 경건을, 경건보다는 믿음을 선택하는 것이다.

♦

오늘 내가 걸어야 할 좁은 길은 무엇인지 생각하고 용기있게 걸어가라.

Day 13

하나님 현존 신앙

"두렵도다 이 곳이여 이것은 다름 아닌 하나님의 집이요 이는 하늘의 문이로다 하고"(창 28:17)

　야곱은 아버지를 속이고 형의 축복을 가로챈 뒤 분노한 형을 피해 도망길에 올랐다. 한참을 걷다 저녁이 되자 그는 돌을 베개 삼아 누웠다. 그런데 곤고한 그의 인생에 하나님이 찾아오신다. 환상을 보여주시고, 아브라함과 이삭에게 하셨던 언약으로 축복하신다. 이때 야곱이 깨달은 것이 '하나님 현존 신앙'이다. 하나님은 나와 함께 하시고, 어디든 예배하면 하나님의 집이 되며, 하늘의 문이 열린다는 깨달음이었다.
　오래전 나도 비슷한 경험을 했다. 영국에 잠시 체류할 때, 길을 가다가 어느 시골 교회에서 예배드리게 되었다. 앉아서 강대상을 바라보는데 천장에 새겨진 글이 눈에 들어왔다. "이곳이 하나님의 집이요, 하늘의 문이로다." 그날 난 영어로 된 설교를 거의 알아듣지 못했지만 정말 큰 깨달음을 얻었다. 오늘도 그날 깨달은 하나님 현존 신앙이 인생의 지팡이가 되어 믿음의 길을 걸어가고 있다.

◆
오늘 내가 있는 곳에 하나님도 함께 하심을 믿으며 예배하는 마음으로 행하라.

Day 14

사랑의 방법

"만일 어떤 친구의 삶에 참으로 무엇인가가 필요하다는 것을 알게 되면, 나는 그 친구와 한 시간 동안 대화하는 것보다는 그 친구를 위하여 반 시간 동안 조용히 기도드리는 것을 더 좋아한다. 이렇게 기도하는 가운데 주님의 뜻을 헤아리면서 내가 그를 위해 무엇을 할 것인지에 대한 통찰력이 생긴다. 이에 반응하고 순종하는 것이 중보기도의 과정이요, 진정한 이웃 사랑이다. 기도와 순종은 같이 가는 것이다."(더글라스 스티어)

그리스도인은 두 가지 사랑을 가슴에 품고 산다. 하나님 사랑과 이웃 사랑이다. 우리가 하나님을 사랑할 때 이는 기도로 나타난다. 하나님과 더 친밀히 대화하고 자주 교제하는 것이다. 우리가 이웃을 사랑할 때 이 또한 기도로 나타난다. 나보다 그를 더 잘 아시는 주님께 그의 필요와 주의 뜻을 구하는 것이다. 만일 진정으로 누군가를 사랑하고 있다면, 사랑하고 싶다면 기도하라. 그것이 가장 확실하고 온전한 사랑의 방법이다(살후 1:11).

♦
오늘 나는 누구를 사랑하며 누구를 위해 기도하고 있는지 생각해 보라.

Day 15

이런 사람을 아십니까?

믿음 안에서 수십 년간 사역하며 사람에 대해 참 많이 배우고 생각했다. 그러면서 나는 어떤 사람이 되어야 할지 고심했다. 그동안 나와 동심(同心), 동고(同苦), 동역(同役)으로 함께 해준 이들을 떠올리며 우리가 어떻게 살아야 할지 새겨본 자작시를 적어본다.

"이런 사람을 아십니까?// 남이 잘될 때 샘내지 않는 사람/ 이웃을 위해 가진 것 기쁨으로 나누는 사람/ 좋은 일 한 것에 공치사하지 않는 사람/ 비판하기보다는 칭찬하고 축복하는 사람/ 누구에게나 즐겨 배우고 섬기는 사람/ 비난당할 때 넉넉히 받아들이는 온유한 사람/ 아름다운 자연 가슴으로 느낄 수 있는 사람/ 어떤 처지에서도 자족할 수 있는 사람/ 일용할 양식에 진심으로 감사할 수 있는 사람/ 언제 어디서나 코람 데오로 사는 거룩한 사람/ 오늘도 꿈을 향해 달려가는 열정의 사람/ 인생의 마지막 그 날에 '은혜였습니다! 감사였습니다!/ 다 이루었습니다! 천국에서 만나요!' 말할 수 있는 사람// 이런 사람을 아십니까?/ 바로 당신이 그 사람입니다(엡 4:13)!"

◆
위 시에 자신의 이름을 넣어 읽어보고 보다 좋은 사람이 되기 위해 기도하라.

Day 16

우물의 은혜

"본즉 들에 우물이 있고 그 곁에 양 세 떼가 누워 있으니"(창 29:2)

사기꾼이요 도망자였던 야곱이 동방에 도착해서 가장 먼저 발견한 것은 우물이었다. 그는 그곳에서 친척을 만나 생명을 부지하고 기거할 곳을 얻는 은혜를 경험한다. 이처럼 성경에서 우물은 하나님의 복을 상징하는 장소로 자주 등장한다. 하갈은 광야로 쫓겨나 죽게 되었을 때 하나님의 은혜로 우물을 발견해 목숨을 건졌다. 엘리에셀은 우물에서 리브가를 만나 하나님의 인도하심을 확신했다. 이삭은 메마른 광야에서도 우물을 파기만 하면 생수가 터져 번성했다.

남편을 다섯이나 두었던 사마리아 여인은 우물가에서 예수님을 만나 구원을 얻었다. 구원의 우물, 생수의 근원 되신 주님을 만나 영생을 길러 올린 것이다(요 4:14). 이후 예수님으로 인하여 이 세상에 거대한 생수의 강이 흐르게 되었다. 이 강물이 닿는 곳마다 소생, 풍성, 자유, 충만, 기쁨이 흘러나온다(요 7:38).

◆
예수님의 생수가 나에게도 흐르고 있는가? 그렇다면 이웃에게도 그 강이 흐르게 하라.

Day 17

성숙에서 오는 행복

행복은 상황에 따라 달리 느껴지는 만족감이다. 그래서 행복하기 위해서는 정원을 가꾸듯 내 생각과 마음을 가꾸어야 한다. 환경에서 오는 행복은 오래가지 않는다. 외부 환경이 아니라 내면의 상태가 중요하다. 성숙한 생각, 미처 알지 못했던 깨달음에서 깊은 행복이 온다. 그 신비한 깨달음이 자족과 감사로 이어진다. 아무리 힘들고 고통스러워도 자족과 감사가 커지면 그만큼 행복은 더 커지고 깊어진다.

"오직 우리 주 곧 구주 예수 그리스도의 은혜와 그를 아는 지식에서 자라 가라 영광이 이제와 영원한 날까지 그에게 있을지어다"(벧후 3:18)

♦
환경을 바꾸기보다는 내면의 생각과 마음을 가꿔 깊고 진한 행복을 누려라.

Day 18

할 말과 하지 말아야 할 말

"고백하면 세상을 풍요롭게 만드는 것이 있는가 하면 말하지 말아야 할 것도 있다."(조니 미첼)

가끔 말해놓고서 괜한 말을 했다며 후회하는 날이 있다. 그러지 않으려면 해야 할 말과 하지 말아야 할 말을 구별할 수 있어야 한다. 말하지 않아야 할 것은 말하지 않는 것이 상책이다. 또 해야 할 말은 무조건 내뱉기보다 때와 상황에 합당하게 해야 한다(잠 25:11). 그것이 지혜요 화평을 이루는 길이다.

◆ 할 말과 하지 말아야 말을 구별하고, 할 말은 신중하게 하는 지혜를 구하라.

Day 19

더 높은 차원의 복

"이르시되 내가 반드시 너에게 복 주고 복 주며 너를 번성하게 하고 번성하게 하리라 하셨더니"(히 6:14)

하나님이 주시는 복은 세상의 복과 다르다. 그 복은 첫째로 '불멸의 복'이다. 영원하신 하나님께서 믿음의 조상 아브라함에게 하신 약속이 오늘 나에게도 그대로 적용된다. 둘째로 '구원의 복'이다. 예수님의 십자가로 인간의 모든 죄와 저주가 속량되었기에 이를 믿는 자는 누구든 영생을 얻는다. 셋째로 '성화의 복'이다. 이제 말씀과 기도로 성령의 인도를 받으며 살기에 깨끗하고 정결하고 큰 그릇의 존재로 변화되어 더욱 복된 자가 된다. 넷째로 '풍성의 복'이다. 언제나 나와 함께 하시는 하나님께서 때마다 가장 좋은 것으로 모든 쓸 것을 채우신다.

이 모든 복을 누리는 비결은 단 하나, 믿음이다. 때때로 고난과 시련이 있을지라도 믿음으로 인내하며 주의 뜻을 따라 살면 결국 합력하여 복이 된다. 믿음이 없이는 하나님을 기쁘시고 할 수 없고, 임마누엘의 복도 누릴 수가 없다(롬 1:17).

♦
나는 기독교의 진정한 복을 제대로 알고 충분히 누리고 있는지 돌아보라.

Day 20

평안에서 오는 행복

"바라는 것을 갖는 것은 커다란 행복이다. 가지고 있는 것 외에 아무 것도 바라지 않는 것은 더 큰 행복이다."(메네템)

행복은 어디서 오는가? 평안에서 온다. 삶이 편안해도 마음이 평안하지 않으면 행복을 누릴 수 없다. 하지만 삶이 어려워도 마음이 평안하면 행복해진다.

마음을 지키려면 단순하게 살아야 한다. 단순하면 고민할 것이 적어진다. 유혹과 죄악으로부터 마음과 생각을 지키기 수월해진다. 단순함은 의지로만 되는 것은 아니다. 내 안에 가장 귀한 보화를 소유했을 때 자연스럽게 그것을 중심으로 생각과 마음이 정리되며 단순한 삶이 된다. 바로 예수 그리스도를 가진 자, 그 단순한 마음에서 평안이 지켜지고 늘 평온한 삶을 살게 되는 것이다(고전 2:2).

♦

마음 속의 복잡한 것들을 내려놓고 예수 그리스도로 가득 채우라.

Day 21

그래서 나는 행복하다

얼마 전 한섬 공동체(한국 교회를 섬기는 공동체) 실무자들과 작은 모임을 가졌다. 지난 시간을 돌아보며 감사하고, 앞으로의 새로운 계획도 나누기 위해서였다. 매주 보는 얼굴인데도 모두가 오랫동안 못 본 것처럼 반가워하고 위로하고 격려하는 모습이 이채로웠다. 서로 다른 사람들이 모여 형제자매가 되고 한 교회를 이루어가는 일이 얼마나 아름답고 복된 일인지 새삼 깨닫는 행복한 밤이었다(엡 2:22). 그 신비한 모습에 시심이 밀려와 몇 자 적어본다.

"생명(生命),/ 산다는 것은 부르심이다.// 인생 속에 숨어있는 의미/ 사명을 찾아내는 일은/ 가장 아름답고 복된 일이다.// 부르심의 그 길을/ 나는 생명 다하도록 달려가고 싶다.// 동행(同行),/ 산다는 것은 함께 가는 것이다.// 함께 그 나라를 향해/ 가는 길은 아름답다./ 그 길에 누군가의 작은 디딤돌/ 되는 것은 더 아름답다.// 그런 동행을/ 나는 목숨 다하도록 하고 싶다.// 그래서 나는 행복하다."

◆
믿음의 길을 함께 갈 수 있는 동료를 구하고, 지금 동료가 있다면 그들을 위해 기도하라.

Day 22

길이 없는 곳에

"여호와께서 너희 앞에서 행하시며 이스라엘의 하나님이 너희 뒤에서 호위하시리니"(사 52:12)

인생은 저마다 길을 가는 것이다. 그 길은 독행도(獨行道), 홀로 가는 것이다. 동행도(同行道), 함께 가는 것이다. 고행도(苦行道), 고생하며 가는 것이다. 명행도(命行道), 사명을 이루며 가는 것이다. 애행도(愛行道), 사랑하며 가는 것이다.

이 길은 누가 대신 걸어주지 않는다. 오직 나만이 나의 인생길을 갈 수 있다. 이 길을 잘 가려면 방법은 하나밖에 없다. 길이신 주님과 동행하는 것이다(요 14:6, 잠 3:6). 그분과 동행할 때 주어진 인생길을 넉넉히 갈 수 있고, 길이 없는 곳에도 길이 생긴다.

♦

길이신 주님과 동행하기 위해 나는 무엇을 할 것인지 생각하라.

Day 23 축복의 사람

"웃는 얼굴이 웃는 얼굴과/ 정다운 눈이 정다운 눈과/ 건너보고 마주 보고, 바로보고 산다면/ 아침마다 동트는 새벽은/ 또 얼마나 아름다우랴"(박목월)

요즘 서점을 돌아보면 자기 위로에 관한 책들로 가득하다. "괜찮다, 상관없다, 신경 쓰지 마라" 등 각박한 세상에 제 한 몸 추스르고 살자는 격려를 담은 것이다.

그러나 우리에게 필요한 것은 단순한 공감이 아닌 서로를 향한 축복이다. 서로를 위로하고, 격려하고, 축복할 때에 비로소 아름답고 평안하고 충만한 삶을 살게 되는 것이다. 다른 사람 생각할 것 없다. 바로 내 가족, 내 친구, 내 동료의 이야기이다. 내가 먼저 그들을 축복하자. 그동안 해왔던 온갖 날 선 말들을 뒤로하고 하루하루 축복으로 채워가자(요 13:35).

♦

오늘 하루 누구를 만나든 그의 삶을 축복하라.

Day 24

산책 기도

가을이 되면 낙엽을 밟으며 걷고 싶어진다. 마음 맞는 이들과 날을 잡아 정동으로 산책 기도에 나섰다. 성공회 성당에서 시작하여 덕수궁 돌담길을 지나 정동교회, 이화학당, 중명전, 돈의문 박물관, 경교장, 홍난파 가옥을 차례로 돌며 기도했다. 산책 기도는 내 마음의 시선을 하나님께 고정하고 걸으면서 눈으로 보는 모든 것을 묵상하며 기도하는 것이다. 산책하며 주님과 나눴던 기도를 몇 마디 적어본다.

성공회, 그 뜻은 거룩한 공교회이다. "오 하나님 아버지! 한국 교회가 공교회성을 많이 잃어버렸습니다. 성공회의 신앙을 회복하게 하소서."

중명전, 고종의 평전으로 이곳에서 을사늑약(1905)이 체결됐다. "오 키리에 엘레이손, 주여 우리에게 애국의 마음을 더하시고, 그리스도인으로서 먼저 주의 나라와 뜻을 이루게 하소서."

산책 기도는 걸으면서 기도하고, 기도하며 걷는 것이다. 이렇게 주님과 친밀히 걷다 보면 평소 지나쳤던 사소한 것에서 예기치 않는 신비와 환희를 경험하는 은혜가 있다(시 128:1).

◆

일과가 바쁠지라도 시간을 내어 산책 기도를 시도하라.

Day 25 풍족의 비결

"그가 사모하는 영혼에게 만족을 주시며 주린 영혼에게 좋은 것으로 채워주심이로다"(시 107:9)

세상 것을 아무리 먹고 가져도 우리 영혼을 배부르게 할 수는 없다. 풍성하신 하나님과 함께 하는 삶이 이 땅에서 풍족하게 사는 비결이다. 하나님 안에서, 생명의 떡이신 예수 그리스도를 먹고, 성령님과 동행하는 것은 세상의 진미를 먹는 것과는 전혀 다른 영생의 풍미와 만족이 있다(계 3:20).

◆

세상 것으로 절대 채울 수 없는 내 영혼을 하나님으로 가득 채워 풍족한 삶을 살라.

Day 26

어렵지만 쉬운 길

"나는 너의 자연적 자아를 괴롭히러 온 것이 아니라 죽이러 왔다. 미봉책은 필요 없다. 나는 여기저기 나뭇가지를 쳐 내는 게 아니라 나무 자체를 아예 뽑고 싶다. 이를 뚫거나 씌우거나 막는 게 아니라 아예 뽑고 싶다. 너의 자연적 자아 전부를, 네가 악하다고 생각하는 욕망이나 죄 없는 욕망을 가리지 말고 전부 내게 넘겨다오. 그러면 그 대신 새 자아를 주마. 내 자아를 주마. 그러면 내 뜻이 곧 네 뜻이 될 것이다."(C. S. 루이스)

많은 사람이 예수 믿는 것을 어렵다고 느낀다. 사실 예수 믿는 일은 어려운 것이 아니라 불가능한 것이다. "무릇 내게 오는 자가 자기 부모와 처자와 형제와 자매와 더욱이 자기 목숨까지 미워하지 아니하면 능히 내 제자가 되지 못하고"(눅 14:26) 어떻게 우리가 이 말씀대로 살 수 있겠는가? 그런데 예수님은 그 믿음의 길이 쉽다고 하셨다(마 11:30). 내 경험과 상식으로 믿으면 어렵고 힘들지만, 내가 십자가에 죽으면 내 안에 그리스도가 사시고 그분이 내 인생을 주관하시기에 믿음의 길이 쉽고 즐거운 것이다(고전 15:31).

♦

이제는 주님께 모든 것을 맡기고 믿음의 길을 쉽고 즐겁게 가라.

Day 27

믿음으로 말하라

"그들에게 이르기를 여호와의 말씀에 내 삶을 두고 맹세하노라 너희 말이 내 귀에 들린 대로 내가 너희에게 행하리니"(민 14:28)

어려울 때일수록 말을 잘해야 한다. 말에는 능력이 있기 때문이다. 말에는 '각인력'이 있어 말하는 대로 내 몸과 마음에 새겨진다. '견인력'이 있어 말하는 대로 이끌어간다. '성취력'이 있어 말하는 대로 이루어진다. 그래서 믿음의 사람은 아무리 어려워도 믿음의 말, 긍정의 말, 비전의 말을 한다.

18세기 설교자 존 웨슬리는 강력한 복음 메시지를 전하다가 그만 당시 교회의 강단에서 쫓겨나 거리 전도자가 된다. 그때 그가 했던 유명한 말이 있다. "세계는 나의 교구다!" 그가 말한 대로 그는 전 세계에 영향을 미치는 위대한 복음 전도자가 되었다. 그래서 나도 어려울 때는 두 손 들고 하루에도 몇 번씩 큰소리로 외친다. "나는 하나님의 사랑받는 자녀이다. 하나님이 나와 함께 하시니 모든 일은 잘 되리라!"

♦

어떤 상황 속에서도 믿음의 말, 긍정의 말, 비전의 말을 하라.

Day 28

기쁨이 마르지 않는 인생

"제자들은 기쁨과 성령이 충만하니라"(행 13:52)

기쁨은 성령의 열매다. 곧 정결한 양심에 깃드는 하나님의 선물이다. 기쁨은 긍정의 에너지를 발산이기에 무슨 일을 하든 활력이 넘치고, 풍성한 열매가 맺히게 한다. 그리하여 주님께 감사하게 된다. 설령 풍성한 열매가 없다 해도 범사에 감사하게 된다.

기쁨과 감사는 언제나 함께 한다. 기쁨이 있는 곳에 감사가 있고, 감사가 있는 곳에 기쁨이 있다. 인생의 샘에서 기쁨과 감사의 물을 길어 올리려면 '쉬지 않는 기도'라는 두레박이 있어야 한다. 정결한 양심으로 하나님께 시선을 고정하고 친밀하게 동행할 때 내 안에 성령의 열매가 자라는 것이다.

"주의 이름을 사랑하는 자들은 주를 즐거워하리이다"(시 5:11)

♦

나에게 성령으로 인한 기쁨과 감사가 없다면 무엇이 문제인지 생각하고 회개하라.

Day 29
완전한 복종에 이르는 은혜

"'오직 주 예수 그리스도로 옷 입고 정욕을 위하여 육신의 일을 도모하지 말라'(롬 13:13~14) 이 구절을 읽은 후 즉시 확실성의 빛이 내 마음에 들어와 의심의 모든 어둠의 그림자가 사라지게 되었다. (중략) 그래서 이제 나는 이 세상에 어떤 소망도 두지 않고 믿음의 법 위에 굳게 서게 되었다."(성 어거스틴)

우리가 거듭난 크리스천임을 알려주는 확실한 표지가 있다. 바로 심각한 내적 갈등이다. 거듭난 사람에게는 두 마음이 있다. 하나는 성령을 따라 그리스도의 뜻에 복종하려는 마음이고, 다른 하나는 육신에 이끌려 욕심을 이루려는 마음이다. 이 둘의 싸움으로 크리스천 안에 영적 갈등이 초래되는 것이다.

어떻게 이 갈등에서 벗어나 그리스도의 뜻에 온전히 복종할 수 있을까? 이것은 사람의 수고나 노력으로 되는 것이 아니다. 우리를 변화시키는 확실성의 빛, 곧 성령의 힘이 우리 안에 역사해야 한다(롬 8:2). 그러니 성령을 구하라. 성령세례를 받으라. 성령으로 충만하라.

♦ 더 깊은 은혜, 완전한 복종에 이르는 성령세례와 성령 충만을 갈망하고 구하라.

Day 30

빛의 자녀로

"나는 엎드러질지라도 일어날 것이요 어두운 데에 앉을지라도 여호와께서 나의 빛이 되실 것임이로다"(미 7:8)

예수 그리스도께서 십자가로 죄와 사망을 이기셨다. 우리는 그것을 믿음으로 구원을 받았다. 그렇다면 우리가 정말로 두려워해야 할 것은 죄라기보다는, 죄를 작게 여기는 태도다. 마음으로 짓는 죄는 죄가 아닌 줄 착각한다. 아무도 모르는 죄는 죄가 작은 줄 여긴다. 그러나 마음속에 죄를 품는 것은 스스로 어둠 속으로 들어가는 것이며, 마귀에게 나를 바치는 것이다. 늘 자신을 살펴야 한다. 죄의 모양이라도 버려야 한다. 항시 주님의 빛 가운데 머물러야 한다(살전 5:5).

◆ 내 안의 어둠을 물리치고, 오늘 빛의 자녀로서 적극적으로 한 가지 이상 선을 행하라.

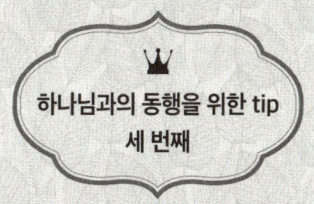

하나님 사랑이 동행의 태도이다

성공의 97%는 태도에 달려있다고 한다. 태도가 잘못되면 방법도 기초도 아무 소용이 없다. 하나님과의 동행은 일의 성취나 종교적 의무 때문이 아니라 사랑의 관계에서 비롯되는 것이다. 주님이 좋아서, 주님을 사모해서, 먼저 베푸신 주님의 사랑에 감격해서 주님과 동행하는 것이다. 다른 이유는 없다. 주님을 사랑하기에 주님과 동행하는 것 그 자체가 기쁨이요, 감사요, 세상에서 가장 행복한 일이 되는 것이다(아 2:10-14).

[하나님 사랑을 위한 세 가지 팁]

① 하나님을 향한 사랑 고백의 찬양을 자주 부르자. 사랑 고백의 찬양으로 인하여 내 심령에 주님 사랑이 가득하게 되면 어떤 좁은 길, 험한 길도 즐겁게 동행하게 된다.

② 혹여 의무감이나 부담감이 느껴지면 즉시 예수 십자가로 나아가자. 이때 "오 파라클레토스 보혜사 성령이시여"로 기도하며 은혜를 구하고, 그리스도 사랑을 회복하자.

③ 이전에 작성했던 동행 스케치를 읽고, 하나님의 함께하심을 재확신하자. 동행 스케치를 다시 읽을 때 그 사랑의 시절로 돌아가 사랑의 본래성을 회복하게 된다.

10월

Day
01

예배드림_피 꽃 162×130.3cm | Acrylic on canvas | 2021 | 정두옥

October

예배드림 – 피 꽃

"레위기에는 제사가 있다. 수많은 형식과 절차를 통해 동물을 희생제물로 바치면서 예배의 의미와 가치를 깨닫는다. 온 인류를 위해 '단번에 드려진 예배'가 예수 십자가다. 십자가로 드려진 예배는 우리에게 피로 산 생명의 선물이다. 산 제물이 되신 예수님의 희생은 피 꽃의 꽃다발이 되어 우리에게 선물이 되셨고, 예배는 그 보혈의 축제와 같음을 표현하였다. 화면 좌우의 금색 수직면은 예수님이 숨을 거두실 때 성전 휘장이 둘로 찢어져 나누어지고, 하나님과 우리 사이의 막힌 담이 허물어짐을 의미한다. 그 가운데, 마치 폭죽이 터지듯 피 꽃이 만발하여 그 향기가 하늘을 뒤덮게 된다. 바로 예수님의 보혈이 온 인류를 구원하는 축제처럼. 선물과 같은 '피 꽃, 꽃다발'을 한 아름 받는 예배는 그래서 생명처럼 소중하다. 목숨으로 사수하며 지켜야 하는 이유이다."(정두옥)

피 꽃, 십자가로 피어나신 예수! 예배 때마다 우리는 그 꽃다발을 한 아름 받는다. 그것을 가슴에 안고 생명과 기쁨이 넘쳐나는 구원 축제를 누린다(엡 5:2). 아, 행복하고 충만하다!

─── 예수 보혈의 은혜에 감사하며 매번의 예배를 생명처럼 소중히 여겨라.

Day 02

흘러넘치는 인생

"주께서 내 원수의 목전에서 내게 상을 차려 주시고 기름을 내 머리에 부으셨으니 내 잔이 넘치나이다"(시 23:5)

세상에는 두 종류의 인생이 있다. 쥐어짜는 인생과 흘러넘치는 인생이다. 쥐어짜는 인생을 사는 사람은 마치 마른 행주에서 물을 찾듯 항상 허덕이고 힘겨워하며 짜증내고 불평한다. 별 것 아닌 일에도 피곤해하고 마지 못해 억지로 한다. 참으로 안타깝고 불쌍한 인생이다. 반면에 흘러넘치는 인생을 사는 사람은 비록 형편이 어려워도 내면에서 샘솟는 영적 에너지로 평안하게 산다. 하나님께서 그와 함께 하시기에 항상 여유를 잃지 않고 능히 감당하며 나누고 섬긴다. 그렇다면 나의 모습은 둘 중 어디에 더 가까운가?

♦

마 14:20, 빌 4:19, 고후 9:8을 묵상하고 흘러넘치는 인생을 살도록 은혜를 구하라.

Day 03

시간을 내라

"일하기 위해 시간을 내십시오. 그것은 성공의 대가입니다. 생각하기 위해 시간을 내십시오. 그것은 능력의 근원입니다. 운동하기 위해 시간을 내십시오. 그것은 젊음을 유지하는 비결입니다. 책 읽기 위해 시간을 내십시오. 그것은 지혜의 원천입니다. 친절하기 위해 시간을 내십시오. 그것은 행복으로 가는 길입니다. 꿈을 꾸기 위해 시간을 내십시오. 그것은 대망을 품는 것입니다. 사랑하고 사랑받는 데 시간을 내십시오. 그것은 구원받은 자의 특권입니다. 주위를 살펴보는 데 시간을 내십시오. 그것은 이기적으로 살기에는 너무 짧은 하루입니다. 웃기 위해 시간을 내십시오. 그것은 영혼의 음악입니다. 기도하기 위해 시간을 내십시오. 그것은 인생의 영원한 투자입니다."(레프 톨스토이)

삶은 기회다. 살아있다는 것은 아직 나에게 시간이 있다는 것이다. 시간을 어떻게 쓰느냐에 따라 아름답고 복된 인생이 되기도 하고, 추하고 저주스러운 인생이 되기도 한다. 나는 무엇에 시간을 쓰고 있는가? 무엇을 위해 그 시간을 쓰고 있는가(엡 5:15~16)?

♦
영원한 세계를 바라보며 더 옳은 일, 더 선한 일, 더 좋은 일을 위해 시간을 내라.

Day 04

기도의 욕망을 버려라

간혹 책을 읽어야 지식이 쌓인다며 책을 잔뜩 사서는 읽지도 않고 책장에 모셔두는 사람이 있다. 기도를 하지 않는 크리스천도 이와 비슷하다. 기도를 하고 싶다고 하면서도 정작 그렇게 할 시간이 없다며 넋두리를 한다.

이제 형식을 갖춰 제대로 기도해야 한다는 '욕망'에서 벗어나라. 기도를 쉽고 편하게 하라. 기도해야 한다는 생각이 들 때 즉시 한마디 기도를 하나님께 올리는 것이다. "오, 하나님 아버지, 사랑합니다." 이렇게 순간마다 호흡하듯 고백할 때, 놀랍게도 그 자리에 나와 함께 하시는 주님을 보게 될 것이다(행 2:21).

"주는 어느 곳에나 계시니, 여기에도 계실 것이 분명합니다."(성 안셀무스)

♦

기도해야 한다는 부담에서 벗어나 매순간 자유롭게 하나님께 나아가라.

Day 05

거룩한 삶을 향한 결단

"예수께서 승천하실 기약이 차가매 예루살렘을 향하여 올라가기로 굳게 결심하시고"(눅 9:51)

인생을 살다보면 중요한 결단을 해야 할 때가 있다. 바로 그때 어떻게 결정하느냐에 따라 그의 인생도 결정된다. 따라서 우리는 제때 결단하고, 제대로 결단해야 한다. 성경을 보면 예수님께서도 사명을 위해 결단하셨다. 십자가로 인류를 구원하여 하나님 뜻을 이루고자 제때 제대로 결단하신 것이다.

나에게도 이런 결단이 있어야 한다. 오늘 하루 말씀 따라 살기로, 기도하며 살기로, 감사하며 살기로, 사랑하며 살기로, 곧 예수 그리스도를 좇아 거룩하게 살기로 결단해야 한다. 한 가지, 결단할 때 반드시 고려해야 할 것은 최선을 위해 차선을 포기해야 한다는 사실이다. 최선과 차선을 다 가질 수는 없다. 나에게 무엇이 최선인지 무엇이 가장 중요한지를 묻고 그 최선을 향해 결단해야 한다.

"인생에서 두 번째로 좋은 것이 가장 좋은 것을 가로막는다."(미우라 아야코)

♦
오늘의 거룩한 삶을 위해 결단해야 할 최선이 무엇인지 생각하라.

Day 06

순례자를 위한 선물

"우리는 하나님의 손을 잡습니다. 그 손이 우리를 계속 이끌어주십니다. 길을 가는 동안 누구도 길을 잃지 않을 것입니다. 우리가 아직 걸어보지 않은 새날이 왔습니다. 우리가 어둠 속에 길을 갈 때 주님의 빛이 길을 밝혀 줄 것입니다." (안스가 슈펀라스)

우리는 모두 천국으로 향하는 순례자이다. 이 고단한 순례 여정을 위해 하나님께서 예비하신 좋은 선물들이 있다. 험한 세상 길을 어떻게 가야 하는지 가르쳐 주는 책이 있다. 그리스도의 말씀 '성경'이다. 험한 인생 길에 지치지 않고 쉬어갈 수 있는 오아시스 같은 공동체가 있다. 그리스도의 몸 '교회'이다. 외롭지 않게 그 순례길을 함께 가는 벗이 있다. 크리스천 '형제 자매들'이다. 그 길을 잘 가도록 안내하는 가이드가 있다. 하나님이 세우신 '목회자'이다.

더욱 감사한 것은 때마다 시마다 길을 잃지 않도록 빛을 밝히시고 손을 내밀어 잡아주시며 이끌어주시는 성령님이 계시다는 것이다(요 14:26). 이 모든 것으로 인하여 우리의 순례길은 안전하고 평화로우며 행복할 수 있다.

♦

오늘의 여정을 위해 성령님을 더 자주 의식하고 사랑을 고백하며 끊임없이 대화하라.

Day 07 인생은 심판적이다

유명 대기업 회장이 긴 투병 끝에 별세했다. 언론마다 머리기사에 이 사실을 전하며 그의 삶에 대해 평가했다. 그의 공과가 적나라하게 드러난다. 그렇다. 인생은 심판적이다.

내 양심이 나를 심판한다. 크고 작은 일을 하면서 '이렇게 살아서는 안 되는데' 하며 나를 심판한다. 이웃이 나를 심판한다. 직위, 신분, 관계 때문에 말은 하지 않아도 내심 '저 사람은 이런 사람이야' 하며 나를 심판한다. 역사가 나를 심판한다. 굴곡진 내 인생을 펼쳐놓고 영욕을 가름하며 나를 심판한다. 그리고 하나님께서 나를 심판하신다. 사는 동안 착하고 충성된 종이었는지, 아니면 악하고 게으른 종이었는지 꿰뚫어 보시며 나를 심판한다(마 25:23~30).

이처럼 인생은 심판적이기에 우리는 날마다 네 가지 질문에 답하며 살아야 한다. "너는 할 일 하였는가?" "너는 정직하였는가?" "너는 용감하였는가?" "너는 화목하였는가?"

◆

날마다 하나님 앞에서 네 가지 질문에 응답하며 살기로 결단하라.

Day 08

더 잘 되는 은혜

사도행전 27장 이하를 보면 바울이 억울한 죄수가 되어 배를 타고 연행되던 중 풍랑을 만나 난파당하는 이야기가 나온다. 그는 널조각을 의지하여 겨우 한 섬에 상륙한다. 섬에 들어가서는 독사에게 물리고, 추장의 부친이 열병에 걸리는 등 이해할 수 없는 고난이 이어진다.

그런데 놀랍게도 안 되는 일이 더 잘되는 은혜로 이어진다. 그가 죄수 된 것이 잘 되었다. 덕분에 바라던 로마로 가게 되었다. 풍랑 만난 것이 잘 되었다. 덕분에 두려워 떠는 이들에게 살아계신 하나님을 전했다. 독사에게 물린 것이 잘 되었다. 덕분에 영적 권위가 생겼다. 추장의 부친이 열병에 걸린 것이 잘 되었다. 덕분에 다른 병든 이들도 안수받고 치유되었다. 파선된 것이 잘 되었다. 덕분에 후한 예물과 좋은 배를 선물로 받았다.

오늘 우리도 여러 가지 문제로 어려운 일을 당한다. 그러나 분명 그로 인해 잘 되는 일도 있을 것이다. 그것을 믿음의 눈으로 보고 헤아려 미리 하나님께 감사하자(시 119:71).

♦

지금 당하는 어려운 일들을 하나님께 맡기고 더 잘되는 은혜가 있기를 간구하라.

Day 09 나의 눈을 밝히소서

"지인이 단풍나무를 선물하여 수련원 한쪽에 고이 옮겨 심었다. 그런데, 겨울이 되었는데도, 단풍나무는 다른 나무와는 다르게 잎을 떨어뜨리지 않고 푸르게 서 있었다. 선물한 그분에게 물으니, 그는 심각하게 말했다. '나무가 너무 병이 깊어 잎을 떨어뜨릴 힘조차 없는 거예요. 목사님, 수고스럽지만 나무에 올라가 잎을 다 떨어뜨려 주세요. 그래야 내년 봄에 새싹을 기대할 수 있어요.'"(최일도)

사람은 겉모습만으로 평가해서는 안 된다. 겉으로는 멀쩡해 보여도, 아무렇지 않은 듯 살아도 그 내면에 깊은 상처가 있어 제대로 숨쉬기조차 힘겨운 이들이 있기 때문이다. 그동안 나는 이 사실을 미처 깨닫지 못하고 "왜 그렇게 사냐"며 사람들을 함부로 판단하고, 다그치고, 조언했다. 지나고 보니 한없이 민망할 뿐이다. 오 키리에 엘레이손, 주여 나를 불쌍히 여기소서(마 7:3).

♦
내 곁에서 함께 살아가는 이들의 마음을 세심하게 헤아리고 공감하라.

Day 10
뜬금없는 신앙고백

우리 예배당 옆에는 작은 편의점이 있다. 어느 주일, 예배를 드리려고 그곳을 지나는데 편의점에 걸린 현수막이 눈에 띄었다. "GS25 생활의 중심 하루의 시작" 그 예사롭지 않은 문구를 보는 순간 뜬금없이 주님께서 물으신다. "네 생활의 중심은 무엇이냐? 하루의 시작은 무엇이냐?" 다른 때도 아닌 주일 예배를 드리러 가는 길에 기습적으로 물으신 것이다. 흠칫 놀라 마음을 가다듬고 나는 고백했다. "생활의 중심, 주 예수 그리스도! 하루의 시작, 쉬지 않는 기도로!"

이후에도 그 편의점을 지날 적마다 주님은 계속 물으신다. 그러면 난 베드로처럼 대답하곤 한다. "내가 주님을 사랑하는 줄 다 아시면서 왜 자꾸 물으세요?"

"이르시되 너희는 나를 누구라 하느냐 시몬 베드로가 대답하여 이르되 주는 그리스도시요 살아 계신 하나님의 아들이시니이다"(마 16:15~16)

♦

일상에서 생각날 적마다 하나님께 나의 믿음을 고백하라.

Day 11

전인적 구원의 은혜

"평강의 하나님이 친히 너희를 온전히 거룩하게 하시고 또 너희의 온 영과 혼과 몸이 우리 주 예수 그리스도께서 강림하실 때에 흠 없게 보전되기를 원하노라"(살전 5:23)

하나님의 구원은 전인적(全人的)이다. 단지 죽어서 천당에 가는 것이 전부가 아니라 내 삶 전체에 영향을 미쳐 그리스도를 닮은 흠 없고 온전한 존재로 변화시켜가는 것이다.

구원은 우리의 혼에 영향을 미쳐 속사람이 능력으로 강건해지고 어떤 고난도 능히 이기게 한다(엡 3:16). 생각에 영향을 미쳐 무엇에든지 그리스도의 뜻이 무엇인지 묻고, 항상 기뻐하고 범사에 감사하게 한다(살전 5:16~18). 관계에 영향을 미쳐 함께하는 모든 사람과 일에 온유와 겸손, 진실과 화평함이 나타나게 한다(엡 5:9). 몸에 영향을 미쳐 언제나 강건하고 행복하게 하나님 나라를 이루어가게 한다(고후 12:10).

◆
전인적 구원을 베푸시는 하나님께 감사하고 그 구원의 풍성함을 누려라.

Day 12

나 자신을 드리라

"오직 저 자신에게서 저를 구해주소서. 모든 것을 내 맘대로 바꾸려고 하고 정당한 이유 없이 행동하려 하며 목적 없이 감정 따라 움직이려 하고 주님이 정해 놓으신 모든 것을 흩으려 하는 저 자신의 사적이고 악한 충동에서 저를 구해주소서. 이제, 주님의 안식 안에 쉬면서 침묵하게 하소서. 그러면 당신의 기쁨의 빛이 제 삶을 따뜻하게 만들어 줄 것입니다. 그 불길은 제 가슴속에서 타오르며 당신의 영광을 위해 빛날 것입니다. 이것이 바로 제가 사는 이유입니다. 아멘, 아멘!"(토마스 머튼)

기도와 묵상은 쉬운 일이 아니다. 우리가 하나님께 나아갈 때 늘 방해하는 것이 있기 때문이다. 그것은 주변 환경이나 다른 사람이 아니다. 바로 나 자신이다. 하나님을 사랑한다고 말하면서도 실제로는 주님과 잠깐의 시간도 갖지 못하는 '분주한 나', '게으른 나', '연약한 나'가 기도와 묵상의 가장 큰 방해꾼이다. 가장 먼저 할 일은 나 자신을 하나님께 드리는 것이다. 마음과 시간을 하나님께 내어드리고 고요히 그 안에 머무는 것이다(시 39:6~13).

♦

위 기도문을 반복해서 고백하며 나 자신을 하나님께 드리라.

Day 13

자산 같은 무명천으로

영화 〈자산어보〉에는 신유박해(1801) 때 흑산도로 유배된 정약전의 이야기가 나온다. 그는 유배지에서 청년 어부 창대를 만나 우정을 쌓으며 물고기에 관한 책을 집필했다. 평소 약전은 유배지 '흑산'이란 이름을 음침하고 어둡다며 두려워했다. 그래서 그는 '자산'이라고 바꿔 썼다. 자(茲)색은 흑(黑)색과 비슷한 검정이지만 그 안에 빨간색, 파란색, 노란색 등이 다 합쳐진 것으로 오묘한 빛깔이 스며져 나온다.

약전은 흑산에서 스스로 자산의 삶을 보여주었다. 유배지는 칠흑뿐이지만 절망하지 않고, 그곳 사람들과 함께 살며 빨강의 열정과 파랑의 희망과 노랑의 사랑을 자산어보에 담으며 섬김의 삶을 실천한 것이다. 이것이 예수 정신이요 성육신의 삶이다(고전 9:20~23). 영화 속 약전의 한 마디가 가슴을 울린다.

"학처럼 사는 것도 좋으나 구정물 흙탕물 다 묻어도 마다하지 않는 자산 같은 검은색 무명천으로 사는 것도 뜻이 있지 않겠느냐."

♦
흑산 같은 세상에서 자산 같은 마음으로 사람들을 섬기며 살겠다고 다짐하라.

Day 14
성숙에 이르는 길

"야곱이 아침에 보니 레아라 라반에게 이르되 외삼촌이 어찌하여 내게 이같이 행하셨나이까"(창 29:25)

야곱은 라헬과 결혼하기 위해 7년을 하루처럼 여기며 일했다. 하지만 결국 외삼촌 라반에게 속아 라헬이 아닌 레아를 아내로 맞이한다. 그는 분노한다. "어찌하여 내게 이같이 행하셨나이까?"

하나님께서는 이 사건으로 야곱을 다듬어가신다. 일찍이 그는 아버지와 형을 속이고 장자권을 탈취한 사람이었다. 그런데 속이기에 능한 야곱이 이제는 삼촌에게 속아서 14년을 섬긴다. 속이는 자가 자신도 모르게 섬기는 자로 바뀐 것이다. 하나님께서는 선하신 섭리 가운데 우리의 죄와 실수를 선으로 바꾸어가신다. 긴 세월 본의 아니게 섬기는 자로 살면서 그는 낮아지고, 깊어지고, 성숙하게 되었을 것이다.

이처럼 하나님은 모든 상황에 개입하셔서 우리를 바꾸고 양육하며 훈련하신다. 지금 당장은 그렇지 않게 보일지라도 우리 삶의 모든 과정은 성숙에 이르는 길이며 하나님께서 다듬으시는 과정이다.

♦
오늘 무슨 일이 찾아오든 성숙의 기회로 여기며 감사함으로 맞이하라.

Day 15

기도에 대한 애착

"하나님은 한 번도 나를 실망시키지 않으셨다. 40년간의 사역의 역사가 주님의 신실하심을 보여주는 산 증거다."(조지 뮬러)

믿음의 거인 조지 뮬러는 기도에 대한 남다른 애착이 있었다. 대체 어떻게 기도했기에 그는 기도에 재미를 느끼고, 하나님과 특별한 관계를 누릴 수 있었을까? 책을 보며 그가 가졌던 기도의 자세를 네 가지로 정리해본다.

하나, 기도를 부지런히 했다. 기도는 하면 할수록 더 깊어지고 재미있게 된다. 둘, 사소한 일로도 기도했다. 사소한 일부터 하나님과 동행하니 실수를 줄이고 좋은 열매를 맺게 된다. 셋, 무엇보다 성령 충만을 구했다. 성령으로 충만해야 의지가 순수해지고 점점 그리스도를 닮게 된다. 넷, 기도를 가장 우선하였다. 기도 없이 5시간 일하는 것보다 1시간 기도한 뒤 4시간 일하는 것이 더 많은 일을 잘할 수 있게 된다. 그는 이렇게 기도하며 하나님의 신실하심을 경험하고 날마다 감격할 수 있었던 것이다(시 118:21).

♦

기도의 재미를 느끼며 하나님과 친밀한 관계를 누릴 수 있도록 힘쓰라.

Day 16

죽을 때까지 이 걸음으로

"그날이 점점 한 점으로 다가오고 있다. 그러나 나는 죽을 때까지 이 걸음으로."(함석헌)

10월의 어느 날, 카페에 앉아 커피를 마시고 있었다. 창밖을 보니 길가의 감나무에 주홍빛 감들이 주렁주렁 달려있다. 올해는 유독 장마도 길었고 태풍도 잦았는데 용케도 다 버티고 열매를 맺다니 참 기특했다. 문득 인생의 가을을 지나는 나에게 질문이 찾아온다. "너는 제대로 열매를 맺고 있는가(요 15:1~8)?" 감나무는 감을, 대추나무는 대추를 각기 맺어가듯 나는 나만의 열매를 잘 맺고 있는지 자문해본다.

"실력함양, 한 권의 책(성경)의 사람으로 살자. 외유내강, 나에게는 엄격하고 이웃에게는 온유하게 살자. 중용지도, 좌우로 치우치지 않는 복음적인 인격으로 살자. 언행일치, 사는 만큼 설교하고 설교한 대로 살자. 예배선행, 언제 어디서나 예배자로 살자."

40대 젊은 나이에 남은 인생을 바라보며 세웠던 나만의 인생관이다. 그때의 다짐들이 나라는 나무에서 얼마나 열매로 맺어졌는지, 창밖의 감나무를 보며 멋쩍게 헤아려본다.

♦

나는 인생의 가을에 어떤 열매를 맺고 싶은지 묵상하고 구체적인 인생관을 정하라.

Day 17 세월을 아끼라

"그런즉 너희가 어떻게 행할지를 자세히 주의하여 지혜 없는 자 같이 하지 말고 오직 지혜 있는 자 같이 하여 세월을 아끼라 때가 악하니라"
(엡 5:15~16)

성경은 우리에게 세월을 아끼라고 말한다. 세월을 아낀다는 것은 지금 죽어도 후회가 없도록 오늘을 내 마지막 날로 여기며 사는 것이다. 나 자신은 정결하게, 이웃과는 화목하게, 일은 충실하게, 비전은 치열하게, 그리고 이 모든 것을 감사와 사랑으로 하는 것이다. 마치 오늘이 마지막인 것처럼 주님과 동행하는 삶은 아름답다. 그것이 '일일일생'(一日一生)이다.

"오늘만이 내 날이요 주님 만날 준비 오늘뿐이다."(손양원)

♦
오늘 죽어도 부끄럽지 않도록 일일일생의 삶을 살라.

Day 18

예수의 기도

"주님, 우리의 소리를 들으소서. 우리를 긍휼히 여기소서. 왕이신 주님, 우리가 당신의 얼굴을 등지지 않게 하소서. 주님은 우리 입에서 나오는 기도를 들어주시기 때문입니다. 주님, 우리 기도를 들어주시고, 찬양을 받아주소서."(유대인 18개 기도문에서)

예수님을 믿는다는 것은 예수님을 구하고, 또 구한다는 것이다. 단지 입으로만 아니라 생각과 시선을 하나님께 고정하고, 끊임없이 마음으로 하나님과 대화하며 보는 것 가는 것 행동하는 모든 것에서 예수님을 구하는 것이다(마 7:7~8).

이를 위해 아주 유용한 기도가 예수의 기도라 불리는 짧은 기도문 "키리에 엘레이손(주여, 나를 불쌍히 여기소서)"이다. 교회사에 전해 내려오는 수많은 믿음의 위인들이 이 기도를 일상에서 반복하며 살았다. 나 역시 이 기도문으로 항시기도를 하고 있다. 이 기도를 반복하라. 깨어 있는 동안 지속하라. 횟수를 세지 말고 계속하라. 어느새 하나님과 함께 하는 자신을 보게 될 것이다(시 86:5).

♦

오늘 하루 예수의 기도를 끊임없이 반복하라.

Day 19

세상을 향하여

　내가 종종 나가야 하는 한 모임이 있다. 회원들은 대체로 내 또래이거나 조금 더 위인 사람들이다. 그들의 상당수가 하는 이야기를 들어보면 무척이나 나라 걱정, 남의 걱정을 하고 있는데, 실상 들여다보면 '나르시시즘'에 기반한 자기 보신에 더 열심인 것처럼 보인다. 혹여 나를 만나는 사람들도 나를 그렇게 보는 것은 아닐까? 다시 한번 나를 다잡으며 주님께 엎드려 간구한다.

　"하나님 아버지, 저 자신에게 매몰되지 않는 시각을 주십시오. 눈을 떠 제 주변의 이웃과 세상 곳곳의 알지 못하는 사람들을 바라보게 해주십시오. 제 눈은 저만을 바라볼 때가 너무 많습니다. 먼저 그리스도를 바라보게 하시고 그리스도의 눈으로 세상을, 이웃을, 원수들을 바라보게 해주십시오. 나 자신보다는 남들의 필요를 바라보는 눈을 주십시오. 아멘."

　"이르되 주여 우리의 눈 뜨기를 원하나이다"(마 20:33)

◆
나의 눈이 주님의 눈이 되어 긍휼과 사랑으로 세상을 바라볼 수 있도록 기도하라.

Day 20

자기중심에서 벗어나

"하늘에 계시는 주여 내가 눈을 들어 주께 향하나이다"(시 123:1)

나의 기도는 얼마나 이기적인가. 그동안 얼마나 내 이야기만 해왔던가. 그러나 기도의 초점은 내가 아니다. 설령 나를 위해 기도하더라도, 나를 향한 하나님의 뜻을 알고 그 선한 뜻대로 살아가기 위해 기도하는 것이다.

자기중심적인 생각에서 벗어나 우리가 온전히 하나님께로 향할 때 그리스도로 충만하게 되고, 그분의 돌봄과 인도를 받게 된다. 마치 지엄한 왕의 명을 기다리는 신하처럼, 상전의 손을 바라보는 종처럼 자신을 잊고 하나님을 바라보라. 오, 파라클레토스 성령이시여. 우리를 주님께로 인도하소서.

♦

자기중심적 기도에서 벗어나 가난한 마음으로 하나님의 뜻을 구하라.

Day 21

고아한 품격의 크리스천

"교회가 추구해야 할 가장 중요한 과제는 교회 본질을 회복하는 것과 '고아한 품격 공동체'를 이루는 것이다."(스텐리 하우어워스)

예수님을 믿는 사람들은 매력있고 강건하게 세상을 살아간다. 세상이 그들을 함부로 할 수 없는 고아한 품격을 지니고 사는 것이다(요 17:16). 그들의 삶을 보면 '3쁘'의 은혜가 있다. 그들은 기쁘다! 날마다 주님과 함께 사니 그 마음이 항상 기쁘다. 그들은 예쁘다! 날마다 주님을 닮고자 하니 그 얼굴과 행실이 더욱 예쁘다. 그들은 바쁘다! 날마다 주님을 잘 섬기고자 하니 그 생활이 부지런하여 바쁘다.

◆

오늘 하루 주님 안에서 기쁘게, 예쁘게, 바쁘게 살라.

Day 22

이것만이 길이다

"두 개의 독에 쥐 한 마리씩을 넣고 빛이 들어가지 않도록 밀봉한 후 한쪽 독에만 바늘구멍을 뚫는다. 똑같은 조건 하에서, 완전히 깜깜한 독 안의 쥐는 1주일 만에 죽지만 한 줄기 빛이 새어 들어오는 독의 쥐는 2주일을 더 산다. 그 한 줄기 빛이 독 밖으로 나갈 수 있을지도 모른다는 희망이 되고, 희망의 힘이 생명까지 연장시킨 것이다."(장영희)

어둡고 캄캄한 세상에도 한 줄기 빛이 있다. 그리스도 예수, 이 빛이 희망이다! 생명이다! 주저앉고 싶을 때 불안과 두려움에 빠져 있을 때 길을 잃고 헤맬 때 내가 할 수 있는 일, 오직 하나가 있다. 한 줄기 빛 그리스도 예수를 향해 나아가는 것이다. "키리에 엘레이손"하며 다시 주님을 붙잡는 것이다. 내 안에 계신 주님을 깨워 그분의 음성을 듣는 것이다. 다 알 수 없을지라도 주님의 말씀 따라 순종의 발걸음을 내딛는 것이다. 이것만이 희망이요, 생명이다. 다른 길은 없다(요 14:6, 시 119:67).

◆

빛이신 주님을 따라 믿음의 길을 가겠노라 다짐하고 성령님의 도우심을 구하라.

Day 23

오늘 드리십시오

"네 부모를 공경하라 그리하면 네 하나님 여호와가 네게 준 땅에서 네 생명이 길리라"(출 20:12)

성경은 부모 공경을 강조한다. 효도가 신앙의 전제요, 사회의 기초요, 형통의 비결이기 때문이다. 부모를 제대로 모시지 않는 자는 참 성도, 참 시민, 참 사람이 될 수 없다.

부모님을 어떻게 공경할지는 사람마다 다를 수 있다. 어릴 적에는 제 할 일을 제대로 하는 것이 부모 공경이다. 청년 때는 부모와 자주 상의하고 존중하는 것이 부모 공경이다. 결혼해서는 자주 문안하고 연락하는 것이 부모 공경이다. 장성해서는 먼저 알아서 부모의 필요를 채우는 것이 부모 공경이다. 그리고 무엇보다 복음을 전하고 함께 신앙을 나누는 것이 최고의 부모 공경이다. 분명한 것은 부모님이 우리 곁에 늘 계시지는 못한다는 사실이다. 미루지 말고 할 수 있을 때 맘껏 효도하자. 할 수 있는 최고의 사랑을, 바로 오늘 드리자.

♦

부모님께 사랑을 고백하고 작은 선물을 드려라. 그리고 무엇보다 복음을 나누라.

Day 24 기도의 계절

"가을은 기도드리는 계절입니다. 내가 그대에게 다시 그대는 나에게 기도드리는 계절입니다."(황금찬)

가을은 무엇이든 깊어지는 계절이다. 하늘의 청신함이 깊어지고, 나무의 우직함이 깊어지고, 덩달아 인생의 고민도 깊어지는 때이다. 이 성숙의 계절에 무엇보다 깊어져야 할 것이 있다면 바로 우리의 기도이다. 아마 성도라면 누구나 기도하길 원할 것이다. 그러나 실상은 그러지 못하다. 바빠서, 피곤해서, 힘들어서, 어려워서 우리는 기도하지 못한다. 때로는 너무 짧고, 너무 적고, 너무 형식적으로 기도한다. 마치 기도를 억지로 하는 것처럼 행동한다.

기도는 누리는 것이다. 하나님과 친밀한 관계를 나누는 것이다. 이번 가을, 단풍이 익어갈수록 하나님과의 사귐도 깊어져 가기를 소망한다(출 33:11). 하나님과 친밀함을 누리는 시간, 세상에 이보다 더 좋은 것이 있겠는가?

♦

하나님과의 친밀한 시간을 위해 더욱더 기도하기로 다짐하라.

Day 25

넉넉히 이기는 은혜

가을 야구 경기를 중계하던 한 해설자가 치열하게 접전하는 양 팀을 보며 설명했다. "시간이 흐르면 결국 강한 자가 경기를 지배하게 되지요." 얼핏 들으면 맞는 말 같지만 사실 인생은 그렇지 않다. 강한 자가 이기는 것 아니라 이기는 자가 강한 것이다.

누가 인생에서 승리할 수 있는가? 이해력이 큰 자, 무엇이든 수용하며 화평하게 사는 사람이 승리한다(롬 12:18). 인내력이 큰 자, 어떤 시험과 고난이 찾아와도 끝까지 견디며 성숙해지는 사람이 승리한다(약 1:4). 성취력이 큰 자, 주어진 일에 힘과 마음을 다하여 때가 되면 선한 열매를 맺는 사람이 승리한다(갈 6:9). 이 이해력, 인내력, 성취력은 아무나 갖출 수 있는 것이 아니다. 바로 나는 날마다 죽고 내 안에 그리스도를 모시며 사는 크리스천에게, 세상 모든 죄와 어둠에서 승리하신 주님과 동행하는 이에게 은혜로 주어지는 것이다.

"그러나 이 모든 일에 우리를 사랑하시는 이로 말미암아 우리가 넉넉히 이기느니라"(롬 8:37)

♦

나의 강점과 약점을 점검하고 날마다 그리스도와 함께 승리자로 살아가라.

Day 26
모든 선한 일의 시작

"그가 우리를 대신하여 자신을 주심은 모든 불법에서 우리를 속량하시고 우리를 깨끗하게 하사 선한 일을 열심히 하는 자기 백성이 되게 하려 하심이라"(딛 2:14)

곤궁에 처한 이웃을 돕는 일은 몸으로 하는 기도이다. 고통 중에 있는 이웃을 섬기는 일은 거룩에 이르는 길이다. 그러나 선행은 인간의 결심만으로 할 수 있는 것이 아니다. 먼저 주님께서 모든 불법에서 우리를 속량하시고 깨끗하게 하셨음을 믿어야 한다. 그리고 언제나 주님과 동행해야 한다. 온종일 주님과 대화하고, 순간순간 성령의 감화를 받아 주님의 뜻을 따라야 한다. 그럴 때 자연스럽게 내가 하는 모든 일이 선한 일이 되고 이웃을 섬기는 일이 되고 그리스도의 덕을 드러내는 일이 되는 것이다. 하나님과의 동행이 최고선이요 경건이다. 모든 선한 일은 여기서 비롯된다.

♦

오늘 주님과 동행하며 곤궁에 처한 이웃 한 사람을 도우라.

Day 27 가장 좋은 건강법

"오늘은 나의 생일 즉 72세로 들어가는 첫날이다. 어떻게 지금도 30년 전이나 다름없이 힘이 있는지 잘 모르겠다. 30년 전의 시력에 비해 현재 상태가 더 좋아진 듯, 내 신경은 더 강해졌다. 노인성 질환도 전혀 없지만, 젊을 때 갖고 있었던 몇 가지 질환은 없어졌다. 내 상태가 이렇게 된 가장 중요한 원인은 '무엇을 하든지 하나님께 영광을 돌리려는 사람'에게 하나님이 주신 즐거움이다. 내가 한 것이라곤 다음과 같다. 1. 15년 동안 유지해온 새벽 4시 기상, 2. 세상에서 가장 건강한 운동 중에 하나인 새벽 5시 설교, 3. 해양이든 육지든 매년 4천 500마일 이상의 전도 여행."(존 웨슬리)

오늘 우리는 지나치게 건강에 신경을 쓴다. 건강에 좋다면 사고, 먹고, 하기를 마다하지 않는다. 그러나 참된 건강은 어디서 오는가? 우리 생명은 누가 주셨는가? 그렇다. 건강과 행복은 어디서나 하나님께 영광을 돌리는 사람에게 주어지는 즐거운 선물이다. 그러니 너무 건강에 매이지 말고 믿음으로 살라. 주께서 범사가 잘되고 강건하게 하실 것이다(요삼 1:2).

♦

여유를 갖고 운동도 하고 산책도 하라. 그리고 무엇보다 믿음으로 살라.

Day 28

가을에 떠나는 여행

가을이 되면 왠지 어디론가 떠나고 싶어진다. 꽉꽉한 일상을 벗어나 낯선 곳에서 드넓은 자연을 보고 생각에도 잠기는 것이다. 그러나 일상에 매인 자로서 그것이 쉬운 일은 아니다. 그렇다면 어디든 가을 길을 산책해보자. 퇴근길에 한 두 정거장쯤 미리 내려 평소에 가지 않던 길로 귀가하는 것도 좋겠다.

그런데 더 권하고 싶은 것은 '하늘로 떠나는 여행', 곧 내면으로 떠나는 마음의 여행이다. 성경을 펼쳐 평소 읽지 않았던 부분을 읽고 눈을 감고 묵상하며 내면으로의 여행을 즐겨보라. 평소 만나지 못했던 하나님을 만나고, 경험하지 못했던 자신을 찾게 될 것이다(시 19:14).

♦
오늘 하루 낯선 길로 귀가하며 사색하고, 성경의 낯선 부분을 읽으며 묵상하라.

Day 29

사랑받지 못해도

"그가 또 임신하여 아들을 낳고 이르되 내가 이제는 여호와를 찬송하리로다 하고 이로 말미암아 그가 그의 이름을 유다라 하였고 그의 출산이 멈추었더라"(창 29:35)

사람은 누구나 사랑받고 인정받기 원한다. 그러나 아무리 애써도 잘 안 되는 경우가 있다. 레아가 그랬다. 야곱이 라헬을 사랑하는 까닭에, 레아는 남편의 사랑을 받지 못했다. 아들을 낳으면 남편이 돌아오리라 기대했지만 셋이나 낳고도 그 마음을 돌리진 못했다. 하나님께서는 그런 레아를 신실하게 돌보셨다. 그러자 그녀는 넷째 아들을 낳고서야 하나님께 시선을 돌린다. 아들의 이름을 '유다(여호와를 찬송하리로다)'라고 짓는다. 더 이상 빼앗기고 잃어버릴 것에 집착하지 않고 참된 기쁨이신 하나님을 바라보게 된 것이다.

신기하게도 야곱의 자녀들 중 하나님의 구속사에 주축이 된 이들은 모두 레아의 후손들(레위, 유다)이다. 이처럼 하나님은 선하시다. 우리를 그 선으로 이끌고 계신다(롬 8:28). 그러니 잃어버릴 세상 것에 마음을 두지 말고 신실하신 하나님께 마음을 드리자. 하나님이 책임지신다.

♦

잃어버릴 세상 것에 연연하기보다 신실하신 하나님을 신뢰하라.

Day 30

말씀에 따른 결단

1521년 4월 18일, 마틴 루터는 보름스 제국회의장에 섰다. 칼 5세와 제후들이 그를 위협했다. 95개 논제를 비롯한 그의 수많은 주장을 철회하라는 협박이었다. 그는 하루의 시간을 요청했다. 그리고 이튿날 다시 황제와 제후들 앞에 서서 이렇게 자신의 결단을 고백했다.

"나의 양심은 하나님의 말씀에 사로잡힌 바 되었습니다. 나는 철회할 수도 없거니와 철회하지도 않겠습니다. 왜냐하면, 자신의 양심에 불복하는 것은 옳은 것도 안전한 것도 아니기 때문입니다. 하나님이여, 내가 여기 섰나이다. 나를 도우소서. 아멘."

그는 자신의 주장을 철회할 수 없었다. 아무리 읽어보아도 성경에 그렇게 기록되어 있었기 때문이다. 그는 말씀에 따라 결단하고 모든 것을 하나님께 맡겼다. 그러자 하나님께서 그를 통하여 교회와 세상을 변화시키셨다. 그렇다면 오늘날 어두운 세상, 흠 많은 교회를 위해서 누가 결단해야 하는가. 바로 우리다. 우리가 결단할 차례다(수 24:16, 눅 9:51).

♦

인생의 위기 앞에서 타협하기보다는 말씀을 따라 살겠다고 결단하라.

Day 31

자신을 돌아보라

그 사람이 어떤 사람인지 알고 싶다면 세 가지를 살펴봐야 한다. 즉 고난 당할 때, 칭찬 들을 때, 돈이 있을 때 그가 어떻게 처신하는지 보는 것이다. 좋은 사람은 고난의 때 불평하지 않고 감사한다. 칭찬 들을 때 교만하지 않고 겸손하게 행동한다. 돈이 있을 때 낭비하지 않고 나누며 봉사한다. 다른 사람 재볼 것 없이 나부터 돌아보라. 나는 좋은 사람인가?

"형통한 날에는 기뻐하고 곤고한 날에는 되돌아 보아라 이 두 가지를 하나님이 병행하게 하사 사람이 그의 장래 일을 능히 헤아려 알지 못하게 하셨느니라"(전 7:14)

♦

언제나 누구에게나 좋은 하나님의 사람으로 살아갈 수 있도록 자신을 돌아보라.

November

세 가지 소망

"소란스럽고 번잡한 서울 시내에서 한 발짝만 들어서면 마음이 고요해지는 공간이 있다. 이따금 늦은 저녁 산책길에 그 작은 광장으로 들어선다. 서서히 내려앉는 어둠 속에서 모습을 드러내는 키 작은 세 개의 등불을 보고 있으면 마음속 이미지들도 고개를 든다. 소망 하나, 소망 둘 그리고 소망 셋."(윤정선)

소망은 아무에게나 솟아나지 않는다. 소망은 믿음에서 시작한다. 믿음이 없으면 불안과 두려움뿐이다. 그러나 아무리 세상이 어두울지라도 믿음이 있으면 소망한다. 그 소망은 인내로 이어진다. 주님의 말씀을 믿기에 소망하게 되고, 소망하기에 인내한다. 그리고 소망은 사랑으로 완성된다. 사랑하면 기다리게 되고, 사랑하는 만큼 인내한다. 사랑하는 주님을 소망하면 사랑으로 충만하게 된다(시 71:14). 사랑은 모든 것을 참으며 모든 것을 바라며 모든 것을 견딘다. "소망 하나-믿음, 소망 둘-인내, 그리고 소망 셋-사랑."

──── 나는 왜 불안하고 두려운가? 셋 중 무엇이 부족한지 생각하고, 소망으로 채우라.

11월

Day
01

세 가지 소망 97×145.5cm | Oil on canvas | 2014 | 윤정선

Day 02   고독의 훈련

"고독의 훈련은 기도 생활을 발전시키는 매우 강력한 훈련 중 하나다. 이는 우리를 일상적인 일이나 특별히 열중하는 일들의 속박에서 풀어주며 만물을 새롭게 하시는 하나님의 음성을 듣기 시작하도록 하는, 비록 쉽다고는 할 수 없지만 간단한 길이다."(헨리 나우웬)

예수님은 언제나 하나님의 음성에 귀를 기울였고 언제나 아버지의 인도하심에 민감했다. 하나님의 음성을 하나도 놓치지 않는 것, 그것이 바로 참된 기도이다(시 95:7). 문제는 그 음성을 어떻게 들을 수 있느냐는 것이다. 물론 이는 전적인 하나님의 은혜다. 동시에 영적인 훈련도 필요하다. 은혜에서 훈련으로, 훈련에서 은혜로 나아가야 한다.

먼저 마음의 생각을 하나님께 고정하라. 그리고 무엇보다 고독의 시간을 가져라. 일상의 모든 것들과 떨어져 단독자로 하나님 앞에 있는 것이다. 그렇게 하나님의 음성 듣기를 갈망하고 연습하다 보면 듣는 귀가 점점 더 열리게 된다. 하나님의 세미한 음성을 조금씩 더 듣게 된다.

♦
일상에서 고독할 수 있는 시간을 만들고 주의 음성에 귀를 기울여보라.

Day 03

주님을 목말라했던 사람

한국 교회 부흥기에 크게 쓰임 받았던 한 목사님이 얼마 전 별세했다. 교회 성장과 부흥 영성으로는 기독교 역사에 가장 큰 업적과 발자취를 남긴 분이다.

나는 그분을 직접 뵌 적이 있다. 마치 어린 학생이라도 된 듯 나는 그분에게 어떻게 큰 부흥을 이루었는지, 그 원인이 무엇인지 여쭈었다. "내가 한 것이 아니에요. 오직 하나님의 은혜예요. 난 그저 주님을 삶의 목적으로, 매일의 목표로 삼고 주님을 사랑하고, 성령의 감화대로 순종했을 뿐이에요. 난 평생 주님을 목말라했습니다. 그 목마름이 내게 있어요." 그분의 대답은 내게 큰 깨달음과 확신을 주었다. "아, 무엇보다 그리스도를 목말라하는 것이 우선이구나!"

교계 외에는 그분의 소식에 별 관심이 없다. 안타깝고, 미안하고, 부끄럽고, 속상한 마음이지만 그분의 최종 평가는 역사와 하나님께 맡기자. 누구의 인생이든 심판의 날은 온다. 오늘 나는 더욱 주님을 목말라하며 주님을 향하여 나만의 부르심의 길을 가야겠다.

"하나님이여 사슴이 시냇물을 찾기에 갈급함 같이 내 영혼이 주를 찾기에 갈급하니이다"(시 42:1)

♦
나에게는 주님을 향한 목마름이 있는가? 어떻게 그것을 채우고 있는가?

Day 04

창조성의 원리

"다니엘은 뜻을 정하여 왕의 음식과 그가 마시는 포도주로 자기를 더럽히지 아니하리라 하고 자기를 더럽히지 아니하도록 환관장에게 구하니"(단 1:8)

다니엘은 위기의 시대를 창조적으로 살아낸 사람이다. "거룩한 영의 사람아, 네게는 어려울 것이 없는 줄을 내가 안다." 당시 철의 권력을 휘두르던 왕 느부갓네살이 다니엘에게 했던 말이다. 그는 어떻게 세상이 알지 못하는 창조적인 지혜와 능력을 갖추게 되었을까?

먼저 그는 '거룩'했다. 하나님의 사람이라는 분명한 정체성을 품고 세상과 구별되게 살았다. 또한 그는 '충실'했다(단 6:4). 자신에게 맡겨진 일은 무엇이든 성실하게 감당했다. 그리고 그는 '기도'했다(단 6:10). 세상을 만드신 창조주 하나님과 늘 친밀한 관계를 유지한 것이다. 시대를 돌파하는 창조성은 갑자기 하늘에서 떨어지는 것이 아니다. 오늘 주어진 일을 거룩하게 충실하게 기도하며 감당하는 사람에게 주어지는 은혜인 것이다.

♦
모두가 위기라 말하는 이 시대에 창조적인 하나님의 사람이 되기를 결단하라.

Day 05

한 권 책의 사람

"독서만큼 값이 싸면서도 오랫동안 즐거움을 누릴 수 있는 것은 없다."(미셸 몽테뉴)

세상에는 즐겁고 유익한 일이 참 많지만, 그중에서도 이 가을에 권할 만한 것으로 독서만큼 좋은 것이 없다. 독서는 영혼을 살찌우는 양식이요, 인생을 풍요롭게 하는 토양이요, 우리를 성숙하게 하는 훈련이다. 요즘 어떤 책을 곁에 두고 있는가? 전문가들은 균형 잡힌 독서를 위해 크게 두 종류의 책을 읽으라고 권한다. 하나는 베스트셀러다. 이를 통해 우리는 시대의 흐름, 세상의 관심사를 이해할 수 있다. 다른 하나는 고전(古典)이다. 이를 통해 우리는 시공을 초월하는 인생의 교훈과 원리를 발견한다.

무엇보다 추천하고 싶은 것은, 영원한 베스트셀러이자 최고의 고전인 성경이다. 남은 가을은 성경을 가까이 하자. 성경을 통해 믿음이 성장하고 인생이 성숙하는 기쁨을 누리게 될 것이다(딤후 3:15~17).

◆
어떻게 하면 성경을 가까이할 수 있는지 생각해보고 꾸준히 읽고 묵상하라.

Day 06

길을 가는 그대에게

"하나님, 우리가 가는 길에 복을 내려 주십시오. 우리의 시작을 축복해주십시오. 내가 뒤에 남겨 둔 것을 보호해주십시오. 내가 행하는 새로운 것을 지켜주십시오. 처음으로 내딛는 발걸음에 동반하여 주십시오. 목적지에 잘 도착하도록 복을 내려주십시오. 주님을 내 목적지로 삼게 해주십시오."(안드레아 슈바르츠)

한 후배 목회자가 인생의 길을 잃었다며 나를 찾아왔다. 마주 앉아 차근차근 이야기를 들어보니 그는 길을 잃은 것이 아니라 애초부터 잘못된 길로 들어선 것이었다. 인생길을 잘 가는 것, 복된 인생을 사는 것은 한 가지 방법밖에 없다. 곧 길이신 주님과 동행하는 것이다.

주님과 동행한다는 것은 인생의 목적을 주님께 두는 것이다. 무엇을 하든지 주님의 뜻을 확인하는 것이다. 날마다 주님을 더욱 사랑하는 것이다. 언제나 주의 인도하심을 따르는 것이다. 항상 주님과 동행하라. 그러면 어디를 가도 그곳이 길이 된다(요 14:6).

♦

지금까지 내가 살아온 길을 돌아보고, 이제 길 되신 주님과 함께 믿음의 대로를 걸으라.

Day 07

깨달음이 복이다

"존귀하나 깨닫지 못하는 사람은 멸망하는 짐승 같도다"(시 49:20)

옛날 주나라 무왕이 기자라는 현인에게 복이 무엇인지 물었다. "첫째는 장수하는 것이요, 둘째는 물질적으로 넉넉한 것이요, 셋째는 건강하고 마음이 편안한 것이요, 넷째는 도덕 지키기를 좋아하는 것이요, 다섯째는 제 명대로 살다가 편히 죽는 것입니다." 현자의 말이 일견 일리 있어 보이지만 사실 하나만 알고 둘은 모르는 것이다. 정말 그렇게만 살면 복된 인생이라 할 수 있는가?

인생은 하나님을 깨닫지 않고서는 복을 논할 수 없다. 하나님을 모르면 나 자신을 알 수 없다. 내 존재 목적과 가치도 없다. 구원의 감격과 하늘의 기쁨도 없다. 하나님을 찾기 전까지는 세상 그 무엇도 아무 의미가 없다. 하나님을 아는 것이 복이다. 그것을 깨닫는 것이 복이다.

♦ 주변에 하나님을 깨닫지 못한 이가 있다면 그에게 복되신 하나님을 전하라.

Day 08

그리스도의 십자가

"성경은 마귀에 대한 하나님의 승리를 6단계로 묘사한다. 첫 단계는 여인의 후손에게서 구원자가 나온다는 예언된 승리이다(창 3:15). 두 번째 단계는 예수께서 광야에서 사탄을 물리치는 시작된 승리이다(마 4:10~11). 세 번째 단계는 십자가에 죽으심으로 성취된 승리이다(골 2:13~15). 네 번째 단계는 부활로 선언된 승리다(마 28:18~20). 다섯 번째 단계는 성령으로 확장되는 승리다(행 1:8). 여섯 번째 단계는 재림으로 완성되는 승리다(계 21:1)."(존 스토트)

성경은 승리의 역사다. 하나님께서 죄와 죽음을 이겨가시는 승전 이야기이다. 그중 가장 결정적인 승리가 '성취된 승리'로 이루어졌다. 곧 그리스도께서 십자가에 죽으심으로 모든 것을 이루신 것이다. 이로 인해 죽음과 저주를 의미했던 십자가는 기독교 신앙의 중심이 되었다. 십자가는 승리의 상징이 되었다. 이스라엘의 역사도, 성육신 사건도, 부활의 기적도, 대속의 은혜도, 죽음의 패배도, 교회의 탄생도, 복음의 전파도, 오늘 나의 구원도 다 이 십자가로 이루어졌다.

◆
하나님의 승리를 단계별로 묵상하고, 결정적 승리를 이룬 십자가 은혜에 감사하라.

Day 09 버려야 할 것

하나님께서는 우리가 평안하게 살아가길 원하신다. 그런데 우리 인생을 보면 꼭 그렇지만은 않다. 아니 도리어 끝없는 불안 속에 사는 이들이 많다. 무엇 때문일까?

탐욕, 자족하지 못하는 끝없는 욕심 때문이다. 야욕, 능력은 안 되면서 더 높아지려는 욕망 때문이다. 시기, 내가 없어서가 아니라 남이 더 많이 가진 것으로 인한 속상함 때문이다. 분노, 말과 혈기를 조절하지 못하는 감정의 격동 때문이다. 교만, 나를 드러내고자 하는 위선적이고 무례한 언행 때문이다. 죄의식, 감추어진 죄로부터 나오는 심리적 고통 때문이다. 혹시 이 중 한 가지라도 지금 내 안에 있는가? 바로 그것을 버려라. 버려야 평안하다.

"하나님이여 내 속에 정한 마음을 창조하시고 내 안에 정직한 영을 새롭게 하소서"(시 51:10)

◆ 시 51:10을 암송하고 버려야 할 것을 온전히 버릴 수 있도록 주의 긍휼을 구하라.

Day 10 신령한 복

"레아가 이르되 복되도다 하고 그의 이름을 갓이라 하였으며 레아가 이르되 기쁘도다 모든 딸들이 나를 기쁜 자라 하리로다 하고 그의 이름을 아셀이라 하였더라"(창 30:11, 13)

세상 복의 끝은 언제나 불만과 불안이다. 바라는 만큼 갖지 못하면 불만이다. 바라는 만큼 가지면 불안이다. 혹시라도 잃어버릴까, 빼앗길까 전전긍긍한다. 라헬은 이런 세상 복을 구했다. 그래서 남편의 사랑을 차지했음에도 자녀가 없자 언니를 시기하고, 남편을 원망한다.

그런데 레아는 다른 복을 구한다. 비록 남편의 사랑을 얻지는 못했지만 하나님께 복을 받은 것이다. 그녀는 네 자녀를 낳고 이어서 여종 실바에게서 자녀 둘을 더 얻었다. 레아는 이것이 하나님께로부터 온 복임을 알고, 자녀의 이름을 '갓(복되도다)'과 '아셀(기쁘도다)'로 짓는다. 이처럼 우리가 구해야 할 것은 세상 복이 아니라 하나님이 주신 하늘의 신령한 복이다. 복이신 하나님을 기뻐하고, 주신 복에 감사하며 세상과 나누어야 한다.

◆

나의 복이 되어주시는 하나님께 감사하며, 그 기쁨을 세상과 이웃에 나누라.

Day 11 사랑의 경이로운 힘

"사랑은 깨어 있어서, 잠을 자도 자는 것이 아니고, 피곤해도 피곤에 눌려서 나가떨어지지 않고, 에워싸여도 싸이지 않으며, 놀라도 흐트러지지 않고, 도리어 활활 타오르는 불꽃과 횃불처럼, 모든 것을 거침없이 뚫고 위로 높이 솟아오릅니다. 사랑하는 사람은 사랑이 무엇이라고 소리치는지 압니다. 영혼이 열렬한 사랑으로 타오를 때, 내 영혼이 하나님의 귀에 대고 '나의 하나님 나의 사랑이시여, 주는 나의 모든 것이고, 나는 전적으로 주의 것입니다'라고 큰 소리로 외치는 것입니다."(토마스 아 켐피스)

믿음의 길은 좁은 길이요, 험한 길이다. 날마다 나를 부인해야 하는 십자가의 길이다. 이 길을 기쁨과 감사로 넉넉히 갈 수 있는 은혜가 있으니 사랑이다. 사랑은 모든 것을 이기는 회복의 탄력성이다. 쉬지 않는 기도로 하나님과 사랑의 관계가 이루어지면 그 사랑의 탄력성으로 아무리 어려워도 항상 기뻐하고 범사에 감사하며 즐겁게 십자가를 지고 갈 수 있다(롬 5:3~5).

♦ 하나님께 받은 사랑으로, 하나님을 향한 사랑으로 즐겁게 자기 십자가를 지고가라.

Day 12

내 백성을 위로하라

"너희는 위로하라 내 백성을 위로하라"(사 40:1)

때로는 희망을 말할 수 없을 때가 있다. 어떤 위로도 전혀 도움이 되지 않을 때가 있다. 너무나 마음이 무겁고 슬프고 아플 때가 있다. 세상 아무것도 위로가 되지 않던 날, 주님은 나에게 이렇게 말씀하셨다.

"나를 보아라. 나는 십자가에 달린 예수 임마누엘 그리스도이다. 너의 아픔을 다 알고 있다. 지금 너와 함께 아픔을 겪고 있다. 너를 위해 기도하고 있다. 세상 끝날까지 항상 너와 함께 할 것이다."

세상 다른 어디에도 위로는 없다. 십자가의 주님이 내 눈에 보이고, 내 마음에 계신 것이 믿어지면 몸도 마음도 영혼도 회복을 얻는다. 이것이 참된 위로요 치유이다.

"슬퍼하는 사람은 행복하다. 그들은 위로를 받을 것이다."(마 5:4 공동번역)

♦

십자가의 그리스도를 깊이 묵상하고 나의 위로가 되어주시는 주님을 찬양하라.

Day 13 부르심의 목적

"그러나 내 어머니의 태로부터 나를 택정하시고 그의 은혜로 나를 부르신 이가"(갈 1:15)

하나님께서 우리를 택하고 부르신 목적은 두 가지, 곧 사명의 성취와 성품의 실현을 위해서이다. 보통은 사명의 성취를 중요하게 생각하겠지만 더 우선적인 것은 성품의 실현이다. 하나님께서는 우리가 어떤 일을 하기 전에 먼저 그분과 친밀하게 교제하며 그분이 주신 거룩한 성품을 나타내길 원하신다. 아무리 위대한 일을 할지라도 그 과정에서 주의 성품이 나타나지 않는다면 그것은 사람의 일일 뿐이지만, 아무리 사소한 일을 하더라도 주의 성품이 나타나면 그것은 거룩한 하나님의 일이 되는 것이다.

"그러므로 너희가 더욱 힘써 너희 믿음에 덕을, 덕에 지식을, 지식에 절제를, 절제에 인내를, 인내에 경건을, 경건에 형제 우애를, 형제 우애에 사랑을 더하라"(벧후 1:5~7)

♦
벧후 1:5~7을 암송하고 나에게도 이런 성품이 열매로 맺어질 수 있도록 기도하라.

Day 14

회개하는 용기

"먼저 나는 죄인임을 고백합니다. 나는 신사참배를 했습니다. 이런 죄인을 하나님이 사랑하고 축복해 주셔서 한국 교회를 위해 일하도록 이 상을 주셨습니다."(한경직)

믿음의 길을 가기 위해서는 용기가 필요하다. 현실에 안주하지 않고 도전하는 용기, 세상의 유혹을 거절하는 용기, 불의에 대항하고 맞서는 용기, 미워하지 않고 용서하는 용기, 망설이지 않고 결단하는 용기, 고난을 감수하고 행동하는 용기, 그리고 무엇보다 나의 잘못을 인정하고 회개하는 용기가 있어야 한다. 한경직 목사는 생전에 템플턴상을 수상하고 자신을 상찬하는 자리에서 과감하게 회개했다. 이것이 바로 믿음의 용기이다. 나에게는 그런 용기가 있는가? 용기가 있어야 비겁하지 않고, 믿음으로 살 수 있다(딤후 1:7).

♦
믿음의 길을 걸어오며 비겁한 적은 없었는지 돌아보고 이제 용기를 발휘하라.

Day 15

사랑의 항심으로

"주님의 신실하심이 항상 함께하소서. 나의 주 나의 하나님, 변하지 않는 항심을 저에게 주소서. 우리를 모든 곤경에서 구해주소서."(요수아 스테그만)

그리스도인은 누구인가? 예수를 그리스도로 고백한 자들이다. 이제는 예수만을 위해 살고, 예수만을 따르며 살겠다고 마음먹은 자들이다. 순간순간 그분의 가르침을 기억하고, 그분과 함께 기도로 감사로 십자가 사랑으로 사는 신실한 자들이다.

이는 주님을 향한 '사랑의 항심(恒心)'이 있을 때 가능하다. 진실로 주님을 사랑하면 그분이 싫어하는 것을 하지 않게 되며 언제 어디서나 신실하게 그분을 따르게 된다(신 5:29).

◆
언제나 어디서나 신실하게 주님을 따를 수 있도록 사랑의 항심을 품으라.

Day 16

사명에서 오는 행복

"만일 너희 믿음의 제물과 섬김 위에 내가 나를 전제로 드릴지라도 나는 기뻐하고 너희 무리와 함께 기뻐하리니"(빌 2:17)

히말라야 산맥을 등반하는 한 산악인이 이런 고백을 한다. "너무너무 춥고 배고픈데, 너무너무 행복해요." 당신은 이 행복을 아는가? 힘든데 행복하고, 고생하는데 행복하고, 비난받는데 행복하고, 실패했는데 행복하고, 병들었는데 행복하고, 죽어가면서 행복한 그 행복을 당신은 아는가? 이 행복은 다름 아닌 사명에서 오는 행복이다. 사명은 나의 존재 목적이요, 살아야 하는 이유요, 최고 가치요, 필생의 과업이요, 정점의 사랑이기에 오늘 어떤 고난을 겪든지 그 사명을 이루어가는 것만으로도 나는 행복한 것이다.

♦
반드시 이루어야 할 나만의 사명을 찾고, 그것을 이루는 기쁨을 누려라.

Day 17

경건에 대한 두 가지 오해

"참된 경건은 우리에게 전혀 해를 끼치지 않을 뿐 아니라, 오히려 모든 것을 완전케 한다. 경건과 직업이 연합할 때 더 빛이 나게 된다. 가족을 돌보는 일이 더욱 평온하게 여겨지고 남편과 아내의 사랑이 더 진실해지고 군주를 섬기는 일이 더 충성스러워지며 모든 일자리가 더 즐겁고 유쾌하게 된다."(프랜시스 드 살레)

경건에 대한 두 가지 잘못된 태도가 있다. 하나는 경건에 대한 포기(暴棄)다. 경건을 신심 깊은 이들의 전유물로 여기며 자신은 그럴 수 없다는 회피적인 태도이다. 다른 하나는 경건에 대한 회의(懷疑)다. 경건을 일종의 가식처럼 생각하여 자신은 그렇게 살고 싶지 않다는 비판적인 태도이다. 둘 다 단단히 오해한 것이다.

경건이란 무엇인가? 경건은 하나님을 사랑하는 삶이다(약 1:27). 하나님을 사랑하기에 그분과 더 친밀히 지내고 싶어 기도, 금식, 절제, 검소 등 '경건의 모양'(딤후 3:5)이 나타나는 것이다. 참된 경건은 하나님을 사랑하는 자라면 누구나 누릴 수 있는 은혜이다.

♦
그동안 경건을 오해하고 있진 않았는지 돌아보고, 하나님을 사랑하는 참된 경건의 삶을 살라.

Day 18

야경을 보다가

오후 늦게 남산의 둘레길을 산책하다가 해 질 무렵 정상에 올라갔다. 남산타워 앞에서 바라보는 서울 야경은 빛나는 보석들을 뿌려놓은 것처럼 아름다움을 발산하고 있었다. 그중에서도 유독 또렷이 보이는 것이 있다. 하얀색, 빨간색의 십자가다. 저곳에 한 개의 십자가가 세워지기까지 얼마나 많은 이들의 땀, 눈물, 피가 흘렀을까 생각하니 가슴이 뭉클해진다. 대체 십자가가 무엇이기에….

조용히 십자가를 묵상해본다. 하나님께서는 십자가로 공의와 사랑, 구원을 이루셨다(요 19:30). 십자가로 죄인을 속량하고, 의롭다 하고, 자녀 삼으셨다(롬 3:24). 십자가로 그리스도와 날마다 동행하게 하셨다(갈 2:20). 십자가로 세상의 모든 것을 이기게 하셨다(골 2:14~15). 그리스도의 십자가, 얼마나 위대한 선물인가! 주여, 저 십자가의 불빛이 구원의 능력이 되어 이 세상을 새롭게 하는 우리가 되게 하소서. 아멘.

♦

매순간 십자가의 은혜를 경험하고 감격하는 그리스도인, 한국 교회가 될 수 있기를 기도하라.

Day 19

회개가 먼저다

"내가 이르기를 내 허물을 여호와께 자복하리라 하고 주께 내 죄를 아뢰고 내 죄악을 숨기지 아니하였더니 곧 주께서 내 죄악을 사하셨나이다"(시 32:5)

변화하는 시대에 발맞춰 교회들도 여러 가지 대안과 프로그램을 내놓고 있다. 그러나 그보다 더 시급한 것은 우리가 하나님 앞에 진정으로 회개하는 것이다. 회개해야 구원이 임하고, 회개해야 회복이 일어나고, 회개해야 부흥의 역사가 시작된다.

다윗은 누구보다 이 회개의 중요성을 알았던 사람이다. 그는 완벽하진 않았지만, 진실한 회개로 하나님께 쓰임 받았다. 시편 32편에는 이 다윗의 회개가 잘 담겨 있다. 회개할 때 죄가 덮인다(1절). 더 이상 정죄 당하지 않는다(2절). 환난에서 보호받는다(6~7절). 하나님과 더 가까워진다(10절). 마침내 정직한 자로 살게 된다(11절). 이렇게 좋은 회개를 왜 망설이고 있는가? 하나님께서는 오늘도 다윗처럼 진실하고 바르게 회개하는 자와 함께 하신다.

♦

성령님께서 생각나게 하실 때 미루지 말고 그 즉시 회개하라.

Day 20

감사의 분량이 행복의 분량이다

"밤하늘의 별빛을 주신 하나님께 감사하라. 달빛을 주실 것이다. 달빛을 주신 하나님께 감사하라. 햇빛을 주실 것이다. 햇빛을 주신 하나님께 감사하라. 영원한 빛을 주실 것이다."(찰스 스펄전)

일평생 장애로 온갖 고생을 했던 헬렌 켈러는 이렇게 고백했다. "내 평생 행복하지 않은 날은 하루도 없었다." 대체 무엇이 그녀를 행복하게 했을까? 바로 '감사'다. 그녀는 힘든 중에도 믿음으로 감사하며 살았기에 삶이 아름답고 행복할 수 있었다.

이렇듯 감사하면 행복해진다. 물론 현실이 어려움으로 가득할 수도 있다. 그러나 감사할 수 없는 것은 아니다. 이미 예수 십자가를 믿고 하나님 자녀가 되었기에 무엇 하나 은혜 아닌 것이 없고, 어느 하나 감사 아닌 것이 없다. 행복하고 싶거든 감사하라. 감사하면 행복해지고 감사가 많아지면 그만큼 행복도 더 커진다. 감사의 분량이 행복의 분량이다(시 136:1~26).

◆
내 인생을 살펴보며 감사할 수 있는 것 100가지를 찾아 적어보고 하나님께 감사하라.

Day 21

더 사랑하게 하소서

"오, 주여 당신을 더 많이 알아가고 당신을 더 사랑하고 당신을 더 따르는 것이 매일의 삶이 되게 하소서."(성 리차드)

어려움이 닥치면 우리는 문제 해결을 위해 하나님께 나아간다. 뭔가 응답해주시기를 바란다. 그러나 이보다 먼저 하나님 자신부터 구해야 한다. 우리는 자주 본질을 놓친다. 하나님을 더 사랑하고 날마다 주님과 동행하기만 하면, 구하기도 전에 우리에게 있어야 할 모든 좋은 것을 주실 것이다. 무엇보다 하나님과 친밀한 관계를 맺는 것, 곧 날마다 주님을 사랑하고 사랑받으며 동행하는 것이 먼저다. 사실상 여기에 인생의 모든 것이 달렸다.

"너희 하늘 아버지께서 이 모든 것이 너희에게 있어야 할 줄을 아시느니라"(마 6:32)

♦

먼저 하나님을 사랑하라. 하나님과 친해져라. 하나님께 모든 것을 맡겨라.

Day 22

눈과 귀가 열리는 은혜

"내가 붙드는 나의 종, 내 마음에 기뻐하는 자 곧 내가 택한 사람을 보라"(사 42:1)

사랑하는 이와 사별한 이에게 "항상 기뻐하라"라고 하는 것은 큰 실례다. 깊은 상처로 고통당하는 자에게 "범사에 감사하라"라고 하는 것은 말이 안 된다. 그렇다면 하나님의 말씀은 잘못된 것인가? 아니다. 예수 그리스도를 바라볼 때 그 말씀은 진리가 된다. "내가 너와 함께 하잖아!"라고 속삭이시는 임마누엘 주님의 음성을 들을 때 모든 아픔은 극복되고 어떤 슬픔이든 이기게 되는 것이다. 문제는 내 눈과 귀가 열려 나와 함께 하시는 주님을 보며 오늘 내게 말씀하시는 그분의 음성을 들을 수 있느냐는 것이다(마 17:5).

◆

고단한 일상 중에도 내 눈과 귀가 열려 주님을 보고 그 음성을 들을 수 있도록 기도하라.

Day 23

오늘의 구원

"세상의 무익하고 사라질 것들에 결코 마음을 두지 않게 하소서. 오늘 하루가 제 자신을 발전시키고, 다른 사람을 유익하게 하는 일에 쓰이게 하소서."(윌리엄 바클레이)

예수님께서 십자가를 지시던 날, 곁에는 두 죄인이 함께 십자가에 달렸다. 그중 한 사람이 돌이켜 은혜를 구하자 주님께서 이렇게 말씀하셨다. "오늘 네가 나와 함께 낙원에 있으리라"(눅 23:43)

여기서 내가 눈여겨 본 것은 '오늘'이다. 분명 기독교 신앙은 미래에 도래할 천국을 바라본다. 그러나 동시에 오늘 서있는 일상에서 그 구원을 누리며 살아간다. 예수 안에서 오늘 더 진실하게, 오늘 더 평안하게, 오늘 더 감사하며 매일 천국을 사는 것이다. 그렇다면 나는 오늘의 구원을 누리고 있는가? 조용히 자신의 하루를 돌아보자.

◆

오늘 하루 주님과 동행하며 더 진실하게, 더 평안하게, 더 감사하며 살아가라.

Day 24

모든 것이 괜찮을 것이다

"이 모든 고통의 원인은 죄악이지만 모든 것이 다 괜찮을 것이며, 모든 것이 다 괜찮을 것이다."(노르위치의 줄리안)

질병, 전쟁, 기후 변화 등 세상은 위협으로 가득하다. 그러나 어떤 위협이 찾아와도 우리는 하나님께서 이 세상을 주관하고 다스리심을 믿는다. 위기의 시대 하나님께서는 우리가 어떻게 살기를 원하실까?

하나님을 신뢰하며 의지하고 살기 원하신다. 교회가 '교회다운 교회'로 개혁되기 원하신다. 예배의 소중함을 깨닫고, 예배자로 회복되기 원하신다. 죄의 근원 탐욕에서 벗어나 자족하며 살기 원하신다. 자연환경을 보존하며 아름답게 다스리기 원하신다. 식구들과 소통하며 성경적인 가정을 세우기 원하신다. 너무 바쁘지 않으며 친밀하고 인격적인 교제를 원하신다. 사회적 책임을 지고 봉사자로 나서기 원하신다. 거짓 없고 충실한 하나님의 사람으로 세워지기 원하신다. 믿음과 인내로 그리스도의 장성한 분량에 이르기 원하신다. 그러니 이제 행동하라. 하나님께서 우리와 함께 하신다(왕상 11:38).

♦

이 시대를 향한 하나님의 뜻을 찾고 나는 무엇을 해야 하는지 묵상하라.

Day 25

용서하라

"서로 친절하게 하며 불쌍히 여기며 서로 용서하기를 하나님이 그리스도 안에서 너희를 용서하심과 같이 하라"(엡 4:32)

사람은 누구나 죄인이기에 서로 용서하며 살아야 한다. 미워하고 배척하기보다 용서하고 포용할 때, 비로소 내가 살고 상대도 살고 세상도 살만해지는 것이다. 무엇보다 교회는 용서받고 용서하는 공동체이다. 용서를 하느냐 마느냐가 바로 교회이냐 아니냐를 결정하는 것이다. 그러니 오늘 용서를 시도하라. 용서하지 못한 그를 하나님께 온전히 맡겨라. 그것이 내가 사는 길이요 크리스천이 가야 할 길이다.

"죄의 용서가 없는 곳이라면 어디나 교회 밖입니다."(마틴 루터)

◆
내가 용서해야 할 사람을 떠올리며 기도하고 그를 하나님께 온전히 맡겨라.

Day 26

인생을 걸만한 일

"온 천하가 다 무너지더라도 내가 이것만은 꽉 붙들고 놓을 수가 없다. 내가 이것을 위해 살고 이것을 위해 죽을 수 있는 나의 사명을 발견해야 한다."(쇠렌 키에르케고르)

우리는 해도 그만, 안 해도 그만인 일을 위해 살아서는 안 된다. 그저 편안하면 그만이라며 안일한 생을 살아서도 안 된다. 무슨 수를 쓰든 성공해서 자기만족이나 추구하는 삶을 살아서는 더더욱 안 된다.

나를 위한 존재 목적, 내 인생을 걸만한 가치 있는 일을 찾아야 한다. 우리 크리스천은 바로 그 일을 이미 찾아 굳센 믿음으로 이루어가는 자들이다. 믿는 이들 모두 함께 이 땅에 하나님 나라를 이루며 사는 것이다(눅 9:1~2).

♦
인생을 걸만한 일이 나에게 있는가? 그 일을 함께 헤쳐갈 동지가 있는가?

Day 27
영적 침체 극복하기

살다 보면 영적 침체에 빠질 때가 있다. 내 경우 웬만한 스트레스는 냉온욕으로 극복이 된다. 하지만 가끔 우울함이 깊게 오래갈 때가 있다. 이런저런 방법을 시도할수록 무력감만 더욱 심해질 뿐이다. 이럴 때는 잠시 일상을 벗어나 일명 '엘리야의 먹자기법'을 활용한다.

"먹", 분위기 있는 곳에서 님과 함께 잘 먹는다.
"자", 충분히 실컷 잠을 자 머리를 환기시키고 원기를 회복한다.
"기", 일어나 마음이 가는 대로 걸으며 찬송하고 기도한다.

이렇게 2~3일 정도 지내면 속사람이 강건해져 신선하게 다시 일할 수 있게 된다.

"로뎀 나무 아래에 누워 자더니 천사가 그를 어루만지며 그에게 이르되 일어나서 먹으라 하는지라"(왕상 19:5)

♦
영적 침체를 극복하는 나만의 방법을 찾아보고, 먹자기법도 활용해보라.

Day 28

하나님의 참된 일꾼

"하나님을 찬양합니다. 주께서 우리를 부르셔서 이 세상을 섬기게 하셨기 때문입니다. 우리는 하나님의 말씀과 사랑을 행하셨던 그분을 목자로 삼았습니다. 하나님의 도우심으로 온 세상의 생명을 지키는 동반자로 우리를 택하시고 세우셨습니다. 우리는 주님을 믿고 따릅니다"(틸만 하흐펠트)

죽을 수밖에 없는 죄인이었던 우리가 하나님의 일꾼으로 쓰임 받는 것은 놀랍고 영광스러운 일이다. 제대로 된 하나님의 일꾼이 되기 위해서는 먼저 나를 부인해야 한다(막 8:34). 하나님의 주권을 인정하고 자신을 비워 성령의 인도에 온전히 순복하는 것이다(롬 8:13~14). 부모, 처자, 형제, 심지어 자기 목숨보다도 그리스도의 뜻을 우선하고 복종할 수 있어야 하나님의 일꾼이다(눅 14:26). 하나님의 참된 일꾼은 언제나 이렇게 고백한다. "저는 주의 종이오니 주의 말씀에 무엇에든지 '예' 하게 하소서."

♦

'부름 받아 나선 이 몸'(찬 323장)을 찬송하며 하나님의 참된 일꾼이 되기를 기도하라.

Day 29 믿음의 변화

"믿음은 우리 안에 계신 하나님의 역사다. 하나님의 역사는 우리를 변화시키고, 우리를 하나님께서 새롭게 탄생시킨다. 옛 아담은 죽게 하고 우리의 마음과 성품과 정신, 그리고 모든 힘으로부터 전혀 다른 인간으로 변화시킴과 동시에 성령으로 힘입혀 주신다. 아! 신앙은 생명적이고 창조적이고 활동적이며 강력한 것이다. 그러므로 끊임없이 선한 일을 행하지 않을 수 없게 된다. 선한 일을 할 것인가, 아니 할 것인가를 묻는 것이 아니라 오히려 그런 것을 묻기 이전에 이미 선한 일이 행하여져 있으며 또한 언제나 행하게 된다."(마틴 루터)

믿음은 사람을 변화시킨다. 아니 새롭게 탄생시킨다. 죄인에서 의인으로, 사망에서 생명으로, 불의에서 사랑으로 새롭게 나는 것이다. 이 변화가 얼마나 극적인지 성경은 우리가 믿기 전의 상태를 "옛 사람"이라고 했다(엡 4:22~24). 우리가 믿음으로 새롭게 되면 그 때부터 삶의 모든 것이 변한다. 그리스도께서 하시던 일, 명하신 일을 당연한 듯 행하며 살아가는 것이다.

♦
내 삶은 믿음으로 변화된 표징이 있는가? 믿음에 뒤따라오는 새로운 삶이 있는가?

Day 30

모든 식탁에 계신 주님

"복이 있도다! 복이 있도다! 복이 있도다! 모든 식탁마다 계신 그리스도 내 곁에 계시고, 내 뒤에 계시고, 내 사방에 계시네. 이 식탁 나눔 속에."(켈트 기도문)

사무실 근처에 중국 음식점이 하나 있는데 그 이름이 특이하다. 食爲天(식위천), "밥이 하늘이다"라는 뜻이다. 처음 그 이름을 보는 순간 마음이 뭉클했다. 생각해보면 우리 밥상에 오르는 음식은 다 '하늘 밥'이다. 이스라엘 백성이 광야 생활 중 하늘에서 내려온 만나와 메추라기를 먹었듯이, 오늘 우리도 하나님이 내리시는 햇빛과 빗물을 통해 자란 열매로 만든 하늘 밥을 먹는 것이다.

하늘에서 내린 밥상을 대하면서 나는 친히 '생명의 밥'이 되어 이 땅에 오신 한 분을 생각한다. "나는 생명의 떡(밥)이니 내게 오는 자는 결코 주리지 아니할 터이요"(요 6:35) 우리는 이 밥을 먹어 주리지 않는 영생을 얻었다. 그래서 믿는 자들의 식탁은 임마누엘의 잔치가 된다. 한 상에 둘러앉아 하늘 밥을 나누며, 생명의 밥으로 오신 그리스도의 사랑을 나눌 때 살아계신 그리스도를 보게 되는 것이다.

♦

오늘 마주하는 식탁 앞에서 켈트 기도문으로 기도하고 감사하라.

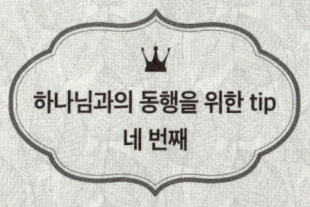

하나님과의 동행을 위한 tip
네 번째

믿음의 소그룹이 동행의 친구이다

가까운 곳은 혼자 가도 되지만, 멀리 가려면 함께 가야 한다. 하나님과의 동행은 일평생 가야 하는 먼 길이다. 친구를 만들고 그와 함께 가야 외롭지 않다. 오래 갈 수 있다. 즐겁게 갈 수 있다. 설령 위험을 당해도 함께 대처할 수 있다. 함께 최종 승리도 누릴 수 있다. 믿음의 친구, 소그룹에 속하여 동행의 희로애락을 나누고 서로를 든든히 살필 때 즐겁게 끝까지 그 길을 갈 수 있는 것이다. 그래서 믿음의 우정을 가리켜 '임마누엘의 또 다른 표현'이라 하지 않던가!

[믿음의 소그룹을 위한 세 가지 팁]

① 가정에서부터 동행 소그룹을 시작하자. 먼저 동행의 행복을 자녀에게 가르치고 누리게 하자. 이보다 더 좋은 유산, 축복은 없다. 이는 출가한 자녀들과도 얼마든지 가능하다.

② 교회 소그룹을 동행 소그룹으로 전환하자. 하나님과의 동행은 예수 제자의 삶 자체요, 온전한 교회를 세우는 일이요, 누룩처럼 이 땅에 하나님 나라를 실현하는 것이다.

③ 내가 먼저 동행의 좋은 친구가 되자. 쉬지 않는 기도, 말씀 묵상, 동행 스케치, 사랑의 봉사를 사람들과 나눌 때 서로의 우정이 깊어지고, 믿음이 성숙하는 기쁨을 누리게 된다.

Halleluja 91×116.7cm | mixed media | 2015 | 정두옥

December

12월 Day 01

Halleluja

"그리스도인은 살아있음에도 감사하지만 죽음에도 감사한다. 왜냐면 본향으로 돌아가는 천국입성이기 때문이다. 붉은 계단은 예수 그리스도의 보혈 공로로 죄인 된 우리가 천국에 올라가는 통로가 됨을 말한다. 황금 나팔이 세 개의 끈을 매달고 삼위일체 하나님의 위엄을 높이는 소리로 공중에 울려 퍼지고 거대한 날개가 온 우주를 지배하듯 펼쳐져 있고 그 날개의 품에 우리 하나님의 자녀들은 평안히 쉼을 얻을 것이다."(정두옥)

재림은 그리스도인의 궁극적 소망이요, 신앙의 완주이다. 그 날이 심판이 아니라 승리의 날이 되기 위해서는 예수 그리스도의 보혈을 믿고, 좁은 길을 걸어야 한다. 순전한 믿음(하양)으로, 쇠하지 않는 소망(초록)으로, 따스한 사랑(노랑)으로 날마다 길을 가야 한다. 어느 날 천상에서 나팔 소리가 울려 퍼질 때, 믿음 소망 사랑의 길을 걷는 자는 들림 받아 주님과 함께 영원히 왕노릇 하게 될 것이다(살전 4:16~17). 마라나타, 주 예수여 오시옵소서!

───── 종말 신앙을 가지고 무엇에든지 믿음 소망 사랑으로 행하여 주님의 길을 예비하라.

Day 02

최선을 다하였는가

누군가에게 일을 맡겨보면 대개 세 부류로 나뉜다. 전혀 못 해내는 사람, 대충 해내는 사람, 놀랍게 해내는 사람이다. 앞의 두 사람에게 일을 왜 그렇게 했냐고 물으면 의외의 답변을 듣곤 한다. "전 최선을 다했는데요." 대체 최선이란 무엇일까? 최선(最善)은 온 정성과 힘으로 사력(死力)을 다하는 것이다.

사력(死力)을 다한다는 것은 사력(四力)을 다하는 것이다. 첫째로 실력을 다해야 한다. 내가 배운 지식을 총동원하는 것이다. 둘째로 노력을 다해야 한다. 내 마음과 정성을 쏟아붓는 것이다. 셋째로 협력을 다해야 한다. 내 모든 인적자원을 활용해 함께 하는 것이다. 넷째로 영력을 다해야 한다. 하나님께 온전히 맡기며 힘써 기도하는 것이다.

이렇듯 최선은 쉬운 게 아니다. 그럼에도 우리가 진실로 최선을 다해 즐기며 주어진 일을 수행하면 기쁨으로 열매를 거두는 날이 반드시 올 것이다(고전 9:24~25).

◆ 나는 사명을 감당하기 위해 사력 중 무엇을 보완해야 하는지 묵상하라.

Day 03 사랑으로 기다려라

"주께서 너희 마음을 인도하여 하나님의 사랑과 그리스도의 인내에 들어가게 하시기를 원하노라"(살후 3:5)

누군가를 사랑해보면 안다. 사랑은 기다림이다. 사랑하면 그를 기다리게 되고, 사랑하는 만큼 그를 기다릴 수 있다. 사랑은 오래 참고, 모든 것을 믿고 바라며 견디게 한다. 억지로 참으려 하지 마라. 애써서 견디지도 마라. 그럴수록 힘겹고 고통스러울 뿐이다. 먼저 하나님을 사랑하라. 예수 십자가에 감사하라. 내 안에 사랑이 가득하면 비로소 인내하게 되고, 소망으로 기다리게 된다.

♦

가까운 이들에게 인내하지 못한 것을 회개하고 내 안에 하나님 사랑이 가득하길 기도하라.

Day 04

임마누엘 아멘

"오랜 요양생활 가운데 약해지면 곧잘 '임마누엘, 아멘'을 외쳤습니다. 그러면 이상하게도 주님께서 곁에 계셔서 지켜주심으로 마음과 육신이 강해지는 것을 느끼게 됩니다. 누구에게 오해를 받을 때에도 이 짧은 기도를 드리면 전능하신 하나님께서 나를 강하게 하심으로 순간 기쁨이 솟아납니다."(미우라 아야코)

인생의 중요한 것들, 이를테면 믿음, 소망, 사랑, 우정, 행복 등은 눈으로 보는 게 아니라 마음으로 느끼는 것이다. 이는 주님과의 동행 역시 마찬가지다. 주님이 눈에 보이지 않아도 그분이 내 안에 계심을 느끼며 무엇에든지 그분께 묻고 그분과 행하는 것이다. 바쁜 일상에 쫓겨 주님이 보이지 않을 때, 어려운 문제에 짓눌려 주님이 느껴지지 않을 때는 이렇게 외쳐보라. "임마누엘, 아멘!" 어느새 부활 주님께서 내 곁에 계심을 느끼게 될 것이다(마 1:23).

♦
오늘 하루 "임마누엘, 아멘"으로 짧게 자주 기도하며 주님을 바라보라.

Day 05 이 시대 크리스천의 태도

나이 탓인지 이런저런 모임에 갈 때마다 시대의 전망에 대해 질문받곤 한다. 참 난처한 일이지만 그렇다고 대답을 피하는 데도 한계가 있어 현문우답(賢問愚答) 정리해본다.

시대는 점점 온라인 세상이 되어간다. 그러나 우리는 피와 살이 있는 존재이기에 오프라인도 무시해서는 안 된다. 우리는 온라인과 오프라인이 조화를 이루는 올라인(all-line)의 자세를 가져야 한다. 특히 세 가지 태도가 필요해 보인다. 먼저 'Soft'이다(겔 36:26). 그리스도인은 누구에게나 온유하다. 거칠거나 무례하지 않고 편안하게 대하는 것이다. 또한 'Smart'이다(고후 5:17). 그리스도인은 새로운 피조물이다. 날마다 성령의 인도를 받아 지혜롭게, 창조적으로 살아가는 것이다. 그리고 'Speed'이다(엡 5:16). 그리스도인은 세월을 아낀다. 시대의 때를 알아 기회를 놓치지 않고 용기있게 시도하는 것이다. 이 '3S'의 태도로 살아갈 때 시대에 뒤처지지 않으면서도 중심을 잃지 않는 크리스천으로 살아갈 수 있다.

♦

'3S'의 태도를 갖춰서 이 시대 쓰임 받는 그리스도인이 될 것을 결단하라.

Day 06

역설의 행복

"그러므로 내가 그리스도를 위하여 약한 것들과 능욕과 궁핍과 박해와 곤고를 기뻐하노니 이는 내가 약한 그 때에 강함이라"(고후 12:10)

일이 잘 풀리고 잘 되어야 행복하다고 여기는 이들이 많다. 그러나 이룬 것이 많고, 가진 것이 풍족하면 그만큼 넘어지기도 쉽다.

나의 약함이 오히려 다행일 수 있다. 기도로 하나님께 나아가 강건을 누릴 수 있기 때문이다. 나의 가난이 오히려 다행일 수 있다. 기도로 하나님의 부요를 누릴 수 있기 때문이다. 나의 실패가 오히려 다행일 수 있다. 기도로 하나님의 승리를 얻을 수 있기 때문이다. 나의 고난이 오히려 다행일 수 있다. 기도로 하나님 나라를 바라볼 수 있기 때문이다. 아무리 삶이 어렵고 곤고해도 기도할 수 있다면 세상이 알지 못하는 역설의 행복을 누릴 수 있다. 정말 다행이다. 기도할 수 있어서.

♦

기도를 통해 어려운 상황, 힘겨운 상황에서도 역설의 승리를 경험하라.

Day 07

나이 든다는 것

"나이 듦은 마치 약속의 무지개처럼 온 인류 위에 내걸린 더없이 공통된 경험이다. 지극히 인간적이기에 유년과 성년, 장년과 노년이라는 인위적인 경계를 뛰어넘는다. 약속으로 가득해서 인생의 보배를 점점 더 많이 캐낼 수 있게 해준다. 늙어간다는 건 낙심의 사유가 아니라 소망의 토대이고, 퇴락해가는 것이 아니라 차츰차츰 성숙해가는 과정이고, 이를 악물고 감수해야 할 운명이 아니라 두 팔 벌려 맞이해야 할 기회다."(헨리 나우웬)

나이 들수록 몸은 기능이 둔해지고 약해진다. 갖은 수를 써서 노화를 피해 보려 해도 세월 따라 육신이 쇠하여간다는 사실에는 변함이 없다. 그런데 나이 드는 것에 감사하는 이들이 있다. 바로 크리스천이다. 본래 자신은 죄로 인해 죽을 수밖에 없던 존재임을 알기에 주어진 하루하루를 덤으로 살며 감사하는 것이다. 더욱이 예수님께서 십자가에서 보여주신 승리는 늙어가는 삶 너머에 있는 새 생명을 보게 한다. 그래서 나이 듦은 남은 사명을 이루며 주님과 더 가까워지고, 다가올 천국을 기대하는 행복한 시간이 된다(고후 4:16~17).

♦
지금까지 살아온 인생을 돌아보고 주님 안에서 나이 듦의 유익과 행복을 글로 써보라.

Day 08

저는 죄인입니다

"제가 죄를 범하여 의로운 일을 굽게 하였고, 그것이 내게 아무런 유익이 되지 못하였습니다. 이제 제가 무슨 말로 아뢸 수 있겠습니까? 어떤 구실도, 변명도 없이 자책하지 않을 수 없습니다. 제가 나를 스스로 파멸시켰습니다. (중략) 주님의 심판이 제게 임박하였습니다. 그러나 주님, 저의 소망이 무엇입니까? 저의 모든 죄악 중에도 주의 사랑과 인자하심이 제게 풍성히 거한다면, 저의 진정한 소망이 주님께 있습니다."(랜슬롯 앤드류스)

지금은 죄가 무엇인지 다수결로 정하는 시대다. 많은 사람이 동의하면 죄가 아닌 것이 죄가 되고, 죄가 죄가 아니게 된다. 그래서는 안 된다. 무엇이 죄인지는 하나님께 들어야 한다. 말씀을 묵상하고 주님을 바라볼 때 우리는 전에 죄인 줄 몰랐던 죄를 깨닫게 되고, 내가 얼마나 큰 죄인인지도 알게 된다. 그러나 죄에 대한 분별이 사라진 것보다 더 무서운 타락은 죄를 분별하는 하나님의 말씀을 가지고 서로 정죄하며 죄를 짓는 것이다(롬 14:10). "오 키리에 엘레이손. 주여, 우리를 불쌍히 여기소서."

◆

    말씀과 성령의 인도를 따라 자신을 돌아보고 철저히 죄를 자백하고 회개하라.

Day 09

기억의 은혜

"너는 애굽에서 종 되었던 일과 네 하나님 여호와께서 너를 거기서 속량하신 것을 기억하라"(신 24:18)

이스라엘을 향한 하나님의 구원 역사는 기억함에서 출발한다. 하나님은 그들이 고통 중에 있을 때 이전의 언약을 기억하시고, 구원하셨다(출 2:24). 또 구원받은 백성에게 똑같이 기억함을 요구하셨다. 본래 종이었던 자기 처지를 기억하며 거기에서 건져주신 하나님 은혜에 감사하고 어려운 이웃을 돌보라 명하신 것이다.

그러나 우리는 잘 잊는다. 오늘의 쾌락을 즐기기 바쁘고 내일의 허망한 꿈을 좇으니 어제를 되새기지 않는 것이다. 우리는 언제나 두 가지, 은혜와 고통을 잊지 말아야 한다. 은혜를 잊으면 배은망덕이요, 고통을 잊으면 타인의 아픔에 둔감하기 쉽다.

기억은 기독교 영성의 출발점이다. 하나님이 우리를 기억하시고 구원하셨듯이, 우리도 이웃을 기억하며 사랑해야 한다. 잊지 않음, 그것이 바로 우리에게 필요한 은혜이며 이 시대에 필요한 십자가 사랑이다.

♦
나는 오늘 하나님의 은혜를 기억하고, 이웃에게 사랑을 나누고 있는가 돌아보라.

Day 10 — 더욱 신뢰하라

"나 아버지의 뜻 다 알 수 없지만 한 가지 아는 것은 아버지의 뜻 선한 것이라네. 나 지금 아버지의 뜻 다 알 수 없어도 기쁨으로 순종할 수 있다네."(바실레아 슐링크)

믿는 자는 하나님을 신뢰한다. 자기 뜻대로 되지 않아도, 이해되지 않는 일을 당해도 그분의 선하심을 신뢰한다. 신뢰하기에 기꺼이 따른다. 그럴수록 하나님과의 신뢰는 더욱 깊어진다. 하나님을 신뢰하고 있는가? 그렇다면 아무리 어려워도 반드시 세 가지 태도가 나타나야 한다. 하나님을 향한 '의존'(시 56:3), 믿음의 '고백', 그리고 절대적인 '순복'이다.

40년을 광야에서 보낸 모세는 약속의 땅 가나안을 지척에 두고 자신도 그 땅에 들여보내 주시기를 하나님께 간청한다. 그러나 하나님께서는 단호히 거절하신다. 우리 같으면 울고불고 생떼를 부렸을 텐데 도리어 모세는 하나님을 향해 이렇게 고백한다.

"그는 반석이시니 그가 하신 일이 완전하고 그의 모든 길이 정의롭고 진실하고 거짓이 없으신 하나님이시니 공의로우시고 바르시도다"(신 32:4)

◆ 하나님을 향한 신뢰가 있는지 점검하고 신뢰의 세 가지 태도를 갖춰라.

Day 11

방향이 중요하다

21세기는 속도의 시대다. 뭐든지 빠르게, 신속하게 바뀌고 처리된다. 그런데 이런 속도에 떠밀려 살다 보면 정작 중요한 것을 놓치기 쉽다. 바로 방향 말이다. 속도보다 방향이 중요하다. 방향이 잘못되면 빠를수록 더 잘못된다.

다큐멘터리를 보면 어떤 것에 놀라 달아나는 초식동물들이 종종 나온다. 한 마리가 달리면 같이 있던 무리도 일제히 뛰기 시작한다. 방향도 모른 체 남들 뛰는 것만 보며 좇다가 결국 몇몇은 육식동물에게 잡히고 만다. 어쩌면 우리도 그렇게 살고 있는 것은 아닌가?

온 세상이 방향을 모른 채 무서운 속력으로 질주하고 있다. 이런 시대에 크리스천은 바른 방향을 제시하며 살아야 한다. 조금 더디더라도 "여기가 살길이다"라며 깃발을 들고 가야 한다. 오고 가는 모든 시대의 영원한 구원의 방향, 주 예수 그리스도를 향해 가자. 믿음의 그 길을 우직하게 걷자.

"푯대를 향하여 그리스도 예수 안에서 하나님이 위에서 부르신 부름의 상을 위하여 달려가노라"(빌 3:14)

♦

나는 바른 방향을 달리고 있는가? 그리고 그 방향으로 사람들을 인도하고 있는가?

Day 12

화평을 이루라

"악을 버리고 선을 행하며 화평을 찾아 따를지어다"(시 34:14)

평안(평강)이 내 안에 이루어져야 할 은혜라면, 화평(평화)은 세상에 이루어야 할 사명이다. 화평을 위해서는 먼저 내 안에 평안이 임해야 한다. 이 평안은 십자가 속량을 믿음으로 얻는 죄 사함이다. 세상의 자랑과 육신의 정욕을 넘어서는 자유이다. 하나님을 경외하며 주의 말씀에 절대 순종할 때 누리는 능력이다. 순간순간 그리스도와 사귐으로 채워지는 충만감이고, 그리스도와 동행할 때 임하는 임마누엘 구원이다. 이 평안으로 내 안이 가득할 때 나를 통해 세상에 화평도 이루어진다.

♦
오늘도 그리스도의 평안을 구하고, 누군가에게 이 평안의 삶을 직접 보여주라.

Day 13 건강한 영성

신앙생활을 하다 보면 믿음이 좋은 것 같으나 실제로는 영성이 병들어 있는 성도들을 종종 본다. 만일 나에게 이런 징후가 있다면 영적 건강에 이상이 있는 것이다.

"1. 내 만족을 위해 하나님의 일을 한다. 2. 분노, 슬픔, 두려움의 감정은 즉시 억누른다. 3. 음악, 미술, 기쁨 같은 욕구는 왠지 사치라고 생각한다. 4. 발목을 잡는 과거를 덮어두려고만 한다. 5. 속된 것과 거룩한 것을 칼같이 나눈다. 6. 하나님과 동행하기보다 사역에만 바쁘다. 7. 사람과의 갈등은 무조건 피한다. 8. 상처, 약점, 실패는 철저히 은폐한다. 9. 내 한계를 절대 인정하지 않는다. 10. 다른 사람을 쉽게 평가하고 판단한다."(피터 스카지로)

나의 모든 일과와 사역은 하나님과의 '관계'에서 비롯되어야 한다. 관계가 아니라 '일'을 하니까 마음과 감정이 점점 피폐해지는 것이다. 하나님과 함께 하는 시간이 필요하다. 하나님과 더욱 친해져야 한다. 주님과 깊은 교감이 이루어져 내 마음에 위로와 사랑이 채워질 때 비로소 내 영은 강건하게 되는 것이다(살전 5:23).

♦
오늘 내게 주어진 일이나 사역보다 먼저 하나님과의 친밀한 시간을 확보하라.

Day 14

행복해서 달린다

2006년 개봉한 〈각설탕〉이라는 영화를 보았다. 기수 시은이와 경주마 천둥이의 달콤하고도 감동적인 사랑 이야기다. 시은이는 천둥이를 제 몸처럼 아끼고 사랑한다. 경주할 때조차 채찍을 쓰지 않고 마음으로 격려하고 교감한다. 그렇게 실력을 쌓아 그랑프리에 출전하기 며칠 전 천둥이의 입에서 피가 쏟아진다. 진단 결과 폐에 심각한 이상이 있어 대회도 포기하고 입원해야 할 상황이다. 그런데 천둥이가 스스로 병원을 탈출한다. 여기저기 찾다가 대회장에 있는 천둥이를 발견한다. 아무리 병원으로 끌어봐도 꿈쩍하지 않는다. 결국 천둥이는 대회에 출전한다. 그렇게 달리고 달려 시은이와 함께 우승한 뒤 쓰러져 죽는다.

왜 천둥이는 뻔히 죽는 줄 알면서 달렸을까? 그것은 시은이를 사랑하기에, 그와 함께 달리는 것이 행복하기에 마지막 힘을 다해 달린 것이다. 나 역시 그 사랑, 예수 십자가 사랑 때문에 행복해서 지금껏 달려왔다. 그리고 생을 다할 때까지 달릴 것이다(행 20:24).

◆

나에게는 인생을 걸고 달려갈 만한 행복한 일이 있는지 생각하라.

Day 15 절대 소망

"우리가 소망으로 구원을 얻었으매"(롬 8:24)

그리스도인은 소망하며 산다. 이 소망은 단순한 낙관이 아니다. 확실하고 절대적인 희망이다. 왜냐하면 그 소망의 근거가 하나님이시기 때문이다. 하나님께서는 약속하고 그것을 반드시 이루시는 분이다. 약속대로 이 땅에 예수 그리스도를 보내셨고, 약속대로 그를 믿는 모든 자에게 구원을 내리셨다.

이 구원은 그리스도의 생명, 중생을 소망하게 한다. 그리스도의 능력, 성결을 소망하게 한다. 그리스도의 치유, 신유를 소망하게 한다. 그리스도의 다시 오심, 재림을 소망하게 한다. 이 절대 소망이 있는 자는 절망 속에서도 절망하지 않는다. 성령의 보호와 인도를 받으며 오늘을 충실하게 평안으로 살아낸다.

♦

구원의 은혜를 누리며 중생, 성결, 신유, 재림의 절대 소망을 가슴에 품으라.

Day 16 제자도

"우리는 성육신하는 그리스도를 닮아간다. 그리스도의 마음을 닮는 것이다(빌 2:5~8). 우리는 섬김의 삶을 사신 그리스도를 닮아간다. 발을 씻기시는 종의 마음과 태도를 닮는 것이다(요 13:14~15). 우리는 사랑의 삶을 사신 그리스도를 닮아간다. 십자가에 자신을 내어주신 그 사랑을 닮는 것이다(엡 5:2). 우리는 오래 참으신 그리스도를 닮아가야 한다. 고난받으시고 오래 참으시는 그리스도의 발자취를 따르는 것이다(벧전 2:21). 우리는 선교를 담당하신 그리스도를 닮아간다. 그리스도께서 제자들에게 사명을 주시고 보내신 것을 닮는 것이다(요 20:21)."(존 스토트)

그리스도의 제자는 그리스도를 믿는다. 그리스도께 배운다. 그리스도를 따라한다. 그리고 마침내 그리스도처럼 된다. 우리는 이미 만세 전에 그분의 제자로 부름을 받았다. 우리는 성령으로 날마다 그분을 닮아간다. 우리는 재림의 그 날에 그분처럼 변화될 것이다. 우리는 오늘도 그분 안에서 그분과 동행한다(요일 2:6).

♦
나는 예수님의 참 제자인지 돌아보고 그분의 모든 것을 닮아가라.

Day 17

세상 가장 아름다운 풍경

베프상이라는 말을 들어본 적 있는가? 베프는 'best professor'의 줄인 말로 한 신학대학원생들이 학기를 마감하며 최고의 교수에게 수여하는 상이다. 이번 베프상은 교수직 은퇴를 앞둔 내 오랜 친구가 받게 되었다. 시상식에서 친구는 의미있는 마지막 수업(?)을 했다.

"신학도로서 평생 견지해야 할 삶의 태도가 있습니다. 학생심(學生心)입니다. 배우고자 하는 열정과 함께 평생 따르는 스승이 있어야 합니다. 어떤 높은 직위에 있어도 반드시 배우고 따를 선생님이 있어야 합니다. 우리 인생에 온전히 따르고 의존할 스승이 한 분 있으니 예수님이십니다. 주님은 3중의 절대 삶을 사셨습니다. 하나님께는 '절대 순종'이요, 불의에는 '절대 저항'이요, 이웃에는 '절대 섬김'입니다. 평생토록 이 학생심을 잊지 않았으면 합니다. 교수로서 세상 어떤 상보다 더 귀한 상, 베프상을 받게 되어 은혜요, 감사요, 영광입니다."

식장은 잔잔한 감동과 기쁨으로 가득했다. 자신에게 주어진 사명을 충실히 감당한 이에게 주어지는 이 세상 가장 아름다운 풍경이었다. "친구야, 수고했다. 고맙다. 존경한다."

♦
요 13:13~14을 읽고 내 인생의 참 스승이 되어 주시는 예수님을 생각하며 3중의 절대 삶을 살기로 다짐하라.

Day 18

망각의 은혜

"내가 네 허물을 빽빽한 구름 같이, 네 죄를 안개 같이 없이하였으니 너는 내게로 돌아오라 내가 너를 구속하였음이니라"(사 44:22)

하나님은 잊어버리는 분이시다. 하나님의 없이하심, 곧 잊어버림으로 허물 진 하나님의 백성은 언제나 다시 구원받는 은혜를 누릴 수 있었다. 십자가는 가장 아름다운 잊어버림이다. 우리의 모든 죄와 허물을 없이하시는 구속의 은혜이자 신적 축복인 것이다. 하나님은 십자가를 통해 죄인 된 우리를 잊으시고, 다시 새로운 피조물로 빚어주셨다.

따라서 예수를 믿고 십자가를 따라 사는 우리에게도 이런 잊어버림이 있어야 한다. 원수를 잊지 못하면 분노에 매여 피폐한 삶을 살기 쉽다. 죄책을 잊지 못하면 죄의식에 사로잡혀 하나님의 자녀다운 삶을 누릴 수 없다. 성경은 원수를 증오가 아닌 사랑으로, 죄책을 슬픔이 아닌 복음으로 이기라 가르친다. 이는 우리가 은혜의 삶을 사는데 없어서는 안 될 망각의 축복인 것이다.

♦
마음에서 잊어야 할 사람, 죄책은 무엇이 있는지 돌아보고 과감히 잊어버리라.

Day 19

이 시대가 찾는 사람

"1. 사람들은 논리적이지 않고 불합리하며 자기중심적이다. 그래도 그들을 사랑하라. 2. 당신이 친절을 베풀면 숨은 의도가 있다고 의심할지도 모른다. 그래도 친절하라. 3. 당신이 성공하면 거짓 친구들과 숨은 적들을 얻을 수도 있다. 그래도 성공하라. 4. 당신이 오늘 선을 행해도 내일이면 모두 잊힐 것이다. 그래도 선행을 베풀라. 5. 정직하고 솔직하면 불이익을 당할지 모른다. 그래도 정직하라. 6. 큰 뜻을 품고 살아가면 그렇지 않은 사람들에 의해 넘어질 수 있다. 그래도 큰 뜻을 품으라. 7. 사람들은 약자의 편을 들면서도 강자만을 따른다. 그래도 약자를 위해 싸우라. 8. 오랫동안 공들여 쌓아올린 것이 하룻밤 사이에 무너질 수도 있다. 그래도 쌓아올리라. 9. 도움이 필요한 사람들에게 도움을 주고도 공격받을 수 있다. 그래도 사람들을 도우라. 10. 당신이 가진 최선의 것을 세상에 주고도 크게 낙담하게 될지 모른다. 그래도 최선의 것을 세상에 주어라."(켄트 키스)

예나 지금이나 '사람'은 많은데 '사람'이 없다. 누가 이렇게 살 것인가? 바로 나와 당신이다(사 6:8).

◆
켄트 키스의 역설적인 지도자의 십계명을 읽고 그렇게 살 수 있도록 기도하라.

Day 20

언제 어디서나 크리스천

언젠가 외국에서 운전할 때의 일이다. 바로 앞차의 번호판이 특이했다. "W A CHRISTIAN" 동승한 지인에게 물어보니 그 도시는 시에 특별 후원금을 내면 자기만의 고유 번호판을 달 수 있다고 했다. 참 용기 있는 사람이었다. 왜냐하면 공개적으로 자기 이름을 내걸거나, 크리스천 임을 선언하면 교통법규는 물론 삶의 여러 과정에서 불편을 감수해야 하기 때문이다.

사실 크리스천은 사도행전의 안디옥에서 처음 불리기 시작한 명칭이다(행 11:26). 이는 다음과 같은 의미가 있다. 그리스도를 닮았다. 그리스도를 따른다. 그리스도를 위해 산다. 다시 말해 그의 언어, 행위, 생활이 작은 그리스도처럼 보인다는 것이다. 그렇다면 나는 바른 크리스천인가? 그 사실을 드러낼 용기가 있는가? 공개적인 신앙을 가질 때, 우리는 더욱 자신을 돌아보고 조심하여 주님을 닮아가는 크리스천이 될 것이다(벧전 3:15).

♦
나는 나의 크리스천 됨을 어떻게 알릴 것인지 생각하고, 용기있게 시도해보라.

Day 21

단순한 믿음 단순한 생활

"우리가 아직 죄인 되었을 때에 그리스도께서 우리를 위하여 죽으심으로 하나님께서 우리에 대한 자기의 사랑을 확증하셨느니라"(롬 5:8)

기독교 신앙은 단순하다. "나는 죄인이다. 예수는 그리스도이시다." 딱 이 두 가지만 믿으면 구원을 얻는다.

이 단순한 믿음은 우리의 삶도 단순하게 변화시킨다. 생각이 단순하니 모든 염려를 주께 맡기고 평안해진다. 육신이 단순하니 절제와 운동으로 몸과 맘이 건강해진다. 관계가 단순하니 누구와도 깊은 우정을 맺게 된다. 생활이 단순하니 매사에 주와 동행하며 사랑하게 된다. 일터가 단순하니 나만의 소명을 따라 충량하게 된다. 소유가 단순하니 정당하게 벌어 이웃과 나누게 된다. 이력이 단순하니 자신을 내세우기보다 겸손하게 된다. 생활이 단순하니 무엇보다 예배와 기도에 집중하게 된다. 그렇다면 나의 삶은 단순한가? 그것이 내 신앙의 현주소요 믿음의 분량이다.

♦

삶의 복잡한 것들을 예수 그리스도 안에서 정리하고 단순한 삶을 살라.

Day 22

일상의 성례

"나는 프라이팬에서 달걀을 뒤집는 것도 하나님을 사랑하기 위하여 합니다. 그리고 그 일을 마쳤을 때 바닥에 엎으려 그 일을 잘할 수 있게 은혜를 주신 하나님께 감사합니다. 그렇게 기도한 후에 일어서면 세상 어떤 왕도 부럽지 않습니다."(로렌스 형제)

하나님의 일과 세상의 일은 따로 정해져 있는 것이 아니다. 그리스도 안에서 하나님의 임재를 느끼며 하는 모든 일은 하나님의 일이고, 지금 이 순간 행하는 성례(聖禮)가 된다. 그러니 하나님께 나를 드리기로 결단하라. 순간순간 하나님을 생각하고 바라보라. 하나님께 나 자신을 온전히 맡겨 드리라. 그러면 일상이 성례가 될 것이다.

"무슨 일을 하든지 마음을 다하여 주께 하듯 하고 사람에게 하듯 하지 말라"(골 3:23)

♦

오늘 나의 일과가 단순한 세상 일이 아니라 거룩한 성례가 되기를 기도하라.

Day 23

하루에도 몇 번씩

한 자매가 자신은 매일 사소한 일로 주님과 중얼거리며 대화한다고 한다. 그러면서 누군가에게 처음 밝히는 비밀스러운 일이라며 부끄러운 듯 이야기해 주었다. "저에게 변비가 있는데, 그때마다 화장실에서 '아버지'라고 기도하면 일이 쉽게 해결되곤 해요. 하루에도 순간순간 하나님이 함께하심을 느껴요. 이것이 저의 힘이고 능력이에요."

듣고 보니 나도 그렇다. 나는 아침에 눈을 뜨자마자 먼저 주님께 사랑의 인사를 한다. 밤에 하루를 마감하고 잠자리에 들면서도 감사를 고백한다. 매일 일상에서 아무것도 아닌 작은 일에도 그분께 조잘거린다. 별것 아닌 일에 짜증나고 속상하면 얼른 "키리에 엘레이손"이라 기도한다. 그러면 신비하게도 모든 것이 은혜요, 감사요, 복으로 변한다. 하루에도 몇 번씩 주의 구원을 보게 된다.

"그의 귀를 내게 기울이셨으므로 내가 평생에 기도하리로다"(시 116:2)

♦
아주 사소한 일로 기도하며 하나님과 동행하고 하루를 마감하며 소감을 적어보라.

Day 24

오늘이란 선물

"하나님은 날마다/ 금빛 수실로/ 찬란한 새벽을 수놓으시고// 어둠에서 밝아오는/ 빛의 대문을 열어젖혀/ 우리의 하루를 마련해 주시는데 (중략) 나는/ 그런 사람이 되고 싶다.// 빛깔이 신선하고/ 빛과 같이 밝은 마음으로/ 누구에게나 다정한,// 누구에게나 따뜻한 마음으로 대하고/ 내가 있음으로/ 주위가 좀 더 환해지는/ 살며시 친구 손을/ 꼭 쥐어 주는"(박목월)

연말이 되면 이런저런 이유로 사람들과 선물을 나눈다. 이 때 무엇보다 중요한 것이 받는 자의 태도다. 아무리 작은 것이라도 가난한 마음, 겸손한 태도로 받는다면 행복한 선물이 되지만, 아무리 귀한 것을 주어도 그 가치를 알지 못하고 하찮게 여긴다면 도리어 서로 상처만 남게 될 것이다.

지금껏 받았던 선물 중에 어떤 것이 가장 기억에 남는가? 사실 우리가 하루하루 살아간다는 것, 그 자체가 놀라운 선물이요 은혜이다. 다만 이 사실을 깨닫고 아침마다 그날의 가치를 헤아려 보는 자만이 선물로 누릴 수 있다. 가난하고 겸손한 마음으로 살 때에 세상이 어떠하든지 하루하루가, 일상의 사소한 것들이 당신을 행복하게 할 선물이 될 것이다(전 3:13).

♦
나는 오늘이라는 선물을 어떤 마음으로 받고, 어떻게 사용하고 있는지 돌아보라.

Day 25

가장 좋은 선물

"아들을 낳으리니 이름을 예수라 하라 이는 그가 자기 백성을 그들의 죄에서 구원할 자이심이라 하니라 보라 처녀가 잉태하여 아들을 낳을 것이요 그의 이름은 임마누엘이라 하리라 하셨으니 이를 번역한즉 하나님이 우리와 함께 계시다 함이라"(마 1:21, 23)

기독교 신앙의 내용을 한마디로 요약하면 "예수 임마누엘"이다. 예수는 인간적 호칭으로 그 뜻은 '죄로부터의 구원'이다. 임마누엘은 신적 호칭으로 그 뜻은 '하나님이 우리와 함께하심'이다. 놀라운 것은 이 둘의 연합이다. 즉 예수는 임마누엘(우리와 함께 하시는 하나님)이시고, 임마누엘은 예수(구원)인 것이다.

예수 임마누엘, 하나님께서 우리에게 베푸신 가장 귀한 선물이다. 이 세상 모든 것을 주다 못해 하나님 자신을 우리에게 주신 것이다. 이 놀라운 은혜로 가득한 성탄의 계절 우리는 무엇을 구하고 있는가? 가장 좋은 선물을 두고 다른 것을 구하지 말자. 예수 임마누엘보다 더 좋은 것은 없다.

♦

예수 임마누엘의 신비를 생각하며 예수 나심의 기쁨을 이웃들과 나누라.

Day 26

세상이 어찌할 수 없는 사람

4세기의 교부 크리소스토무스의 일화이다. 그가 황제의 신성을 부정하고 오직 예수 그리스도만을 주로 고백하다가 체포되었다. 황제가 그를 심문하며 위협한다.

"너를 추방해버리겠다." "황제여, 그것은 불가능합니다. 온 세상이 아버지의 집이니 나를 어디로 추방해도 어디든 다 내 집입니다." "너의 전 재산을 몰수해버리겠다." "그것도 불가합니다. 내 재산은 다 하늘에 쌓아두었기에 뺏을 수가 없습니다." "너를 옥에 집어넣어서 평생토록 고독하게 고생시키다 죽이겠다." "그것도 불가능합니다. 그리스도께서 영원한 친구가 되어 항상 나와 함께 하시기 때문입니다."

이런 사람에게 무슨 근심, 무슨 절망이 있겠는가? 이것이 바로 그리스도인이요 세상이 어찌할 수 없는 믿음이다(요일 5:4). 벌써 올해의 마지막 주이다. 지나간 한 해를 되돌아보며 나는 믿음 안에서 잘 살았는지 조용히 되짚어보자.

◆

세상 그 무엇에도 흔들리지 않는 믿음의 사람이 되기를 다짐하라.

Day 27

하나님이 다스리신다

"여호와께서 그의 보좌를 하늘에 세우시고 그의 왕권으로 만유를 다스리시도다"(시 103:19)

하나님 나라는 공간적 개념보다 역동적 개념이 더 중요하다. 곧 하나님의 왕권, 다스림이 이루어지는 것이 하나님 나라다. 하나님의 다스림은 죽음과 죄악의 이 땅을 생명과 공의, 평강과 희락으로 변화시키는 구원을 가져온다(롬 14:17).

이런 하나님 나라는 세 영역으로 우리 안에 임한다. 하나, 구원받은 자가 누리는 영원한 '천국'이다. 둘, 함께 세워가야 하는 그리스도의 몸 '교회'이다. 셋, 성령으로 날마다 새롭게 변화되는 내 '마음'이다. 이 중에서 가장 우선적인 것은 내 안에 하나님 나라가 이루어지는 것이다. 나 자신을 하나님께서 다스리시도록 내어드려야 한다. 하나님은 바로 그 사람을 통해 오늘도 이 땅에 하나님 나라를 이루고 확장해 가신다(계 19:6~7).

"주여, 나의 심장을 주께 드리나이다. 즉각적으로 성실한 마음으로!"
(장 칼뱅)

♦
하나님이 내 마음, 내 가정, 내 일터를 다스리시도록 즉각적으로 성실함으로 내어드려라.

Day 28

아직 기회 있을 때에

"살아 있을 때에 한번이라도 더/ 한마디의 기도를, 한마디의 찬미를 바치게 하소서./ 살아 있을 때에 한번이라도 더/ 이웃에게 따뜻한 격려의 말과 웃음을 주게 하소서./ 남이 몰라줘도 즐거워할 수 있는 조그마한 선행, 봉사를/ 한번이라도 더 겸손한 마음으로 실천할 수 있는 용기를 주옵소서."(이해인)

한 해 동안 함께 했던 달력을 물끄러미 본다. 그 많던 시간이 다 지나고 어느새 세밑이다. 새해가 오기 전, 아직 기회 있을 때에 나는 무엇을 할 것인가? 아무리 생각해보아도 사랑밖에는 떠오르지 않는다.

다른 것이 좀 부족해도 사랑으로 충만하면, 남은 시간 서로 허물을 덮어주고 서로 살뜰히 보듬으면, 다시 새해를 힘차게 시작할 수 있을 것이다. 이렇게 사랑으로 묵은 해를 닦고 또 닦다보면 어느새 새해도 찬란하게 떠오르지 않을까? 지금 곁에 있는 사람에게 사랑을 고백해보자(벧전 4:7~8). "○○씨, 사랑해요. 그동안 수고했어요."

♦

주변 사람들과 못다 한 사랑을 나누며 격려하고 응원하라.

Day 29

성숙한 인간으로

우리가 겪는 상당수의 고통은 미숙함 때문에 온다. 성숙했더라면 충분히 피했을 화도 미숙하면 당하는 것이다. 오늘의 미성숙한 한국 교회와 사회를 보며 언젠가 읽었던 『정서적 성숙』이라는 책이 생각났다. 저자 레온 사울은 성숙한 인간을 특징을 이렇게 정의한다.

① 독립적이고 책임질 줄 안다. ② 독점하지 않고 남에게 나누어줄 줄 안다. ③ 협력하며 사회성이 있다. ④ 신중하게 자기 행동을 조절할 줄 안다. ⑤ 분노와 적개심을 구분할 줄 안다. ⑥ 현실을 직시하고 미래를 준비한다. ⑦ 성(性)을 절제하고 인격의 균형을 이룬다. ⑧ 삶의 원칙과 융통성이 있다.

이상에 의하면 나는 성숙한 사람인가? 성숙해야 실패하지 않는다. 성숙해야 후회하지 않는다. 성숙해야 어려움을 이긴다. 성숙해야 내가 살고, 성숙해야 교회도 세상도 새로워진다.

"장성한 사람이 되어서는 어린 아이의 일을 버렸노라"(고전 13:11)

♦
성숙한 사람의 특징으로 나를 점검하고 가장 부족한 부분을 놓고 하나님께 기도하라.

Day 30

혼인 잔치의 기쁨으로

"내가 여호와로 말미암아 크게 기뻐하며 내 영혼이 나의 하나님으로 말미암아 즐거워하리니 이는 그가 구원의 옷을 내게 입히시며 공의의 겉옷을 내게 더하심이 신랑이 사모를 쓰며 신부가 자기 보석으로 단장함 같게 하셨음이라"(사 61:10)

크리스천의 인생은 천국 혼인 잔치를 향하는 여정이라 할 수 있다. 그 길에는 언제나 거룩한 기쁨이 있다. 이는 단지 천국의 소망 때문만은 아니다. 하나님께서 지금 나와 함께 하시며 구원의 옷을 입히시고, 오늘 나를 정결한 존재로 가꾸시며, 항상 가장 좋은 길로 인도하신다는 믿음이 있기 때문이다(계 19:9).

"언제나 나는 주님으로부터 진실과 기쁨을 받습니다. 언제나 주님의 눈이 나를 향해 깜박거립니다. 나는 주님의 눈길에 의해 살아갑니다. 주님은 나의 창조자시며 구원이십니다. 내가 주님을 통하여, 주님 앞에, 주님을 위하여 존재한다는 비밀을 가르쳐 주소서."(로마노 과르디니)

♦

그 날의 천국 혼인 잔치를 기대하며 오늘 하루 정결하게, 거룩한 기쁨을 누리며 살라.

Day 31

선한 힘에 고요히 감싸여

또 한 해가 저문다. "하늘에 영광, 땅에 평화"라는 말씀이 무색할 만큼 여전히 세상은 어둠과 죄악으로 가득하다. 1944년 12월 28일, 감옥에서 나치에 의해 죽음의 위협을 받던 본회퍼가 쓴 고백을 읽으며 다시 한번 마음을 다잡고 새해로 나아간다(벧후 1:10).

"그 선한 힘에 고요히 신실하게 감싸여 놀라운 보호와 위로를 받습니다. (그 선한 힘으로) 나 그대들과 함께 오늘을 살고 그대들과 함께 새해로 나아갑니다. 지난날의 허물은 우리 마음을 괴롭히고, 악한 날의 무거운 짐이 우리 인생을 짓밟지만, 하오나 주여, 우리의 영혼을 저버리지 마시고, 예비하신 구원으로 이끄소서. (중략) 주의 빛은 어둔 밤을 더욱 환히 밝히나이다. 이제, 고요함이 깊이 우리 가운데 있을 때, 보이지 않게 우리를 둘러싼 어둠의 세상으로부터 주의 자녀들이 소리 높여 부르는 찬양을 들을 수 있도록 우리를 이끌어주소서. 그 선한 힘이 놀랍게도 우리를 감싸시니 그 어떤 일에도 희망을 기대합니다. 저녁에도 아침에도, 매일의 새날에도 하나님이 함께하시니, 모든 것이 새롭습니다."

♦ 지나간 한 해를 갈무리하며 하나님의 선한 힘 안에서 진중한 시간을 가져보라.

에필로그

하나님과 동행하는 하루

하나님과 동행하는 사람은 아름답다. 그의 삶에 기쁨과 감사, 평안과 화평, 나눔과 섬김이 끊이질 않기 때문이다. 주님과의 동행은 생각으로 보고 믿음으로 느끼는 것이다. 내 마음의 생각과 시선이 늘 주님께 잇닿아 있을 때 일상의 사건마다 함께 하시는 주님을 알아보고, 그분의 말씀을 알아듣고, 친밀히 동행할 수 있는 것이다. 언젠가 하나님과 동행하는 감격에 겨워 마음에 새겼던 고백 시가 있다.

새벽에 눈을 뜨면 환히 밝아오는 새날의 아침,
아 주님 거기 계셨군요.
새날을 격려하는 식구들의 아침 인사,
아 주님 거기 계셨군요.
러시아워 출근길 운전 중에 들려오는 그 날의 뉴스,
아 주님 거기 계셨군요.

텅 빈 사무실, 하루의 일과를 생각하고 묵상하노라면,
아 주님 거기 계셨군요.
어려운 세상살이에 피곤하고 힘겨워 있을 때,
아 주님 거기 계셨군요.
어둠 깔린 저녁녘에 집에 들어서면 환하게 맞는 식구들 얼굴,
아 주님이 거기 계셨군요.
하루를 마치고 잠자리에 드는 순간,
아 주님 거기 계셨군요.
그렇게 항상 나와 함께 하셨군요.

그렇다. "내가 세상 끝날까지 너희와 항상 함께 있으리라"라고 말씀하신 주님이 성령으로 오늘 내 안에 거하신다. 날마다 항상, 영원히 나와 함께 하신다. 문제는 내게 달렸다. 내가 주님과 동행해야 한다. 쉬지 않는 기도로 주님과 친밀한 사귐을 쌓아가라. 매일 말씀 묵상으로 주님의 세밀한 인도를 받아라. '일일일생'(一日一生)의 마음으로 오늘도 내일도 하나님과 동행하라.

참고도서

『거룩의 재발견』 제임스 패커 저, 장인식 역, 토기장이
『거룩한 전쟁』 존 번연 저, 이혜림 역, 생명의말씀사
『고백록』 어거스틴 저, 선한용 역, 대한기독교서회
『구원에 이르는 회개』 찰스 G. 피니 저, 엄성옥 역, 은성
『그래도(Anyway)』 켄트 키스 저, 강성실 역, 애플씨드북스
『그리스도를 본받아』 토마스 아 켐피스 저, 박문재 역, 크리스천다이제스트
『그리스도의 십자가』 존 스토트 저, 황영철 역, IVP
『그리스도인의 완전』 프랑소아 페넬롱 저, 이상원 역, 크리스천다이제스트
『기도의 능력』 E. M. 바운즈 저, 김원주 역, CH북스
『기독교 강요 1~5』 존 칼빈 저, 고영민 역, 기독교문사
『나를 따르라』 디트리히 본회퍼 저, 김순현 역, 복있는사람
『나이 든다는 것』 헨리 나우웬 외 1명 저, 최종훈 역, 포이에마
『내면세계의 질서와 영적 성장』 고든 맥도날드 저, 홍화옥 역, IVP
『너의 죄를 고백하라』 존 스토트 저, 김명희 역, IVP
『다윗 현실에 뿌리박은 영성』 유진 피터슨 저, 이종태 역, IVP
『더 있다』 이태형 저, 규장
『데우스 호모』 최인식 저, CLC
『루터 선집 1~4권』 마틴 루터 저, 김득중 외 역, 컨콜디아사
『루터 저작선』 존 딜렌버거 저, 이형기 역, 크리스천다이제스트
『리처드 포스터가 묵상한 신앙 고전 52선』 리처드 포스터 외 1명 저, 송준인 역, 두란노
『마르틴 루터 대교리문답』 마틴 루터 저, 최주훈 역, 복있는사람
『마음 열기』 최일도 저, 랜덤하우스
『말씀 그리고 하루 2019~2021』 헤른후트 형제단 저, 한국디아코니아연구소
『묵상의 산에 오르라』 토마스 왓슨 저, 조계광 역, 생명의말씀사
『모든 것을 새롭게』 헨리 나우웬 저, 윤종석 역, 두란노
『살아온 기적 살아갈 기적』 장영희 저, 샘터
『삶이 내게 말을 걸어올 때』 파커 J. 파머 저, 홍윤주 역, 한문화
『샤를 드 푸코』 예수의 아니 작은 자매 저, 김화영 역, 가톨릭출판사
『생수의 강』 리처드 포스터 저, 박조앤 역, 두란노
『세상을 가슴 뛰게 할 교회』 웨인 코데이로 저, 장택수 역, 예수전도단
『순전한 기독교』 C. S. 루이스 저, 장경철 외 1명 역, 홍성사
『순전한 헌신』 조나단 에드워드 저, 조계광 역, 생명의말씀사
『쉐퍼가 말하는 그리스도인의 삶』 윌리엄 에드거 저, 김광남 역, 아바서원
『손양원의 옥중서신』 손양원정신문화계승사업회 저, 넥서스CROSS
『신도의 공동생활 성서의 기도서』 디트리히 본회퍼 저, 정지련 외 1명 역, 대한기독교서회
『신앙과 정서』 조나단 에드워즈 저, 서문강 역, 지평서원

『안식의 여정』 헨리 나우웬 저, 윤종석 역, 복있는사람
『어느 날의 기도』 한희철 저, 두리반
『어둔 밤』 십자가의 요한 저, 방효익 역, 기쁜소식
『영성에도 색깔이 있다』 게리 토마스 저, 윤종석 역, 씨유피
『영적 감정을 분별하라』 조나단 에드워즈 저, 김창영 역, 생명의말씀사
『영적도움을 위하여』 존 뉴턴 저, 이상원 역, 크리스천다이제스트
『영적훈련과 성장』 리처드 포스터 저, 권달천 역, 생명의말씀사
『예수님의 이름으로』 헨리 나우웬 저, 두란노 출판부 역, 두란노
『예수의 길』 헨리 나우웬 저, 윤종석 역, 두란노
『5만번 응답받은 뮬러의 기도 비밀』 홍일권 저, 생명의말씀사
『온전한 그리스도인이 되려면』 존 스토트 저, 편집부 역, IVP
『유진 피터슨』 유진 피터슨 저, 양혜원 역, IVP
『이야기 교회사』 김기홍 저, 두란노
『이용도 목사 평전』 정재헌 저, 행복미디어
『정서적으로 건강한 영성』 피터 스카지로 저, 강소희 역, 두란노
『제자도』 존 스토트 저, 김명희 역, IVP
『존 웨슬리 설교선집』 존 웨슬리 저, 조종남 역, 서울신학대학교출판부
『존 웨슬리 저널 Ⅰ~Ⅴ』 존 웨슬리 저, 웨슬리신학연구소 역, 신앙과지성사
『주님을 사랑하는 자』 바실레아 슐링크 저, 배응준 외 역, 규장
『죽을 때까지 이 걸음으로』 함석헌 저, 한길사
『죽음에 이르는 7가지 죄』 신원하 저, IVP
『참 목자상』 리처드 백스터 저, 최치남 역, 생명의말씀사
『침묵』 엔도 슈사쿠 저, 김윤성 역, 바오로딸
『칼빈의 경건』 존 칼빈 저, 이형기 역, 크리스천다이제스트
『크고 부드러운 손』 박목월 저, 서울서적
『탁상담화』 마틴 루터 저, 편집부 역, 크리스천다이제스트
『톨스토이 참회록』 레프 톨스토이 저, 심이석 역, 크리스천다이제스트
『팡세』 블레즈 파스칼 저, 서원모 역, 크리스천다이제스트
『프랭크 루박의 기도일기』 프랭크 루박 저, 배응준 역, 규장
『프랭크 루박의 편지』 프랭크 루박 저, 유정희 역, 생명의말씀사
『하나님 사랑의 계시』 노르위치의 줄리안 저, 엄성옥 역, 은성
『하나님의 도성』 성 어거스틴 저, 조호연 외 1명 역, CH북스
『하나님의 사랑』 성 버나드 저, 심이석 역, CH북스
『하나님의 임재연습』 로렌스 형제 저, 윤종석 역, 두란노
『행복의 조건』 조지 베일런트 저, 이덕남 역, 프런티어